La Résistance

L'Histoire de Peter

Du même auteur

La Déclaration, naïve, 2007

9, rue Victor-Massé – 75009 Paris – www.naive.fr
Loi 49956 du 16 juillet 1949 sur les publications destinées à la jeunesse
Dépôt légal : second semestre 2008
NL120 - N° d'édition : 120
ISBN : 978-2-35021-166-4
Photographie de couverture : © Getty Images / Colin Anderson
Conception graphique et maquette : Anne-Catherine Boudet

Cet ouvrage a été composé par
IGS-CP à L'Isle-d'Espagnac (16)
Achevé d'imprimer sur Roto-Page en octobre 2008
par l'Imprimerie Floch à Mayenne (France)
N° d'impression : 72161

Gemma Malley

La Résistance

L'Histoire de Peter

Traduit de l'anglais par Nathalie Peronny

naïve

À Mark, pour toujours

Chapitre I

Le plafonnier déversait dans la petite pièce sa lueur blafarde, aussi crue qu'une lampe torche de gardien de prison, révélant le moindre grain de poussière, la moindre tache sur la moquette bon marché, la moindre trace de doigts sur la vitre. Cette pièce, songea Peter, avait dû voir bien des choses se dérouler entre ses quatre murs ; les fantômes de ses anciens occupants semblaient encore s'y accrocher comme de vieilles toiles d'araignées.

« Parlons de Peter. Dis-moi comment il se sent. Dis-moi à quoi il pense, ces temps-ci. »

Peter observa la femme assise en face de lui et se cala contre le dossier de sa chaise en palpant l'anneau d'or qu'il portait à son doigt — le seul objet qui ne l'avait pas quitté depuis qu'il était nourrisson.

On l'avait fait s'installer sur un siège rembourré, de toute évidence pour le mettre à l'aise, mais c'était raté. Il se sentait rarement à l'aise. D'après Anna, c'était parce qu'il aimait se compliquer l'existence. Peter, lui, voyait les choses différemment. Sans doute n'était-ce pas dans sa nature de se sentir à l'aise, voilà tout. Le confort rendait paresseux. C'était la voie de la facilité.

« Eh bien, répliqua-t-il avec une ironie dissimulée en reprenant la tournure de phrase de son interlocutrice, Peter pense que sa vie est nulle. Il la trouve monotone. Ennuyeuse. Et sans aucun intérêt. »

La Conseillère d'Assimilation se rembrunit, et Peter sentit le picotement d'une petite pointe d'adrénaline. Elle semblait captivée par ses paroles. Soucieuse, même. Or c'était là une manifestation d'émotions inhabituelle chez cette femme : ses traits exprimaient rarement autre chose qu'un vague intérêt passif, malgré les efforts nourris de Peter, depuis des mois, pour susciter chez elle une réaction. Il l'avait bien observée. Son visage, à première vue, paraissait légèrement hâlé, mais l'éclairage implacable du plafonnier trahissait la couche de poudre bronzante qui le recouvrait, notamment à cause des infimes traces de poussière brun orangé nichées dans les ridules aux coins de ses paupières et de sa bouche. Elle portait ce jour-là un tailleur turquoise. La peau de son cou s'affaissait, flasque et distendue. Mais l'attention de Peter fut surtout attirée par sa chevelure, qui semblait tout sauf naturelle. Elle était brune, striée de mèches blondes — du moins en apparence ; en réalité, cette femme avait les cheveux blancs, mais elle les teignait avec un soin régulier, quasi religieux même. Tout signe de vieillesse devait être éradiqué. Pathétique, songea Peter. Les apparences, voilà tout ce qui comptait pour les adeptes de la Longévité. La surface, et rien au-delà.

« Tu trouves ta vie sans intérêt ? Peter, que veux-tu dire par là ? »

Il roula des yeux, feignant l'ennui. « Avant, mon existence avait un sens. Je savais ce que je faisais, pourquoi je le faisais. Mais aujourd'hui... » Il n'acheva pas sa phrase, laissant ce dernier mot en suspens.

« Aujourd'hui ? reprit sa Conseillère.

– Aujourd'hui, je travaille dans un laboratoire minable où je vaque à des tâches inutiles, je vis dans une maison que je déteste et que je peux à peine chauffer avec mon misérable salaire, sans même parler d'acheter des livres à Anna ou de la nourriture pour Ben. Je l'ai aidée à s'évader de Grange Hall pour qu'elle soit libre, qu'elle profite de la vie, et maintenant... C'est comme si j'avais fait tout ça en vain. J'ai toujours cru que j'allais donner un sens à ma vie, accomplir de grandes choses. Mais là... j'ai l'impression d'avoir déplacé des montagnes pour rien. »

Sa Conseillère hocha la tête, pensive. « As-tu le sentiment d'avoir trahi les attentes d'Anna ? »

Peter soupira ; même dans le cadre d'une conversation hypocrite et forcée comme celle-ci, la seule pensée de décevoir Anna lui était pénible. Il savait pourtant que ce n'était pas le cas.

« Peut-être, marmonna-t-il en haussant les épaules.

– Allons… je suis sûre qu'elle n'est pas de cet avis. Anna est une jeune fille intelligente. Elle sait comment marche le monde, Peter. »

L'adolescent leva un sourcil. Anna avait consulté sa Conseillère d'Assimilation pendant quelques semaines à peine avant de se voir officiellement exonérée de la suite du programme. Grâce à son don pour s'attirer la confiance des adultes, elle n'avait mis qu'une poignée de semaines à convaincre son interlocutrice qu'elle ne représentait aucune menace et ferait une bonne citoyenne responsable. Peter avait beau admirer son habileté, il n'en gardait pas moins un sentiment amer : elle n'avait acquis ce talent que parce qu'elle y avait été contrainte afin de pouvoir survivre à Grange Hall. Lui, en revanche, n'avait jamais su renoncer à son goût pour les commentaires acerbes, ni aux plaisanteries douteuses dont il avait le secret ; les mois avaient passé, et il devait encore venir voir sa Conseillère chaque semaine pour lui prouver qu'il était « apte » à la vie en société.

Il croisa les bras et modifia délibérément l'expression de son visage pour prendre un air perdu, vulnérable, comme si les Autorités lui avaient brisé le moral.

« Je voudrais tant pouvoir lui apporter ce dont elle a

besoin..., dit-il en se retenant de sourire face aux minauderies compatissantes de la femme.

– C'est l'argent qui te pose problème ?

– L'argent, l'ennui... » Il se pencha en avant, le menton entre les mains.

« Et puis ? l'encouragea-t-elle. Peter, tu sais que nos entretiens sont absolument confidentiels. Ce qui se dit entre ces murs restera entre ces murs. Je peux te l'assurer. »

Il l'observa un instant, impressionné par sa capacité à proférer un mensonge aussi énorme avec une telle douceur dans la voix. Il l'avait peut-être sous-estimée. « J'ai commencé à repenser sérieusement à l'offre de mon grand-père », déclara-t-il lentement, d'un ton grave.

Une lueur de surprise traversa le visage de la Conseillère, fugace mais juste assez appuyée pour que Peter la voie.

« Je comprends. » Elle marqua un temps d'arrêt. « Je croyais pourtant que tu ne voulais rien avoir à faire avec lui ? Que toute personne associée de près ou de loin à la Longévité était d'emblée exclue de ta famille ? »

Elle cilla légèrement en prononçant ces mots : elle le narguait. Mais c'était de bonne guerre. Il avait tenu de tels propos, en effet. À de nombreuses reprises. Et il les pensait sincèrement.

« Je sais. » Il baissa la tête et, du bout des doigts, suivit le tracé de la fleur gravée sur le chaton plat de sa chevalière, cette fleur dont il était persuadé qu'elle l'avait conduit jusqu'à Anna, et qu'elle avait fait basculer son destin. Il ne devait surtout pas avoir l'air de prendre cette décision à la légère. Il fallait faire croire à cette femme qu'un dilemme le tiraillait.

« J'y ai juste repensé, comme ça. Je... » Lentement, il releva la tête vers elle et soutint son regard. « J'ai envie de plus. Il doit y avoir autre chose dans la vie, non ? Anna lit ses livres, elle écrit dans son carnet, s'occupe de Ben. Moi... je n'ai rien. Si je travaillais pour mon grand-père, si je gagnais plus d'argent, peut-être...

– Peut-être trouverais-tu un sens à ta vie ?

– Oui. »

Il se leva et marcha vers la fenêtre. La vitre était protégée par un store gris, impersonnel, qui lui rappela ceux de Grange Hall. Repoussant aussitôt cette image, il s'absorba dans la contemplation de la rue en contrebas, grise elle aussi. Sans même le voir, il devinait au loin la présence de l'immeuble de Pincent Pharma, dont la silhouette écrasait largement celle des gratte-ciel de la ville. « Et puis, poursuivit-il, le dos tourné, je me dis qu'il me doit bien ça.

– Ton grand-père te serait donc redevable ? »

Peter acquiesça, et retourna s'asseoir. « Il fabrique

les pilules de Longévité, non ? Eh bien, *grâce* à elles, je suis devenu un Surplus. *Grâce* à elles, j'ai passé la majeure partie de mon existence caché, transbahuté sans arrêt. Et, *grâce* à lui, je n'ai pas eu droit à une enfance digne de ce nom. Alors, oui, j'estime qu'il me doit bien ça.

– Tu sembles encore en colère, Peter. » La Conseillère lui parlait avec douceur, parfaitement maîtresse d'elle-même ; elle cherchait à le rassurer, mais son attitude eut l'effet contraire. Peter ne put s'empêcher de se demander si elle s'exprimait aussi de cette manière chez elle, en dehors du travail, et à quoi elle pouvait bien ressembler quand elle s'énervait dans la vie de tous les jours.

« J'étais en colère, rétorqua-t-il d'une voix légèrement brisée — touche de génie dont il ne manquerait pas de se vanter auprès d'Anna, tout à l'heure. Très en colère. Mais à présent... c'est terminé. À présent...

– ... tu te demandes ce que tu vas faire du restant de ta vie ? »

Peter eut un geste d'impuissance. « Si on veut. Ce n'est pas comme si j'avais le choix. Quand je me présente pour chercher du boulot, on me dévisage comme si j'étais un monstre. Et je suis un monstre, à leurs yeux — j'ai près de cent ans de moins que la plupart de ces gens. Chez Pincent Pharma, je pourrais avoir un bon salaire.

Mon grand-père m'a promis que sa porte me serait toujours ouverte. Alors j'ai pensé le prendre au mot.

– Je suis sûre que son offre était sincère », lui assura la Conseillère. Elle semblait soulagée, comme si elle pensait avoir enfin « établi le contact ». Peter l'avait surprise au téléphone, un jour, juste avant son rendez-vous hebdomadaire, alors qu'elle ignorait qu'il se trouvait derrière la porte. Elle expliquait à son correspondant qu'elle n'avait pas encore réussi à briser la glace avec son jeune patient, qu'elle allait tenter une autre approche. Ces mots avaient procuré un vif plaisir à Peter. Il était plutôt fier de se savoir considéré comme un être impénétrable, difficile à percer. « Je crois que c'est une bonne idée, poursuivit la Conseillère en prenant des notes. Comment comptes-tu le lui annoncer ? »

Peter sentit un petit sourire se dessiner sur ses lèvres, mais il le réprima aussitôt. « C'est déjà fait, dit-il. Je lui ai écrit, et il m'a laissé un message hier. Je commence lundi. »

La femme releva les yeux vers lui. Son visage ne laissait absolument rien transparaître de ses pensées. « Je vois, dit-elle. Dans ce cas, attendons la suite, n'est-ce pas ? »

Une demi-heure plus tard, Peter sortait du bâtiment des Autorités sur l'avenue Cheapside et tournait à gauche en direction de Holborn. Les rues étaient presque désertes, mais ce détail l'arrangeait plutôt. Impeccable et proprette, la zone piétonne n'attirait pour l'heure qu'une poignée de badauds, ainsi qu'une ou deux personnes qui promenaient leur chien ou faisaient leur footing. La tête baissée, Peter enfonça résolument ses mains dans ses poches — réflexe qu'il avait conservé de ces longues années passées, en tant que Surplus, à se cacher en permanence, sans jamais savoir qui risquait d'appeler les Rabatteurs, ni ce que réservait le lendemain. Les rares passants plissaient les yeux en le croisant, le dévisageant avec un mélange de jalousie et de méfiance qui teintait leurs pommettes.

Chemin faisant, Peter aperçut les affiches placardées sur les murs des immeubles ou les panneaux publicitaires, vantant les mérites de divers onguents miracles, incitant les citoyens à s'inscrire aux cours de sport et d'éducation ou encore à surveiller leurs dépenses d'énergie. D'autres mettaient en garde contre les dangers de la surpopulation et exhortaient les braves gens à rester vigilants pour débusquer les « immigrants illégaux, les Surplus et autres parasites appauvrissant nos précieuses ressources ». Comme si les Légaux n'étaient pas eux-mêmes les pires parasites d'entre tous.

Autrefois, il ne pouvait s'empêcher de réagir violemment face à ces affiches, jusqu'à provoquer des débats houleux avec quiconque était prêt à l'écouter et à lui donner la réplique. Mais aujourd'hui, il avait appris à garder ses opinions pour lui. Non parce qu'il n'avait plus envie de se battre, mais parce que Paul lui avait fait comprendre que le scandale ne faisait guère avancer les choses et qu'il ne gagnerait rien à trop attirer l'attention sur lui, bien au contraire — argument parfaitement recevable, d'une certaine manière, même si Peter se sentait frustré de devoir constamment se taire et ne pas plus souvent dire tout haut ce qu'il pensait tout bas.

N'empêche, aimait-il à se répéter, tous ces gens ne perdaient rien pour attendre... Un jour, le Réseau souterrain triompherait. Ragaillardi à cette pensée, Peter grimpa à bord d'un tram en direction d'Oxford Street. À l'approche de Tottenham Court Road, il bondit sur le trottoir et s'éloigna d'un pas vif vers Cambridge Circus avant de tourner à droite sur Old Compton Street. De là, il poursuivit son chemin plein ouest en s'enfonçant dans les bas-fonds de Soho, où de minuscules échoppes mal éclairées écoulaient discrètement leurs lots de marchandises illicites — vêtements pour bébés, médicaments et aliments interdits, bons énergétiques valables sur le marché noir. Peter consulta sa montre : il avait dix minutes d'avance, mais cela valait mieux que d'arriver en retard. Après avoir jeté un regard prudent autour de lui, il pénétra dans un magasin en travaux, passa devant une équipe d'ouvriers affairés, descendit une volée de marches et sortit par l'arrière-boutique. Il longea une allée sale et étroite menant à une porte en bois vermoulu à laquelle il frappa quatre coups, tout doucement.

Un court instant plus tard, il entendit du bruit de l'autre côté et la porte s'entrebâilla, révélant un homme barbu à la chevelure en désordre. Il avait tout d'un vagabond, et il toisa l'adolescent d'un œil soupçonneux.

« Un brin frisquet pour la saison, non ? marmonna-t-il.

– J'aime faire de l'exercice pour me tenir chaud », répondit Peter.

L'homme parut hésiter quelques secondes, puis lui ouvrit pour de bon et le fit précipitamment entrer à l'intérieur. Le frisson d'excitation qui animait toujours Peter à l'idée d'œuvrer pour une cause clandestine — qui plus est si importante — le parcourut comme une décharge électrique. Il ne connaissait pas l'homme qui lui avait ouvert ; il voyait rarement deux fois le même portier. À vrai dire, chaque fois qu'il se rendait au Q.G. du Réseau souterrain, il se faisait la réflexion qu'il en savait très peu, au fond, sur ses autres membres ou sur la manière dont l'organisation était gérée. On lui donnait des instructions, il les suivait ; ses questions se heurtaient systématiquement à des sourires sardoniques, à des slogans évasifs ou à des regards absents. C'était pour sa protection, affirmait Paul. La sienne, et la leur.

« Je viens voir Paul », déclara-t-il en se redressant comme pour mieux s'imposer au milieu de ce décor qui, bien que familier, lui semblait étranger. Tous les six mois environ, le Réseau souterrain déplaçait son quartier général, sans laisser la moindre trace de son passage. Peter s'était déjà rendu deux fois dans ce bâtiment, mais il n'en avait jamais gardé le même souvenir, comme si on avait modifié la disposition des murs et des portes. Ce qui ne changeait pas, en revanche, c'était l'odeur. Les lieux choisis par le Réseau souterrain étaient toujours sales, désaffectés, à demi insalubres et faciles à abandonner.

À gauche de l'entrée se trouvait un escalier conduisant au sous-sol. Une femme le remontait justement, serrant son bras gauche contre son sein. Au moment où elle passa devant Peter pour regagner la sortie, ils échangèrent un furtif regard de connivence. Peter n'avait jamais vu cette femme, mais il connaissait la raison de sa présence en ces lieux. Il devinait que le haut de son bras gauche portait une plaie encore vive là où l'un des médecins du Réseau souterrain venait de lui arracher son implant contraceptif, et que cette inconnue s'était lancée dans l'une des activités les plus dangereuses auxquelles l'être humain puisse prendre part : provoquer une grossesse, concevoir un enfant.

La femme disparut et Peter se tourna vers le gardien qui, sans un mot, lui désigna un couloir terminé par une petite pièce baignée d'une faible lueur.

Paul l'attendait, assis devant une table basse, son grand corps athlétique voûté et recroquevillé comme s'il méditait, plongé dans ses pensées. Le père fondateur du Réseau souterrain. Aux yeux de Peter, presque un père tout court — plus encore que ne l'avait été celui d'Anna. Paul était là pour lui depuis le début, à l'aider, le guider pas à pas. Plus tard, Peter avait découvert qu'il n'était pas le seul : Paul accompagnait et apportait son soutien à chacun des membres du Réseau ; tout le monde était logé à la même enseigne, dominé par la force de son regard hypnotique, de son pouvoir immanent. Paul ne portait pas officiellement le titre de leader ; le Réseau souterrain n'avait pas de chef, car Paul refusait de voir son « groupe » contaminé par les principes de structure et de hiérarchie propres aux Autorités tant haïes. Mais c'était bien lui le chef, pourtant : tous se pliaient à son jugement et aucune décision n'était prise sans qu'on l'ait consulté. Paul avait commencé la lutte contre la Longévité des années auparavant, seul dans son coin (comme le lui avait expliqué Mr Covey, le père d'Anna), en rédigeant des tracts et en aidant les parents de Surplus. Il avait ainsi gagné un nombre croissant de sympathisants à sa cause, jusqu'à ce que le groupe compte des membres à travers tout le pays. Aujourd'hui, le Réseau avait tissé des liens solides avec de nombreuses organisations amies à l'étranger, et il était devenu si puissant que les Autorités avaient mis sur pied un service spécial destiné à le combattre. Tout cela grâce à Paul.

Mais ce dernier n'en parlait jamais. Pas plus qu'il ne cultivait l'allure d'un grand leader. De fait, il ne semblait guère se soucier de son apparence ; il changeait régulièrement de couleur de cheveux pour tromper l'ennemi et se fondre dans la masse afin de ne surtout pas se faire arrêter, mais il prenait rarement la peine de se coiffer. Il veillait aussi à toujours organiser ses rendez-vous dans des lieux désolés et délabrés — comme celui-ci : murs nus à la peinture écaillée, fenêtre maculée de cambouis pour empêcher les regards trop curieux, ampoule unique au plafond s'échinant à distiller un minimum de lumière, table qui vacillait chaque fois qu'il s'appuyait dessus...

Les Autorités avaient mis sa tête à prix, promettant une grosse récompense, et publié sa photo partout, à tous les coins de rue, sur le moindre canal d'information. Mais elles n'avaient toujours pas réussi à lui mettre la main dessus. On disait qu'il était bien trop malin, bien trop protégé pour se faire prendre. Mais, d'après Peter, il existait une autre explication, liée à la personnalité même de Paul : vous aviez *envie* de l'aider. Envie qu'il vous apprécie, qu'il vous respecte. Tout simplement, il vous donnait l'envie de vous surpasser à son service. Voilà pourquoi le Réseau souterrain n'avait jamais souffert de querelles intestines, et pourquoi de nouveaux membres ne cessaient d'affluer. Selon la légende, un Rabatteur avait un jour débusqué Paul dans un hangar désaffecté ; quelques heures plus tard, au lieu de l'arrêter et de réclamer sa récompense, l'homme avait fait acte d'allégeance au Réseau souterrain, dont il était aujourd'hui l'un des plus fidèles combattants. Cela ne surprenait guère Peter.

« Content de te voir », lui déclara Paul d'une voix douce sans même lever la tête.

Peter sourit et se détendit aussitôt. « Oui, moi aussi. »

Paul lui fit signe de s'asseoir, lui proposa un verre d'eau. Puis il prit un air grave. « Les choses deviennent vraiment dangereuses, déclara-t-il. Nous avons mené une attaque contre deux cargaisons de Longévité récemment, et les Autorités ont renforcé leur surveillance. Il faudra faire preuve d'une extrême prudence.

– Je suis toujours prudent, rétorqua Peter, un peu piqué au vif.

– Je sais. Je parlais de nous. Du mouvement dans son ensemble. Il y a des espions partout. » Leurs yeux se croisèrent et, comme chaque fois, Peter fut saisi par la profondeur de son regard – ces deux tourbillons bleu foncé qui vous attiraient malgré vous et vous rendaient prêt à faire n'importe quoi pour y voir briller une lueur d'approbation.

« Vous pouvez compter sur moi, dit simplement Peter.

– Tu commences toujours lundi prochain ?

– Oui. » Il accompagna sa réponse d'un hochement de tête résolu.

« Et ta Conseillère ? » La présence de cette femme avait alarmé Paul, au début. Il voyait surtout en elle un agent des Autorités, chargé d'espionner Peter et de lui tirer les vers du nez ; par conséquent, il s'inquiétait de chaque mot que l'adolescent pouvait prononcer devant elle. Mais il avait changé son fusil d'épaule. À présent, elle était devenue leur instrument, presque un outil de communication.

« Je lui ai dit que je m'ennuyais à mourir, que je tournais en rond et que j'attendais plus de l'existence, expliqua Peter, plutôt satisfait de sa performance.

– Elle n'a eu aucun soupçon ? »

L'adolescent fit un large sourire. « Bien sûr que non. De toute façon, c'est la stricte vérité : je m'ennuie à mourir et je tourne en rond. » Il leva un sourcil, espiègle, mais Paul ne semblait guère amusé. Il se contenta de l'observer, dubitatif.

« Es-tu sûr de vouloir le faire ? Sûr et certain ? »

Peter roula des yeux. « Évidemment.

– Tu viens de dire que tu tournais en rond... »

Peter lâcha un soupir. Il avait appris à bien connaître Paul, depuis le temps : sa manie de décortiquer chaque mot, chaque geste, d'analyser les sentiments des autres à leur place... Il savait que c'était sa manière de toujours garder le contrôle sur ceux qui l'entouraient, mais cet aspect de son caractère n'en demeurait pas moins pénible de temps en temps. « Je tourne en rond parce que les Autorités nous ont déplacés dans un affreux placard en banlieue. Je tourne en rond parce qu'ils épient tous nos mouvements, et parce que je n'ai toujours pas emmené Anna à la campagne sous prétexte que je n'ai pas le bon permis pour voyager. Je tourne en rond parce qu'il y a partout des vieux qui nous dévisagent comme si nous n'avions rien à faire là. Voilà. Mais rien de tout cela n'aura d'influence sur ma mission. Je vous le promets. »

Paul le considéra d'un air pensif, puis se leva pour contourner sa chaise à pas lents. « Ne te laisse surtout pas déborder par tes sentiments. Nous avons tous mille et une raisons de nous révolter, mais la colère ne fait jamais avancer les choses.

– Je sais. Seule l'action est efficace.

– L'action, mais aussi la force de la volonté, Peter. »

L'adolescent acquiesça. « C'est vrai. Mais je suis fort. Je l'ai déjà prouvé, non ?

– Bien sûr que oui, dit Paul avec un peu plus de chaleur dans la voix. Tu l'as prouvé un millier de fois. Mais tu vas te retrouver seul, avec tout le poids de la machinerie Pincent Pharma contre toi, et j'ai besoin de savoir si tu es prêt. Tu dois comprendre qu'il ne s'agit pas d'un simple job, Peter, mais d'un combat. Celui de la nature contre la science, du bien contre le mal. Les gens se laissent séduire par la Longévité, et ton grand-père cherchera par tous les moyens à te convaincre toi aussi. Tu dois absolument rester vigilant.

– Je le suis, répliqua Peter, les yeux brillants. Je hais Richard Pincent. Je hais tout ce qu'il représente. La Longévité est responsable des pires choses qui me sont arrivées dans la vie. Pareil pour Anna. J'aspire autant que vous à sa destruction.

– Je sais. » Paul se rassit à sa place, et son regard s'adoucit. « Comment va Anna, au fait ? Comment a-t-elle accueilli ta décision ? »

En entendant son prénom, Peter se sentit pénétré d'une douce émotion. « Elle va bien. Comme vous le savez, elle est aussi déterminée que moi à se battre contre la Longévité.

– Cela va de soi, dit Paul en souriant. Bien. Tu te

présenteras donc lundi matin chez Pincent Pharma, comme ton grand-père te l'a demandé.

– Comme Richard Pincent me l'a dit, rectifia aussitôt Peter d'une voix sourde.

– Comme Richard Pincent t'a dit, répéta Paul.

– Et ensuite, qu'est-ce que je fais ? Je fais tout sauter ? Je sabote le matériel ? »

Paul leva un sourcil, une lueur dans le regard. « Tu gardes un profil bas. Tu notes absolument tout ce qui se passe. Et tu apprends, aussi.

– C'est tout ? » Le visage de Peter s'affaissa.

« C'est déjà beaucoup. » Paul se pencha vers lui. « Écoute, nous avons des agents infiltrés un peu partout — dans chaque service des Autorités, dans des sociétés de distribution de Longévité, dans les prisons... Mais nous n'avons jamais pu introduire personne au cœur même de Pincent Pharma. Avec un accès direct aux informations dont nous avons besoin. Tes yeux et tes oreilles seront tes seuls outils, Peter. À travers toi, nous pourrons atteindre Dieu en personne.

– Dieu n'existe pas, marmonna l'adolescent. Tout le monde le sait.

– Tu as raison. Mais ton grand-père travaille activement à devenir le démiurge le plus effroyable que le monde ait jamais connu. Un démiurge qui se nourrit exclusivement du pouvoir et de l'avarice. Et dont la course doit être stoppée, pour notre bien à tous.

– Bref, résuma Peter, j'observe et j'apprends. O.K. Mais ai-je un objectif particulier ? Un truc précis à chercher ? La formule chimique des pilules, par exemple ?

– Histoire que nous puissions en produire nous-mêmes ? » Paul sourit, et Peter sentit ses joues s'empourprer. « Excuse-moi, je n'aurais pas dû me moquer de toi. C'était une excellente question. Mais la réponse est non. Nous ne cherchons pas à obtenir la formule. Ce que nous voulons... » Il se tut, comme s'il ne souhaitait pas terminer sa phrase.

« Eh bien ? insista Peter.

– Nous voulons connaître l'origine de certains nouveaux médicaments produits là-bas. Nous ignorons encore de quoi il s'agit. Nous avons quelques soupçons, mais...

– Mais quoi ? »

Paul soupira. « Écoute, j'ai l'impression qu'il se trame quelque chose entre les murs de Pincent Pharma, derrière leur image lisse et institutionnelle. Des activités secrètes, camouflées avec grand soin.

– Quel genre d'activités ?

– Ça, dit Paul en souriant à nouveau, c'est à toi de le découvrir. » Il se releva ; ses muscles saillaient à chacun de ses mouvements. « Nous resterons en contact, Peter. »

L'adolescent acquiesça, se leva à son tour et se dirigea vers la sortie. Puis il s'arrêta. « On va y arriver, hein ? dit-il tout bas. On va gagner ? »

Paul posa sa main sur son épaule. « Nous finirons par y arriver, oui. Mais nous aurons sûrement plus d'une bataille à livrer d'ici là. »

Peter prit une grande inspiration. « Vous pouvez compter sur moi, Paul. Je traquerai tous leurs secrets.

– Parfait. » Paul semblait s'être un peu détendu. Il sortit un dossier et le lui remit. « Emporte ces documents. Lis-les. Imprègne-t'en. Puis détruis-les. Ah, et j'oubliais…

– Oui ?

– Bonne chance. Sois prudent. Et veille sur Anna et Ben, d'accord ?

– Bien sûr. »

Sur ces mots, Peter prit congé. Il s'engouffra dans le couloir, passa devant le gardien maussade, remonta la petite allée menant à la boutique et se retrouva bientôt dans la rue. Il fit le chemin inverse le long de Old Compton Street, descendit jusqu'à Piccadilly, puis de là sauta dans un tram en direction de Tottenham Court Road, c'est-à-dire vers le nord, avant d'en attraper un autre piquant droit vers le sud. Il finit par arriver à la gare de Waterloo, où il prit le train de banlieue qui le ramenait chez lui. Qu'ils se creusent un peu la cervelle, songea-t-il. Si les Autorités le surveillaient, ce dont il était prêt à parier, autant leur compliquer la tâche.

Une fois descendu à Surbiton, Peter promena un regard méprisant autour de lui. Dire que quelques mois auparavant ils vivaient encore à Bloomsbury, dans la maison où les parents d'Anna avaient passé tant de belles années... C'était une maison si agréable, spacieuse, pleine de coins et de recoins, chaleureuse et ensoleillée — tout l'inverse de Grange Hall. Mais peu après leur accession au statut de Légaux, des courriers avaient commencé à arriver dans leur boîte aux lettres. Puis des inspecteurs officiels étaient venus frapper à leur porte. Et tous disaient la même chose : cette maison était trop grande pour eux, ils seraient plus à leur aise dans un « logis fonctionnel ». Ils avaient résisté, au début. Après tout, cette maison était la leur. Ils l'avaient héritée des parents d'Anna. Mais au fil du temps, les visites s'étaient faites plus fréquentes, les lettres plus menaçantes, jusqu'au jour où Paul lui-même avait haussé tristement les épaules en leur expliquant que ce déménagement était inévitable, sauf s'ils voulaient se mettre les Autorités à dos, or le jeu n'en valait probablement pas la chandelle.

Ils avaient donc été déplacés dans un placard à balais en banlieue, où deux centres commerciaux avaient remplacé la grand-rue et où la population locale les considérait comme des parias.

Naturellement, les Autorités n'avaient pas trop ébruité l'affaire de leur évasion ; nul ne tenait à ce que les braves gens sachent que deux adolescents avaient damé le pion aux Rabatteurs et s'étaient échappés d'un Foyer de Surplus. Pas plus qu'il n'avait été fait mention de la mort des parents d'Anna, ou du meurtre du père de Peter. Non : les Autorités avaient tout fait pour ensevelir ces menus détails sous le poids de la machine bureaucratique. Mais ce genre d'histoire finissait toujours par refaire surface. La rumeur s'était répandue, les journaux avaient reproduit des photos d'Anna et Peter sous de gros titres accrocheurs remettant en question l'efficacité des Rabatteurs ou la pertinence de la politique « Une vie pour une autre ». Personne ne souhaitait la présence de parasites supplémentaires venus piller les maigres ressources énergétiques mondiales, or c'était exactement ce que la plupart de ces gens voyaient en eux. Voilà pourquoi leurs voisins les évitaient, les commerçants les toisaient d'un œil mauvais et les passants les dévisageaient avec curiosité ou feignaient au contraire de les ignorer. Non pas que cela affectât Peter. Il savait pertinemment que sa présence était tout aussi légitime que la leur. Voire plus légitime encore.

Les poings au fond des poches, il traversa le parc des Aménités, qui semblait à toute heure de la journée accueillir cours de sport et autres activités physiques de plein air. Les gens faisaient leur jogging, attrapaient leurs orteils, étiraient leurs muscles en un grand déploiement de force, d'énergie et de vie… ou plutôt par peur de la mort, songea Peter avec cynisme.

Ce n'était pas seulement la mort que ces gens redoutaient, d'ailleurs. C'était aussi la vieillesse et le déclin. Les bras, les jambes, cela pouvait se remplacer. De même que les principaux organes vitaux. Mais ces fines ridules autour de la bouche, cette léthargie matinale qui finissait par ne plus vous lâcher de toute la journée, ce sentiment blasé d'avoir déjà tout vu… autant de fléaux qu'il fallait combattre. Peter avait lu plusieurs articles à ce sujet dans le *New York Times* et dans le supplément « Bien-être » du magazine *Rester jeune*, le plus souvent dans la salle d'attente avant ses rendez-vous avec sa Conseillère d'Assimilation. Les scientifiques avaient fait leur part, écrivaient les journalistes ; aux citoyens d'optimiser les avantages de la Longévité, de vivre leur vie le plus pleinement possible, et d'entretenir en eux l'énergie et l'enthousiasme de la jeunesse.

Et s'ils tiraient leur révérence, plutôt, histoire de laisser la place aux jeunes ? se disait Peter. Ils pourraient par exemple se regarder objectivement dans une glace, analyser le sens de leur vie monotone et interminable, et se demander si la mort ne serait pas, au fond, une bonne idée. Ces gens croyaient peut-être retarder l'inévitable mais derrière le masque de la Longévité, s'ils étaient vraiment honnêtes avec eux-mêmes, ils verraient la pourriture et le déclin — comme pour une pomme bien mûre en apparence mais grouillant de vers à l'intérieur. Ils ne pouvaient ignorer le fait qu'ils avaient de très loin dépassé leur date de péremption.

Peter tourna au coin de sa rue, bordée d'insipides rangées d'habitations laides, toutes identiques. Pourtant, à mesure qu'il approchait du numéro 16 il sentait une joie familière le gagner, comme si un soleil invisible ne brillait que pour lui. C'était sa maison. Non pas les briques et le mortier qui la composaient — cette masure n'était qu'une monstruosité à ses yeux, une construction sans âme dotée de pièces exiguës et oppressantes au plafond trop bas. Mais elle abritait ce qu'il possédait de plus précieux au monde. En arrivant devant l'entrée, il aperçut Anna à travers la fenêtre. Elle lisait sur le canapé, assise sur ses jambes repliées.

Avant même qu'il ait mis la clé dans la serrure, il l'entendit bondir et se précipiter vers la porte. Elle lui ouvrit et lui adressa un grand sourire.

« Te voilà enfin ! » Elle se rembrunit. « Tu es en retard. Je t'attends depuis une heure.

– Je sais, pardonne-moi. » Son visage rayonnait, mais il parlait tout bas, par la force de l'habitude. Des agents du Réseau souterrain avaient inspecté la maison de fond en comble en quête d'éventuels mouchards, mais Paul lui-même avait reconnu qu'il restait malgré tout un risque qu'ils fussent quand même sur écoute. « Ben dort ? » demanda-t-il.

Il l'embrassa délicatement sur le bout du nez, qu'elle fronça avec malice.

« Comme un bébé, dit-elle. Alors ? »

Peter entra dans le salon et se laissa tomber sur le canapé où Anna était assise il y a encore une minute. La chaleur de son corps avait imprégné les coussins. Avant de la rencontrer, Peter croyait déjà tout savoir de l'amour. Il croyait tout connaître de l'amitié, des relations humaines, mais il se trompait. Sur toute la ligne. Avant de serrer Anna entre ses bras, avant qu'elle ne lui ouvre son cœur et son âme, avant de l'entendre pleurer tout bas lorsqu'ils avaient fait l'amour ensemble pour la première fois... il ne savait rien. Et aujourd'hui, parfois, quand ils se retrouvaient seuls tous les deux et qu'il humait le parfum de ses cheveux, qu'il plongeait son regard dans le sien, il avait le sentiment de savoir tout ce dont il avait besoin, comme s'ils détenaient le secret de la vie. Un secret bien plus puissant que celui de la Longévité. Bien plus durable, aussi.

« Alors quoi ? » la nargua-t-il.

Elle fit mine de le frapper, pour rire. « Ton rendez-vous, c'était comment ? » articula-t-elle en silence, les yeux brillants.

« C'était O.K. », répondit-il sur le même mode. Puis, avec un clin d'œil, il s'extirpa du canapé, marcha d'un pas nonchalant jusqu'à la cuisine et alluma la bouilloire. Une voix électronique s'éleva aussitôt : « Quelle quantité d'eau chaude souhaitez-vous ? N'oubliez pas, moins d'eau, moins de gaspillage. »

« O.K. ? répéta Anna dans un souffle en le rejoignant. C'est tout ? Ce que tu peux m'énerver, des fois !

– Qui ça, moi ou la bouilloire ?

– Vous êtes aussi insupportables l'un que l'autre ! » rétorqua-t-elle d'un air excédé.

Peter lui prit la main, l'attira vers lui et l'embrassa. « Ça s'est bien passé, lui glissa-t-il à l'oreille. Elle a gobé mon baratin de A à Z. Après, je suis allé voir Paul. Tout est réglé. »

Anna lui sourit, mais la joie et l'appréhension se mêlaient sur son visage. Elle sortit deux tasses, déposa un sachet de thé dans chacune. « Tu dois avoir hâte de commencer chez Pincent Pharma lundi matin », déclara-t-elle tout haut. Elle lui souriait toujours, mais Peter lut la tension et l'inquiétude dans son regard.

« Absolument. » Il l'enlaça à nouveau, cette fois en un geste plus mutin. « Et comme, d'ici à mardi, je me serai fait virer, je n'aurai plus qu'à trouver un nouveau travail comme professeur d'aérobic, murmura-t-il.

– Oh non ! Ne fais pas ça. Tu dois les détruire, Peter. Il le faut ! » protesta Anna dans un souffle avant de se reculer pour le dévisager, les yeux écarquillés, sans trop savoir s'il plaisantait ou non. Mais son hésitation était compréhensible : Peter n'était pas sûr de le savoir lui-même.

Chapitre 2

Pincent Pharma occupait un site de choix dans le sud-ouest de Londres, en bordure du fleuve. Le bâtiment existait depuis des années et avait connu des destins divers — centrale électrique, galerie d'art... — avant que la société Pincent Pharma Inc. ne parvienne à convaincre les urbanistes et les Autorités qu'il lui fallait impérativement créer un site de production à Londres. En quelques mois, les travaux avaient démarré, et bientôt l'imposant et sombre édifice si familier aux Londoniens s'était transformé en une immense église d'un blanc immaculé, entièrement dédiée au culte de la Longévité. Entre ses murs, des centaines de savants parmi les plus brillants au monde se consacraient à la recherche, à la production, à l'amélioration et à la commercialisation de ces petites pilules blanches qui avaient permis aux humains d'accéder au rêve ultime : l'immortalité.

Peter avait beau ne rien comprendre à l'architecture, il sentit nettement, alors qu'il en faisait le tour, toute la puissance de ce bâtiment, le poids de son arrogance et de ses secrets. Il frissonnait, et pas seulement à cause de la bise hivernale qui lui glaçait le visage. Voici l'endroit où sont fabriquées les pilules de Longévité, pensa-t-il. Cet endroit qu'il méprisait, depuis toujours, aujourd'hui, il s'apprêtait à y entrer pour la première fois. L'aspect extérieur du laboratoire était lisse, impersonnel. Entièrement peint en blanc, avec le logo de Pincent Pharma en travers du portail, il était percé d'étroites fenêtres en verre miroir, de sorte que les intrus tentés de venir espionner le travail des chercheurs ne verraient que le reflet de leur propre visage plissé par la curiosité. Sur tout le pourtour du bâtiment s'élevait un haut mur opaque, infranchissable, percé de grilles d'entrée dont l'une, conçue pour le passage des piétons, était flanquée de deux gardiens dans leurs guérites d'acier et de verre renforcé, ainsi que d'un scanner d'identification permettant l'ouverture et la fermeture automatiques du portail.

Plusieurs groupes de terroristes étrangers exigeant la baisse du coût de l'importation des pilules de Longévité dans leur pays avaient déjà essayé de faire exploser le laboratoire ; mais celui-ci, apparemment, était indestructible. Totalement résistant aux bombes, aux incendies, aux inondations, aux sinistres — Peter avait appris tout cela dans le dossier que lui avait remis Paul. La fabrication de la Longévité était considérée comme une activité plus vitale encore que l'agriculture, pourtant elle-même classée hautement prioritaire par les Autorités. « Confort, santé, prospérité et éducation », tel était le slogan officiel — des concepts simples qui importaient aux gens, et qui leur parlaient directement. L'unique objectif était que tout le monde soit en vie, et heureux de l'être. Les individus comme Anna et Peter venaient très largement en dernier. Des hommes nouveaux, une vie nouvelle... Comme dans le mythe de l'arche de Noé, les Autorités avaient remonté les passerelles du navire il y a bien longtemps pour entamer une longue traversée en mer sans se soucier de ce qu'elles laissaient derrière elles ni du monde cauchemardesque qui les attendait peut-être.

Et à compter de ce jour, Peter travaillerait ici. Arrivé exprès par-derrière pour mieux évaluer la taille du bâtiment avant de se présenter officiellement à Richard Pincent, il tressaillit soudain à cette pensée tout en longeant le mur d'enceinte. Celui-ci était orné à intervalles réguliers d'affiches de propagande serties dans des cadres en verre flambant neufs surmontés du logo de Pincent Pharma, avec le dernier *a* de Pharma prolongé d'une frisette censée symboliser un sourire.

À l'approche du portail, Peter s'arma de courage et, d'un pas assuré, parcourut les derniers mètres qui le séparaient de l'entrée.

Le vigile posté devant sa guérite ne semblait pas le voir ; il regardait fixement à travers lui, comme s'il était transparent.

« Je m'appelle Peter, dit l'adolescent en plantant résolument ses yeux dans ceux du garde. Peter...

– Peter Pincent ? » fit l'homme d'une voix traînante. Il était du genre sec et nerveux ; une cicatrice au-dessus de son œil gauche en disait long sur ses états de service.

Peter se rembrunit. Il détestait son nom de famille. Le haïssait. Mais il acquiesça.

L'homme l'examina des pieds à la tête, sans remarquer qu'il l'observait aussi. Il devait avoir dans les cent quarante ans environ, songea Peter.

« Tu vas devoir me remplir ça », dit le garde en lui tendant une liasse de formulaires fixée à une planchette avant de s'adosser tranquillement à la paroi de sa guérite. Un petit sourire se devinait sur ses lèvres, comme s'il se payait la tête de Peter ou savourait une plaisanterie quelconque à ses dépens. Peter plissa les yeux. Il ne supportait pas les figures d'autorité. Ces gens qui se croyaient le droit de donner des ordres aux autres — surtout à *lui* — sous prétexte qu'ils portaient un titre et un uniforme.

Irrité, l'adolescent commença à griffonner son nom, son adresse, sa date de naissance et l'objet de sa visite. Le gardien semblait s'amuser de ses efforts maladroits pour écrire sur la fine planchette en carton.

« Tu étais dans un de ces Foyers de Surplus, pas vrai ? » C'était moins une question qu'une affirmation, une manière de montrer à Peter qu'il savait tout de lui.

Ce dernier acquiesça sèchement. « Exact. »

Les lèvres du vigile se retroussèrent en un rictus. « T'en as de la veine, non ? Maintenant, tu vas fabriquer des pilules de Longévité. Pas mal, comme évolution de carrière. »

Peter prit une longue inspiration et lui rendit ses formulaires. « Bon, je vais où ? »

L'homme croisa les bras, le toisa. Puis il haussa les épaules.

« Tu n'as pas de badge de sécurité, je parie ? On ne peut pas entrer sans badge.

– Et où puis-je m'en procurer un ?

– À la réception.

– Et on ne peut pas accéder à la réception...

– ... sans badge de sécurité. Drôle de casse-tête, hein ? » Une petite lueur dansait dans ses yeux. Peter lui décocha son plus beau sourire sarcastique.

« Eh bien, on dirait que je vais passer la journée ici. À votre avis, il vaut mieux que je m'assoie sur les gravillons, là-bas, ou à même le bitume ? »

L'homme garda le silence un moment. Enfin il consentit à ouvrir le portail. « Tu sais, marmonna-t-il, seule l'élite vient travailler ici. Les candidats doivent passer des tests, attendre des années avant qu'un poste se libère. Tout le monde ne peut pas se permettre d'entrer la fleur aux dents. Je te conseille de faire attention.

– Promis, répondit gaiement Peter. Et merci du compliment.

– Pardon ?

– Merci d'avoir dit que je faisais partie de l'élite. Je travaille ici, après tout.

– Tu ferais bien de surveiller tes arrières, fit le vigile d'un ton soudain menaçant. Parce que je ne vais pas te lâcher. Je serai sur toi comme un aigle traquant sa proie. » Il franchit les grilles en lui faisant signe de le suivre vers l'imposante double porte qui constituait l'entrée principale du bâtiment.

Il faisait encore nuit mais Jude, incapable de dormir, ne tenait plus en place. Avec un soupir, il repoussa ses couvertures pour se lever, enfila un pantalon, deux pulls et un manteau. À pas prudents, il emprunta l'étroit couloir de moquette encore non encombré permettant d'accéder à la porte de sa chambre et descendit au rez-de-chaussée en maudissant le froid qui lui glaçait la plante des pieds. Sans un bruit, il se prépara du café, puis remonta s'installer dans sa position habituelle face à son ordinateur. Il fixa l'écran, maussade. Il n'avait aucune envie de travailler — il aurait préféré tester le nouveau jeu vidéo qu'il venait de dénicher, une relique du XXIe siècle qu'il comptait adapter sur une nouvelle plate-forme — mais il avait besoin d'argent. Il n'y avait plus rien à manger dans la cuisine, en dépit des rappels de plus en plus alarmants de son réfrigérateur l'exhortant à passer une nouvelle commande de produits alimentaires, et le courant lui serait coupé sous vingt-quatre heures s'il ne payait pas sa facture au plus vite.

Toujours en soupirant, il ouvrit son fichier de travail en cours et commença à tapoter paresseusement sur son clavier. Le boulot était irrégulier, mais bien payé ; lorsqu'il était à court d'argent, il piratait le système d'une banque ou d'une institution quelconque dont la survie dépendait principalement du réseau informatique, puis il les appelait pour leur proposer de renforcer leurs pare-feux, moyennant finance. C'était de l'argent facile — il s'était bâti une solide réputation, et le travail venait même parfois tout seul jusqu'à lui.

Une heure plus tard, son compte fraîchement alimenté, il consulta sa montre, but une gorgée de café (à présent horriblement froid) et ouvrit son programme de codes espions. Il l'avait développé lui-même et le mettait à jour tous les deux mois ; la version actuelle, la numéro 16, était capable de neutraliser n'importe quel système de sécurité. La plupart, en tout cas.

Son tout premier ordinateur avait été un cadeau de son père, il y avait un peu plus d'une décennie, alors que Jude n'avait que six ans. « Voilà de quoi t'occuper un moment, lui avait-il déclaré, l'haleine chargée d'alcool. Voyons si tu sauras te débrouiller tout seul. » C'était un vieux modèle ayant autrefois appartenu aux Autorités avant d'être déclassifié pendant la grande Phase d'Épuration Électronique, quand les entreprises s'étaient vues officiellement invitées à réduire leur Impact Énergétique. Des appareils plus petits, plus efficaces avaient alors fait leur apparition sur le marché : des ordinateurs fonctionnels dotés d'un simple traitement de texte et d'une messagerie, avec écran noir et blanc, et incapables de télécharger quoi que ce soit. Mais celui de Jude appartenait à une autre génération ; c'était une antiquité, à bien des égards. Il consommait une quantité d'énergie inimaginable et n'était pas d'une grande simplicité d'utilisation, mais il lui permettait au moins de faire ce qu'il voulait. Grâce à cette machine, Jude s'était découvert un talent unique, largement supérieur à la moyenne des connaisseurs qu'il avait rencontrés. Il avait appris à rédiger des codes et des programmes bien plus sophistiqués que ceux des Autorités. Il avait même tenté de les montrer à son père, pensant que cela pourrait l'intéresser, voire l'impressionner. Mais le Directeur général du ministère de l'Intérieur avait d'autres chats à fouetter, et il lui avait rétorqué qu'il était trop occupé, visiblement embarrassé par les manifestations d'intérêt de son fils. Avec le temps, Jude avait fini par comprendre que cet ordinateur était moins un cadeau qu'une façon pour son père de se donner bonne conscience. Mais peu importait. Il n'avait pas besoin de son père pour s'occuper de lui ; il n'avait besoin de personne.

Il navigua avec précaution dans le système en contournant délicatement une série de pare-feux, et parvint à deviner (parfois au bout de deux tentatives) les noms des dossiers qu'il recherchait et leur emplacement. Sur son écran apparut tout à coup une image de caméra de surveillance ; Jude écarquilla légèrement les yeux, ravi, en s'apercevant qu'il avait réalisé un timing parfait. Il aurait reconnu cette silhouette n'importe où — cette démarche, chaloupée et arrogante à la fois. Jude avait déjà vu Peter dans les programmes d'informations, dans les journaux ; il l'avait même croisé une fois dans la rue. Mais là, c'était encore mieux. C'était réel.

« Monsieur le grand révolutionnaire est tombé bien bas », marmonna-t-il en actionnant le zoom pour faire un gros plan sur le visage de Peter, qui arborait une expression impénétrable. À le voir, on avait du mal à croire qu'il s'agissait d'un individu capable de s'évader d'un Foyer de Surplus et de déjouer les pièges des Rabatteurs. D'un individu soupçonné de travailler pour le Réseau souterrain depuis sa naissance, ou presque. Mais telles étaient les rumeurs qui couraient sur lui. Peter Pincent. Ce nom avait hanté Jude toute sa vie ; la seule existence de ce garçon lui avait inspiré à la fois la conscience de sa chance et une culpabilité terrible. Jude avait été de loin le mieux loti des deux — il le savait, se l'était entendu répéter suffisamment de fois. Il était Légal, lui. Mais aujourd'hui, Peter l'était aussi. Aujourd'hui, ils étaient presque sur un pied d'égalité.

Jude cliqua sur l'image de la caméra située face à l'entrée principale de Pincent Pharma, zooma très légèrement et suivit Peter tout au long du trajet jusqu'au portail du mur d'enceinte. Bien calé au fond de sa chaise, il regarda Peter s'approcher du vigile ; quelques minutes plus tard, ils se dirigeaient tous les deux vers l'immense double porte vitrée qui s'ouvrit et se referma sur eux telle une baleine engloutissant deux poissons. Piqué par la curiosité, Jude resserra contre lui pour se réchauffer les pans du manteau qui lui faisait également office de robe de chambre ; tous ses coupons énergétiques passaient dans son ordinateur au lieu de lui servir pour le chauffage central ou l'achat de vêtements neufs.

Il porta son café à ses lèvres avant de le reposer, écœuré, et se tourna à nouveau vers les images de vidéosurveillance. C'était un système sophistiqué, doté de codes de protection presque inviolables. Mais le « presque » n'avait pas suffi à le protéger du savoir-faire de Jude.

D'un doigt mou, il pressa la barre espace de son clavier. Aussitôt, il eut droit à une vision de la façade arrière de Pincent Pharma, d'où un chemin serpentait jusqu'au fleuve. Jude appuya de nouveau. Il aperçut un autre sentier, celui-ci coupant à travers bois en direction de Battersea. Là encore, il n'y avait rien à voir. Hormis quelques manifestations — rapidement dispersées — de temps à autre, les alentours du bâtiment constituaient une sorte de no man's land toujours désert. La route la plus proche se trouvait à un kilomètre et demi ; toutes les habitations voisines avaient été rasées au moment de l'installation du laboratoire. Il ne restait plus qu'un terrain vague à l'arrière et un bosquet sur le devant. Seule une voie privée franchissait le portail d'entrée. Elle était reliée à une route périphérique qui, à l'arrière du bâtiment, croisait un petit chemin descendant vers le fleuve ; devant le bâtiment, une bretelle d'accès (régulièrement empruntée par les camions chargés de cartons de Longévité) rejoignait la route principale.

Jude appuya une nouvelle fois sur la barre espace pour se reconnecter sur l'image de la façade arrière, histoire de voir s'il y avait du nouveau, et fronça les sourcils.

Quelque chose avait changé. Un détail clochait. Jude n'était pas peu fier de son instinct pour ces choses-là : malgré ses années passées à étudier la théorie économique et le relativisme moral sous la férule d'une cohorte de professeurs particuliers hors de prix recrutés par son père, Jude avait appris à toujours donner la priorité à l'instinct plutôt qu'au savoir.

Les yeux ronds, il vit distinctement plusieurs silhouettes émerger d'entre les arbres. Les individus en question étaient vêtus de pantalons type treillis — en tout cas d'allure paramilitaire — et armés de revolvers et de fusils. Jude sentit son cœur s'accélérer sous le coup de l'excitation, mais demeura tout à fait calme extérieurement. Il aimait ne jamais se départir d'un air las et blasé, même quand il était seul.

À l'écran surgirent alors quatre camions blindés qui, sortant du bâtiment par la voie d'accès privée, tournèrent à droite pour rejoindre la route principale. La fumée grise de leurs pots d'échappement se mêlait à la couleur du ciel, terne et nuageux. Jude zappa rapidement d'une caméra à l'autre pour suivre la progression des véhicules à mesure qu'ils accéléraient sur la bretelle d'accès quand, tout à coup, celui qui était à la tête du convoi fit une embardée sur le côté droit. Quelques secondes plus tard, les deuxième et troisième camions connurent le même sort ; le dernier parvint à freiner, dérapa en travers de la route et percuta le camion immobilisé juste devant lui.

Aussitôt, les hommes en treillis firent irruption depuis le sentier où ils s'étaient regroupés, et Jude se rendit compte qu'il avait sous-estimé leur nombre ; une véritable petite armée se jeta à l'assaut des camions, défonçant les portes arrière et jetant le chargement à même la route avant de l'asperger d'essence pour y mettre le feu. Les chauffeurs n'essayèrent même pas de sortir de leurs cabines ; Jude les vit passer des appels frénétiques avec leurs téléphones portables. Quelques minutes plus tard, d'autres véhicules jaillissaient de l'enceinte de Pincent Pharma et se dirigeaient à toute vitesse vers le lieu de l'accident, là où la route était barrée par les camions couchés et des flammes aux émanations nauséabondes, mais les assaillants se repliaient déjà — sur le sentier, le long de la route, derrière des murs. Jude suivit leur fuite, fasciné, le cœur battant. C'était forcément un coup du Réseau souterrain, songea-t-il. Il les voyait enfin en action.

D'un geste vif, il rappuya sur la barre espace pour revenir sur l'image des camions. Des hommes en uniforme de sécurité aidaient les conducteurs à s'extraire de leurs cabines et tentaient d'éteindre les incendies. Jude vit l'un des gardes crier quelque chose. Une poignée de secondes plus tard, ses collègues arrêtaient deux membres du Réseau souterrain retrouvés sur le sentier. Les deux terroristes furent vite encerclés, leurs armes confisquées.

L'un des gardes sortit son talkie-walkie et deux autres passèrent les menottes aux prisonniers, mains dans le dos.

Alors un autre garde se mit à vociférer en pointant son revolver sur l'un des deux captifs et, avant que Jude comprenne ce qui se passait, celui-ci tomba à genoux, la tête en sang. Le souffle coupé, Jude eut un violent mouvement de recul, mais il ne pouvait détacher son regard de cette forme inanimée en treillis et de cette tache rouge qui s'agrandissait sur le bitume. L'homme était mort. Pour de bon. Quant aux autres gardes, ils avaient tous fait un ou deux pas en arrière, l'horreur et le dégoût mêlés sur leurs traits.

Celui au talkie-walkie aboya un ordre dans son appareil et empoigna le second prisonnier qui, livide, observait fixement son camarade abattu. L'homme hurla, se débattit... sans succès.

Jude se renfonça dans sa chaise. Il osait à peine respirer et demeura un long moment sans bouger. Il venait de voir quelqu'un mourir. Et dans un monde où la mort n'existait pas, cette vision était pour le moins choquante.

Puis il se reprit. C'était la réalité, voilà tout. Or la réalité n'avait qu'une valeur minime à ses yeux ; il s'agissait seulement de l'état physique dans lequel il se trouvait, d'un environnement sur lequel il n'avait que peu d'emprise. Oubliant la vision des combattants du Réseau souterrain, Jude sortit du système de vidéosurveillance de Pincent Pharma et ouvrit MyWorld, le monde virtuel qu'il avait conçu lui-même, afin de voir où en était sa création. C'était l'été dans MyWorld. Les promeneurs avaient envahi les trottoirs ; des groupes d'adolescents flânaient dans les parcs, et pas le moindre adulte en vue. À la place, des jeunes qui jouaient au football, échangeaient des blagues, restaient tranquillement assis à griller des cigarettes ou à papoter dans leurs portables sans que la police vienne les harceler. Satisfait, Jude s'engagea sur un petit sentier menant à son Q.G. préféré : son banc, duquel il pouvait contempler l'ensemble de son monde. Comme il s'y attendait, sa petite amie aux cheveux roux l'attendait, souriante et très mignonne dans sa minijupe en jean.

« Salut, Jude2124, dit-elle d'une voix sensuelle. Tu m'as manqué. Où étais-tu passé ? »

Jude2124 lui rendit son sourire. « Peu importe. Je suis là, maintenant. C'est le principal. »

* * *

Peter se retourna, alerté. Il venait d'entendre du bruit en provenance de la route principale, mais à plus d'une centaine de mètres de distance et, surtout, derrière le mur d'enceinte qui l'empêchait de voir quoi que ce soit. Le garde lui décocha un rictus railleur.

« Froussard, hein ? Un petit *paf* de rien du tout et on sursaute ! »

Peter garda le silence et se contenta d'enfouir ses mains dans ses poches. Il regarda le vigile activer son badge magnétique, presser le bout de ses doigts contre une plaque de verre et passer ses prunelles devant un scanner. La double porte coulissante finit par s'ouvrir, révélant un imposant hall d'entrée au fond duquel s'élevaient quatre immenses escalators. Un homme aux traits sévères vint à leur rencontre, et Peter sentit tous les muscles de son corps se raidir. C'était Richard Pincent. Le garde lui adressa un bref salut.

« Peter, dit Richard, un léger sourire au coin des lèvres. Excuse-nous une minute, veux-tu ? Quelques petits soucis à l'extérieur. » Il se tourna vers le gardien, son sourire envolé. « Retournez à votre poste. Nous avons un Code X. » L'homme hocha la tête d'un air sombre et repartit précipitamment vers la sortie tout en tirant un talkie-walkie de sa poche pour le plaquer contre son oreille.

Peter le regarda s'éloigner, puis se tourna vers son grand-père, qui aboyait des ordres dans un tout petit appareil ressemblant à un téléphone ; sa voix était sourde, inaudible, mais la tension y était nettement palpable. Richard remit son portable dans sa poche, vit que son petit-fils l'observait et lui sourit à nouveau.

« Suis-moi, dit-il avant de passer un bras autour de ses épaules. Bienvenue chez Pincent Pharma, Peter. Bienvenue dans le laboratoire le plus moderne au monde. Le rêve de tous les scientifiques. Bienvenue dans ton nouvel univers. »

Chapitre 3

Cet endroit était gigantesque, encore plus que ne l'aurait imaginé Peter de l'extérieur. L'ampleur des lieux semblait capable de vous avaler tout cru, si vous n'y preniez pas garde, et de vous réduire à l'état de flocon de neige. Tandis qu'il suivait son grand-père vers l'un des escalators, l'adolescent s'efforça de ne pas se laisser impressionner par l'immensité qui l'entourait — murs qui s'élevaient jusqu'à plusieurs centaines de mètres de hauteur, écrans géants diffusant des programmes scientifiques, le tout d'un blanc immaculé, si propre, si pur.

« Quel spectacle, n'est-ce pas ? lâcha Richard Pincent d'un ton théâtral. Ce bâtiment existe depuis plus de deux siècles, mais il m'arrive d'en avoir encore le souffle coupé. »

Peter acquiesça, feignant l'enthousiasme, tout en dardant son regard autour de lui à l'affût de caméras de surveillance ou de n'importe quel autre élément susceptible d'intéresser Paul. Non sans ironie, il nota que l'endroit ne comportait pas la moindre photographie de Foyer de Surplus, ni rien qui puisse attirer l'attention sur la sombre réalité de la Longévité. Constatant sa curiosité, Richard Pincent l'observa fixement pendant une poignée de secondes, et Peter se surprit à se demander si le système de sécurité ultrasophistiqué de son grand-père ne lui permettait pas en plus de lire dans les pensées. Même s'il savait que c'était impossible.

« Par ici. » Ils venaient d'atteindre le haut de l'escalator et se retrouvèrent face à un immense couloir latéral. Richard tourna d'abord à gauche puis, au bout de quelques mètres, à droite pour s'engouffrer dans un autre couloir, très long lui aussi. « Il est facile de se perdre si l'on ne sait pas où on va », dit-il en conduisant Peter vers une immense galerie surplombant la réception. De gigantesques baies vitrées couraient tout du long, permettant de voir l'intérieur des salles et des laboratoires en contrebas.

« Ici, à droite, expliqua Richard en marchant d'un pas raide, se trouve notre zone de production principale. Naturellement, tu ne peux pas la voir. Elle est si bien protégée qu'elle n'a même pas de fenêtres. Ce que tu peux voir, en revanche, c'est la zone de finition, où l'on imprime le logo Pincent Pharma sur chaque comprimé. »

Peter tourna la tête pour observer le ballet mécanique des machines alignées dans lesquelles étaient déversés des milliers de comprimés blancs. Tout autour se tenaient des hommes et des femmes occupés à surveiller les opérations et à vérifier la qualité des produits, le visage crispé par la concentration. L'un des employés leva les yeux et aperçut Richard Pincent ; aussitôt, il tressaillit et se mit à scruter la machine la plus proche comme si sa vie en dépendait.

« C'est une étape très importante, commenta Richard sans interrompre sa marche. Le logo permet de distinguer les vraies pilules des fausses. À présent, voici l'un de nos laboratoires de recherche. »

Il fit entrer Peter dans un vaste espace rempli de scientifiques en blouse blanche penchés sur leurs microscopes, leurs ordinateurs, ou occupés à examiner le contenu de tubes à essai.

« Que font-ils ? » voulut savoir Peter.

Richard eut un petit rire. « Ils travaillent à l'amélioration du produit, bien sûr. Le monde bouge en permanence, Peter. Il faut toujours viser le meilleur. »

L'adolescent hocha la tête. « Et comment font-ils ? Je veux dire, sur qui testez-vous les médicaments ? »

Richard Pincent parut se figer, une fraction de seconde, avant de repartir du même pas. « Nous avons toutes sortes de programmes de tests, dit-il avec dédain. Les gens sont prêts à tout pour un peu d'argent, tu sais.

– Et comment vous procurez-vous les cellules souches ? » insista Peter.

Cette fois, son grand-père s'arrêta net.

« Tu en poses, des questions », lâcha-t-il.

Peter sentit les poils de sa nuque se hérisser. S'était-il montré trop curieux, trop tôt ? Son grand-père nourrissait-il déjà des soupçons à son égard ? « C'est parce que je veux apprendre », dit-il.

Richard marqua un court moment de réflexion. « Oui. Oui, bien sûr. Tu as raison. Eh bien, j'ai ce qu'il te faut. Viens avec moi. »

Peter le suivit tout en étudiant fébrilement chaque couloir, chaque porte, chaque employé qu'ils croisaient en chemin. Richard finit par ouvrir une porte et précéda Peter dans une salle de conférences type auditorium.

« Un peu d'histoire, déclara-t-il. Nous avions mis sur pied un important programme éducatif, ici. Les étudiants venaient apprendre tout ce qu'il fallait savoir sur le Renouveau et la Longévité... Du temps où les universités existaient encore, naturellement. Aujourd'hui, cet endroit nous sert pour les programmes de Réinstruction, d'Induction, pour l'accueil des délégations étrangères, ce genre de choses. Nous avons aussi quelques plaquettes explicatives, si tu le souhaites ? »

La question était purement rhétorique, comprit Peter ; d'autorité, il se vit remettre une brochure et, sous le regard scrutateur de son grand-père, se sentit contraint de l'ouvrir. Là, sur plusieurs pages, s'étalait l'historique de

Pincent Pharma, ponctué d'encadrés proposant anecdotes et infos pratiques diverses. Peter les parcourut rapidement.

Le saviez-vous ?

• Deux semaines sont nécessaires à la fabrication d'une seule pilule de Longévité.

• Pincent Pharma emploie plus de 5 000 scientifiques, parmi les meilleurs au monde, tous soucieux d'améliorer votre qualité de vie.

• Pour optimiser vos performances, votre médecin doit revoir votre dosage personnel chaque année.

Le saviez-vous ?

• Pincent Pharma est fournisseur officiel de Longévité dans plus de 100 pays à travers le monde.

• Pincent Pharma a mis au point la toute première pilule de Longévité en 2015 et reste dépositaire du brevet mondial.

• Pincent Pharma procède à des contrôles qualité draconiens sur chaque pilule de Longévité avant qu'elle ne quitte la chaîne de production.

Richard Pincent esquissa un sourire bienveillant. « Parfait. Et maintenant, installe-toi où tu veux afin que nous puissions commencer. Qu'en dis-tu ? »

Peter referma la brochure et se choisit un siège au milieu de la salle. C'était un petit fauteuil rabattable, entouré d'une centaine d'autres tous semblables, tous vides. À peine s'était-il assis que les lumières s'éteignirent et le grand écran s'alluma.

L'image de son grand-père apparut, un tantinet plus jeune qu'aujourd'hui. Il se tenait debout dans un grand laboratoire sans cloisons rempli de postes de travail occupés par des gens en blouse blanche à l'air concentré.

« Bienvenue chez Pincent Pharma et à l'Institut de recherche sur les cellules. Sous ce toit, dans ces locaux dernier cri, des milliers de scientifiques font avancer nos connaissances sur le formidable potentiel des cellules. Cellules qu'ici, chez Pincent Pharma, nous avons adaptées pour permettre la guérison des maladies humaines. Cellules que nous avons reproduites afin de combattre les affections dégénératives et de soigner les blessures graves. Cellules qui nous ont d'ores et déjà permis l'éradication des pires maux dont souffrait l'humanité, et qui ont également apporté des progrès scientifiques extraordinaires pour la médecine et la société dans son ensemble. Bienvenue dans le monde de la Longévité, berceau de l'avenir de l'humanité... »

À l'image, le grand-père de Peter se rapprocha de la caméra.

« Vous êtes sur le point d'assister, tout simplement, à un miracle. Une révolution. Un bouleversement si fondamental qu'il surpasse de loin toutes les autres réalisations humaines. Vous allez découvrir le secret de la vie éternelle. »

Une musique vibrante s'éleva et Peter se tortilla maladroitement sur son fauteuil. Il se retourna pour vérifier si son grand-père — le vrai — se trouvait encore dans la salle, mais il faisait trop noir pour y voir quoi que ce soit.

Il se remit face à l'écran, où venait de démarrer une séquence en animation montrant une multitude de petites taches sphériques semblables à des bulles.

« La cellule souche, retentit la voix off de son grand-père. Si infime, et pourtant si puissante. Au XXe siècle, les scientifiques ne pouvaient qu'imaginer le potentiel de ces minuscules éléments : guérison de maladies responsables de la mort de millions de personnes chaque année, redécouverte de la mobilité pour les handicapés, culture d'organes en vue de greffes... Les chercheurs du monde entier se livraient une compétition effrénée pour être les premiers à découvrir les secrets de ces cellules invisibles et à en exploiter les capacités.

« Mais l'un d'eux alla encore plus loin. Un homme qui aspirait à faire mieux que vaincre des fléaux incurables ou soulager les malades. Un homme qui voyait au-delà des simples pouvoirs curatifs de la thérapie cellulaire. Un homme pour qui le destin de l'humanité était inextricablement lié au pouvoir des cellules souches. Lui savait, avec une absolue certitude, que la bonne combinaison, les bonnes cellules, utilisées de la bonne manière, pouvaient venir à bout non seulement des maladies, mais aussi de l'expérience humaine la mieux partagée d'entre toutes. Il savait qu'il pourrait vaincre la mort. »

Il y eut une courte pause dans le commentaire, et l'image se resserra sur une des bulles.

« Comment cet homme a-t-il réussi ? Eh bien, il s'est fait aider par l'un de ses petits camarades, poursuivit la voix de Richard Pincent sur un ton plus jovial. Voici la cellule souche. Cette créature intelligente est capable de se transformer en n'importe quelle autre cellule du corps. Elle peut se faire cellule sanguine, cellule du foie ou de la colonne vertébrale. Elle sait réparer n'importe quel dégât, se reproduire pour remplacer les cellules vieillissantes, ou empêcher les cellules cancéreuses de se développer. »

La bulle, soudain pourvue d'un visage, se mit à danser en s'incorporant avec succès à une série d'organes, sans se départir d'un sourire enjoué.

La séquence animation s'acheva, et Richard Pincent réapparut à l'écran. Il se tenait cette fois devant l'entrée d'une sorte de sas ultramoderne dont les portes coulissantes s'ouvraient pour laisser passer des gens en blouse blanche. « Cependant, bien que l'existence des cellules fût déjà connue des chercheurs au XXe siècle, reprit-il d'un ton paternel, seul Pincent Pharma travaillait activement à la création du médicament le plus puissant d'entre tous : la Longévité. »

Il disparut à nouveau pour laisser la place à des images d'archives montrant deux personnes âgées marchant sur un trottoir, le dos voûté, la peau ridée, les cheveux gris. Peter frissonna malgré lui à cette vision.

« Le vieillissement, reprit la voix de son grand-père. Pendant des millénaires, fléau inéluctable de l'humanité. Perte des fonctions essentielles — ouïe, vision, souplesse, force. Perte de la mémoire et de la capacité cérébrale. Lent et pénible processus dégénératif s'achevant le plus souvent par une maladie douloureuse, et bien sûr par la mort. Vivre jusqu'à quatre-vingts ans était considéré comme une chance. À soixante ans, les gens étaient déclarés trop vieux pour travailler, trop vieux pour jouer un rôle dans la société. Mais plus maintenant. »

Le plan suivant montrait des hommes disputant une partie de football dans un parc. « Au lieu de s'effondrer, comme jadis, les humains disposent aujourd'hui du Renouveau. Au lieu de se résigner au déclin et à la vieillesse, ils profitent désormais d'un nouveau confort de vie. En ce jour mémorable où il découvrit le véritable potentiel des cellules souches, le Dr Albert Fern, adepte de la Science Naturelle, changea le cours de l'histoire. »

À l'écran, le grand-père de Peter se tut pour promener un regard brillant de fierté sur la salle, avant d'arborer une expression légèrement plus humble tandis qu'une autre voix off prenait le relais : « Hélas, le Dr Fern ne vécut pas assez longtemps pour faire progresser le Renouveau. Mais Richard Pincent, son gendre, fondateur de Pincent Pharma, œuvra sans relâche après sa mort afin d'étendre les bienfaits des cellules souches aux populations du monde entier... »

Peter tombait des nues. Albert Fern était le beau-père de Richard Pincent ? Cela faisait de lui... son arrière-petit-fils.

À l'écran, revenu dans le laboratoire de la première séquence, Richard Pincent déambulait au milieu des scientifiques pendant que la voix off continuait : « Depuis ce jour, cette noble entreprise se consacre, au nom de l'humanité, à la fabrication de la Longévité, ce médicament qui fait désormais partie de l'histoire... voire l'a supplantée. Les chercheurs du monde entier ont tenté de l'imiter, d'en identifier la formule, en vain. Et aujourd'hui les scientifiques de Pincent Pharma continuent d'innover, de faire progresser la recherche afin de trouver sans cesse de nouveaux moyens d'améliorer notre qualité de vie. De la dégradation dentaire à la repousse des membres amputés, Pincent Pharma est actuellement à la pointe des sciences médicales et humaines. Nous ne cesserons jamais de nous battre afin de créer un monde meilleur pour tous. »

La caméra effectua un travelling arrière le long d'une enfilade de couloirs, franchit la sortie du bâtiment et continua à reculer jusqu'à ce que la façade entière soit visible à l'écran, mais sans montrer le mur d'enceinte blanc, ni les grilles ou les agents de sécurité.

« Pincent Pharma EST la science, déclara une autre voix. Pincent Pharma EST l'avenir. Le vôtre, et celui de chaque être vivant sur cette planète. Nous espérons que vous avez apprécié votre visite parmi nous. »

L'image disparut, remplacée par un simple message en caractères blancs : « La Longévité est une marque déposée de la société Pincent Pharma Incorporated. Toute tentative de copie, d'imitation, ou de violation de ce copyright exposera le contrevenant à des poursuites. » Puis le texte s'estompa jusqu'à ce que l'écran vire au noir. Les lumières se rallumèrent. Peter tourna la tête et vit que son grand-père l'attendait, posté au bout de sa rangée de fauteuils.

« Alors, qu'en dis-tu ? »

Peter repensa à sa chevalière, avec les initiales « AF » gravées à l'intérieur.

« Très... intéressant, hésita-t-il.

– N'est-ce pas ! » s'enthousiasma son grand-père. Sa voix était joviale mais son regard semblait ailleurs, comme s'il était préoccupé. « Tu sais, ajouta-t-il, tu as tant de choses à apprendre, ici. »

Peter sourit intérieurement. Il comptait bien en apprendre le maximum — pour le bénéfice de Paul.

« Alors, dis-moi, poursuivit son grand-père. Pourquoi avoir tout à coup accepté ma proposition de travail ?

– Je... », commença Peter, prêt à réciter le laïus qu'il avait préparé exprès. Mais Richard l'interrompit d'un geste.

« Je connais déjà ta réponse, dit-il avec dédain. Du moins, je sais ce que tu as écrit dans ta lettre. Et aussi ce que tu as expliqué à ta Conseillère. Mais faut-il vraiment croire tout ce que l'on vous dit ? »

Peter le dévisagea avec hésitation. « ... Non ?

– Non, en effet. » Richard lui sourit. « J'aime garder l'esprit ouvert. Laisse-moi donc te dire une chose. Je suis certain que tu te plairas ici, que tu tireras le meilleur parti de la chance qui t'est offerte. Mais à la moindre alerte, au moindre faux pas susceptible de me causer du tort, je peux t'assurer qu'il y aura des répercussions.

– O.K., acquiesça Peter. Ça a le mérite d'être clair. »

Richard émit un petit rire. « Je ne te le fais pas dire. » Il redevint sérieux. « Mais ce n'est pas tout.

– Oui ?

– La Longévité est éternelle. Comme tout le monde sur cette planète. Le monde est ainsi, désormais, et personne n'y changera rien. M'as-tu bien compris ? »

Peter scrutait le visage de son grand-père afin de déterminer la meilleure réponse à lui fournir.

« Parfaitement, finit-il par répondre. Et je ne tiens pas à vous causer le moindre ennui. Je suis trop heureux de la chance qui m'a été offerte de travailler ici. »

Richard observa fixement son petit-fils, puis opina du bonnet.

« Bien. C'est très bien. »

Il lui fit signe de le suivre hors de l'auditorium et ils repartirent sans un mot dans le couloir.

« Je crois qu'il est temps que je te présente le Dr Edwards, ton tuteur, déclara Richard au bout d'un moment en s'arrêtant devant une porte bleue. Tu t'en sortiras très bien, j'en suis sûr : les Pincent sont des scientifiques-nés. » Il pénétra dans la salle. Lui emboîtant le pas, Peter découvrit le même laboratoire que celui qui avait servi de décor aux séquences du documentaire. À ceci près que les postes de travail étaient à présent tous désertés.

Son grand-père remarqua son étonnement et s'en amusa. « Nous avons aménagé notre nouveau laboratoire dans l'aile est, expliqua-t-il. Plus grand, plus performant. Celui-ci est désormais affecté à la Réinstruction. Libre à toi d'apprendre, de te livrer à toutes les expériences que tu voudras. Et permets-moi de te présenter... » — il désigna un grand homme frêle qui venait d'un pas vif à leur rencontre — « ... le Dr Edwards, l'un de nos plus éminents savants, directeur du Centre de Réinstruction. Pendant les six prochains mois, il sera ton tuteur et ton mentor. À ta place, je ne me le mettrais pas à dos. »

Richard Pincent avait prononcé ces mots d'une voix mièvre, presque paternaliste, mais le Dr Edwards fit comme si de rien n'était et esquissa un petit sourire modeste. « Oh, ne t'inquiète pas pour ça, Peter, dit-il avec chaleur. Je suis ravi de faire ta connaissance. Vraiment enchanté. Ton grand-père m'a tant parlé de toi ! »

Peter étudia attentivement chaque détail de son visage : sourcils broussailleux, cheveux gris — qu'il ne prenait de toute évidence même pas la peine de teindre —, regard intelligent, gestuelle accueillante. Il paraissait âgé d'une cinquantaine d'années, mais Peter le soupçonnait d'en avoir au moins le double. Ce devait être un homme brillant, analysa-t-il ; introverti, mais passionné par son travail.

« Bonjour, lui dit-il. Heureux de vous rencontrer, moi aussi.

– Alors, Peter, quel est ton niveau en sciences ? Es-tu du genre incollable, ou bien tes connaissances sont-elles plutôt... basiques, pour ainsi dire ? » voulut savoir le Dr Edwards.

L'adolescent leva un sourcil désabusé. « Je crois que “basique” est le mot juste.

– Tant mieux, fit le savant. Plus les gens sont instruits, plus nous devons passer de temps à tout leur désapprendre. La plupart des connaissances enseignées en sciences sont aujourd'hui totalement dépassées, presque inutilisables. Autant partir de zéro avec un esprit neuf. » Il semblait sincère, plein de bonnes intentions. Si cet homme n'avait pas été associé à la Longévité, Peter aurait même pu le trouver sympathique.

« Bon, eh bien… je vous laisse, déclara Richard. Peter, je tiens à ce que tu t'appliques, compris ? Le Dr Edwards a énormément de choses à t'apprendre. »

Peter hocha la tête sans un mot et regarda son grand-père s'en aller.

« Je suis sûr que tu apprendras très vite, dit le Dr Edwards en souriant. Après tout, tu as ça dans le sang.

– Oh, je ne tiens pas vraiment de mon grand-père, répondit Peter d'un ton léger.

– Ton grand-père ? Oh non, je pensais plutôt à ton arrière-grand-père, Albert Fern. Le plus grand scientifique que le monde ait connu. »

Peter se força à acquiescer.

« Alors, par où je commence ? »

Chapitre 4

Posté derrière la glace sans tain, Richard Pincent observait le prisonnier qu'on attachait de force sur une planche en bois, les bras en croix.

« Je crois que tu n'as pas bien saisi », lui disait Derek Samuels, le chef de la Sécurité de Pincent Pharma. Le ton sirupeux, il plissait le front en une expression de compassion feinte, comme s'il se faisait du souci pour cet homme, comme s'il ne prenait aucun plaisir à sa tâche. « Je ne veux pas te faire de mal. Cela me peine de te voir dans cet état. Mais si tu ne me dis pas ce que je veux savoir, je n'aurai pas le choix. Les autres gardes, ici, adorent torturer les gens. Je ne pourrai pas les en empêcher. »

Le visage de l'homme se tordit de douleur. Les appareils d'écartèlement auxquels on l'avait attaché lui déboîtaient lentement les épaules.

« Je ne dirai rien, parvint-il à lâcher entre ses dents serrées. Vous n'avez pas le droit. C'est illégal. Les Autorités...

– Les Autorités se fichent pas mal de toi, l'interrompit Derek d'un ton suave. Tu es au-delà de la loi ; les agents de sécurité de Pincent Pharma ont la bénédiction du service Antiterroriste pour interroger les membres du Réseau et obtenir des informations par n'importe quel moyen. Je suis libre de faire ce que je veux avec toi. Et, crois-moi, je ne m'en priverai pas. »

Il fit signe au garde qui actionnait la machine, et le prisonnier poussa un hurlement en sentant la douleur s'intensifier.

« J'ai juste besoin de savoir où se trouve le quartier général du Réseau souterrain. C'est une question simple, fit Derek en secouant tristement la tête. Donne-moi la réponse et je te laisserai partir. »

Une lueur affolée brillait dans les prunelles du captif. « Jamais, s'écria-t-il. Jamais ! »

Derek hocha la tête et quitta la pièce ; quelques secondes plus tard, une porte s'ouvrit à côté de Richard et le visage du chef de la Sécurité apparut dans l'entrebâillement.

« Que voulez-vous que je fasse ? » lui demanda-t-il.

Richard soupira. Pourquoi ces gens cherchaient-ils constamment à le contrarier ? Pourquoi s'obstinaient-ils à le défier alors que la lutte était perdue d'avance ? Les membres du Réseau souterrain pensaient-ils vraiment pouvoir porter atteinte à la puissance de son empire industriel ? Croyaient-ils sincèrement qu'il les laisserait marquer le moindre petit point contre lui ? « Transférez-le au laboratoire de recherche, lâcha-t-il avec un haussement d'épaules. Je suis sûr que ses organes nous seront plus utiles que lui.

– Vous avez raison. » Derek Samuels disparut et retourna dans l'autre pièce.

« On t'envoie à la recherche, annonça-t-il froidement au prisonnier.

– Hein ? balbutia ce dernier, hébété. Comment ça ?

– Eh bien, puisque tu refuses de parler, tu ne nous sers à rien. Ton corps, en revanche, peut nous rendre service. Nous allons donc prélever tes organes. Nous en avons besoin pour nos tests sur l'étude des cellules, vois-tu. Pour résumer, lorsqu'ils t'auront ouvert le ventre, nos chercheurs tireront davantage de toi que je n'ai réussi à le faire.

– M'ouvrir le ventre ? » L'homme blêmit. « Vous ne pouvez pas faire ça. J'ai des droits. J'ai... »

Richard Pincent ne put résister à la tentation d'allumer son micro. « Vous n'avez rien du tout », assena-t-il. Le son de sa voix, jailli des haut-parleurs, fit sursauter le prisonnier. « Vous êtes pathétique. Vous avez cherché à détruire la Longévité, ce matin, et vous avez échoué. Comme le Réseau souterrain échouera à chaque fois. Je vais vous montrer ce qui se passe quand on contrarie Richard Pincent. C'est *moi* qui vais vous détruire.

– Qui êtes-vous ? Où est votre humanité ? » hurla le prisonnier dans le vide, désespéré.

Richard l'observa à travers la glace, intrigué. « Mon humanité ? Ce n'est pas moi qui suis l'ennemi de la vie ; c'est vous, avec vos attaques contre la Longévité.

– J'ai une femme. Je vous en prie, ne faites pas ça...

– Tant pis pour elle, lâcha Derek tandis que d'autres gardes venaient procéder au transfert du prisonnier. Elle n'avait qu'à pas épouser un minable comme toi. »

Richard Pincent en avait assez vu ; il sortit de la pièce, ignorant les cris de détresse du prisonnier, et regagna son bureau. Là, il s'avança jusqu'à la fenêtre et ouvrit les lourds rideaux de velours. La suite qui lui servait de bureau — avec ses deux cents mètres carrés de superficie et sa double hauteur de plafond qui arrachaient chaque fois des murmures de stupéfaction aux visiteurs — était située au troisième étage du bâtiment Pincent Pharma, avec vue sur la Tamise. Richard en avait choisi soigneusement l'emplacement : trop haut, il n'aurait pas vu le fleuve ; trop bas, les constructions sur l'autre rive auraient bloqué la lumière. Ici, le panorama était parfait. Ici, il se voyait constamment rappeler l'importance de sa personne et de son succès. Et ici se renforçait chaque jour sa conviction que ces années passées à faire pression, à charmer ou à piétiner ceux qui l'entouraient avaient, de toute évidence, porté leurs fruits.

Comme il s'asseyait à son bureau en méditant cette dernière pensée, le téléphone sonna. Il décrocha. Seule une poignée d'individus triés sur le volet avaient accès à sa ligne directe : ceux qui pouvaient lui être utiles d'une manière ou d'une autre.

« Richard Pincent, j'écoute ?

– Allô. C'est Adrian.

– Adrian. Qu'est-ce qui me vaut ce plaisir ? »

Adrian Barnet était Secrétaire général adjoint, c'est-à-dire Commandant en second des Autorités. Petit, un peu voûté, Adrian avait fréquenté autrefois la même université que Richard. Ils étaient à l'époque devenus amis, si l'on peut dire, et ils l'étaient restés — si tant est que Richard considérât qui que ce soit comme un ami.

« C'est à propos des attentats contre la Longévité, répondit Adrian d'un ton soucieux. À ton avis, ça va continuer ? »

Adrian ne pouvait pas être au courant du nouveau raid de ce matin. Les Autorités avaient toujours plusieurs trains de retard, ce qui arrangeait bien les affaires de Richard. « Il s'agit d'épisodes isolés, répondit-il en pesant ses mots. Naturellement, nous avons renforcé nos mesures de sécurité. Je crois que vous n'aurez bientôt plus d'incidents de cette nature à déplorer.

– C'est juste que... certaines questions commencent à remonter, rétorqua Adrian. D'aucuns s'inquiètent de l'impact éventuel de problèmes liés à l'approvisionnement de la Longévité. Tu n'es pas sans savoir que les vingt points de recul de l'Index financier du mois dernier sont directement attribués aux récentes difficultés de Pincent Pharma.

– Ce ne sont pas des "difficultés", riposta aussitôt Richard avec irritation. De simples anicroches sans conséquence qui n'ont déjà plus cours. Tous nos points faibles ont été éradiqués.

– Le souci, Richard, c'est que les langues se délient. Le nom de ton petit-fils ne cesse d'alimenter les conversations. Les gens ont du mal à accepter ta décision de lui confier un poste. Ils s'inquiètent de ses liens avec le Réseau souterrain, de son association avec cette fille Surplus. Il est dangereux. Certains craignent qu'il n'ait subi un lavage de cerveau par la famille de sa petite amie...

– Ah, tu crois ça ? » répliqua Richard d'un ton glacial. Il pressa un bouton et un écran s'alluma près de son bureau, révélant l'image du laboratoire dans lequel travaillaient Peter et le Dr Edwards.

« C'est que... ton petit-fils est une figure emblématique de l'agitation révolutionnaire, lui expliqua Adrian sans noter le sarcasme dans la réponse de son ancien camarade. D'après le service Antiterroriste, tout le monde le considère comme le père de la prochaine génération. Lui, et cette Surplus avec laquelle il s'est acoquiné.

– Le père de la prochaine génération ? répéta Richard avec dédain. Eh bien, Adrian, si c'est le cas, dis-moi une chose : où vaut-il mieux qu'il soit ? Dans nos rues, libre de ses mouvements parmi la racaille du Réseau souterrain, ou bien ici, chez Pincent Pharma, où je peux garder l'œil sur lui à tout moment ? Me prendrais-tu pour un imbécile, Adrian ? Me crois-tu idiot à ce point ?

– Non ! Bien sûr que non. Mais tu peux sûrement comprendre pourquoi les gens...

– Eh bien, non, Adrian, je ne comprends pas, le coupa Richard avec colère. Mais laisse-moi te dire une chose. Si tu crois que je vais laisser quelque individu que ce soit — Peter, tes collègues des Autorités, *n'importe qui* — barrer la route à Pincent Pharma, tu risques d'avoir de mauvaises surprises. Me suis-je bien fait comprendre ?

– Oui, naturellement, je...

– Peter travaille pour moi, désormais. Et lorsqu'il signera la Déclaration et se convertira à la Longévité, le Réseau souterrain s'effondrera.

– Il va signer la Déclaration ? lâcha Adrian dans un souffle.

– Évidemment », fit Richard avec dédain. Il n'avait pas encore abordé la question avec Peter, mais il était certain de le convaincre. Richard savait se montrer très persuasif quand il le voulait.

« Mais c'est un Surplus. Enfin, il l'était, je veux dire… »

Richard esquissa un petit sourire. « Certes. Mais c'est du passé. Aujourd'hui, il peut choisir d'accéder à la vie éternelle. Et crois-moi, il le fera. Aurais-tu oublié le pouvoir d'attraction de la Longévité ? dit-il d'une voix enjôleuse. Aurais-tu oublié l'irrésistible tentation que suscite un tel cadeau, servi sur un plateau ? Peter ne pourra pas y résister. »

Il y eut un silence. « D'accord… Et que fait-il ? Ton petit-fils, j'entends. Sur quel projet le fais-tu travailler, si je puis me permettre ?

– Je trouve cette question fort indiscrète, répondit Richard, mais puisque tu me l'as posée, sache que j'ai confié Peter aux bons soins du Dr Edwards. Il va tout apprendre sur la Longévité et ses pouvoirs.

– Le Dr Edwards ? N'est-ce pas lui qui s'occupait de la production, jadis, avant d'être déplacé vers un autre service ?

– La modernisation n'était pas son fort, répondit Richard avec diplomatie. Mais il nous est encore utile. C'est notre meilleur professeur. Il dirige le service de Réinstruction depuis des années ; il vénère la Longévité plus que n'importe qui au monde. Il est sensible à sa beauté. À ses yeux, c'est comme une religion. Si quelqu'un peut convaincre Peter de signer la Déclaration, c'est lui.

– À t'entendre, c'est un peu votre Méphistophélès.

– J'offre à Peter la vie éternelle, pas un pacte avec le diable.

– Et tu crois vraiment qu'il se laissera convaincre ? Cela me paraît bien risqué.

– Adrian, tu es un fonctionnaire, répliqua froidement Richard. Tout te paraît risqué. Crois-moi, Peter ne pourra pas résister aux attraits de la vie éternelle. D'autres ont vendu leur âme pour moins que ça.

– Tu crois encore à l'âme ? s'étonna Adrian avec un petit rire nerveux.

– Et pourquoi pas ? Notre travail consiste justement à la préserver. Chacune des âmes présentes aujourd'hui sur cette planète doit son salut à Pincent Pharma. »

Adrian hésita, incapable de déterminer si son ancien camarade plaisantait ou non. « Ne dis jamais une chose pareille en présence d'un autre membre des Autorités, dit-il soudain, mal à l'aise. À mon avis, la plupart d'entre eux se considèrent comme seuls dépositaires de leur âme.

– Les Autorités croient toujours que tout leur appartient, conclut Richard d'un ton sec. Elles ont tort. »

Chapitre 5

Jude se redressa péniblement dans son lit et écarta les rideaux. Dehors, le ciel était assombri par des nuages sales, hideux ; les voisins échangeaient des sourires forcés en vaquant à leur train-train. Quel endroit sinistre ! songea-t-il. Une prison sans murs, une condamnation à vie répétée en boucle. Personne n'était heureux, personne n'était quoi que ce soit ; les gens *existaient*, point final. C'était d'un ennui incroyable.

Jude observa la rue un moment, les lèvres plissées en une moue de dégoût, avant de refermer les rideaux et de sortir de son lit pour de bon, troquant à contrecœur son duvet chaud contre deux joggings superposés et une parka. D'un pas lourd, il descendit au rez-de-chaussée. Son journal l'attendait sur le paillasson. Il le parcourut rapidement, en évitant scrupuleusement les articles affirmant que l'économie devait sa formidable croissance au succès du programme de Réinstruction instauré par les Autorités, que les vilains gaspilleurs d'énergie égoïstes étaient seuls responsables du black-out de Manchester quelques jours auparavant, ou que la nouvelle mode consistant à se jeter du haut des falaises pouvait être dangereuse si l'on ne disposait pas de l'équipement adéquat. Rien sur le raid contre Pincent Pharma, bien sûr, se dit Jude, sarcastique. Les Autorités avaient dû s'empresser d'étouffer l'affaire. Peut-être aurait-il plus de chance en consultant les journaux en ligne. Ceux-là, les Autorités avaient du mal à les censurer. Ils n'avaient pas besoin d'un permis officiel d'impression, étant donné qu'ils n'utilisaient aucune ressource naturelle. Seuls les blogs et les sites Internet clandestins permettaient d'obtenir de vraies informations.

Jude poursuivait sa lecture, sourcils froncés, quand il remarqua un papier glissé sous sa porte. Un courrier publicitaire. Il le ramassa en soupirant et repartit vers la cuisine. Le document était imprimé sur du papier bon marché dont l'encre lui déteignait sur les doigts. Ce type de tracts était devenu monnaie courante, ces derniers temps — reflet des revendications hargneuses de citoyens mécontents dont Jude n'avait que faire : allongement des congés sabbatiques pour les personnes de plus de cent cinquante ans, baisse du prix du chauffage pour les pauvres, amélioration du réseau de transports publics... Ces prospectus étaient généralement distribués de nuit, mais Jude ne comprenait pas vraiment leur utilité : ils n'appelaient pas à la moindre action, n'annonçaient jamais d'éventuels meetings. Mais là n'était sans doute pas le but, se dit-il ; le seul objectif de ces gens était de se faire entendre. Or c'était raté, puisque leurs tracts atterrissaient systématiquement dans la poubelle des déchets à recycler.

Pourtant, ce prospectus-ci semblait avoir placé la barre très haut : « La Longévité est un crime », proclamait le slogan qui tenait lieu de titre. Intrigué, Jude s'attarda quelques secondes : « Le saut de falaise n'est qu'une invention "officielle" pour camoufler le nombre croissant de suicides », pouvait-on lire en lettres capitales. « La Longévité nous tue. Et il n'y a pas que chez nous. Partout dans le monde, les pénuries énergétiques entraînent la maladie et la mort parce que le Royaume-Uni refuse de distribuer la Longévité gratuitement. »

Jude plissa le front, stupéfait de ce manque de logique. « La Longévité est un crime, mais ils la veulent quand même gratuitement ? » s'étonna-t-il à voix haute, seul dans sa cuisine, avant de jeter le tract et le journal à la poubelle. Il ouvrit son réfrigérateur, qui lui rappela aussitôt d'une voix doucereuse que son stock de lait et d'autres produits frais serait bientôt épuisé et lui recommanda de ne pas laisser s'échapper le froid trop longtemps.

Refermant la porte pour prendre une banane dans le compotier, Jude quitta la cuisine et regagna sa chambre, seule pièce de la maison qu'il habitait vraiment. Là, il alluma son ordinateur, qui s'initialisa en à peine quelques secondes. Il l'avait débarrassé exprès des programmes trop encombrants et autres fichiers susceptibles de le ralentir. Il pouvait utiliser son ordinateur vingt-quatre heures d'affilée pour le même impact énergétique qu'une ampoule basse consommation. Les bulletins d'informations ne cessaient de lui seriner que l'Ère Informatique était révolue sous prétexte que les gens ne pouvaient plus se permettre de telles dépenses énergétiques, mais cet argument le faisait bien rire et, à vrai dire, le renforçait dans son opinion des personnes âgées : elles étaient stupides, ignorantes, et la vieillesse leur rongeait vraiment le cerveau, quoi qu'on dise sur les miracles de la Longévité.

Jude décida de jeter à nouveau un petit coup d'œil du côté de Pincent Pharma, mais il n'y avait rien d'intéressant à voir : le vigile à l'entrée faisait des mots croisés, un camion d'alimentation effectuait une livraison. Jude se demanda où était Peter. Posté derrière une de ces fenêtres, peut-être, en train de regarder au-dehors ?

Il maintint encore l'image à l'écran quelques instants puis, une fois déconnecté, se lança distraitement à la recherche du système informatique du Réseau souterrain.

Il mit moins d'une heure pour le localiser, et ne fut pas vraiment surpris de constater que leur infrastructure était bien moins sophistiquée que celle de Pincent Pharma. En revanche, il fut étonné — et impressionné — par la difficulté d'accès à leur système, très confus car bricolé avec les moyens du bord et composé d'une myriade de logiciels satellites au lieu d'un unique programme central. Sans trop réfléchir, Jude se plongea dans l'exploration du système. Il lui fallut près de trois heures d'un travail acharné mais, lentement, délicatement, il finit par trouver une voie d'accès en déjouant adroitement les codes de sécurité et en débusquant les pages cachées, jusqu'à atteindre exactement ce qu'il cherchait.

Brusquement, l'évidence s'imposa à lui. Il comprit pourquoi il avait atterri là, dans quel but il avait accompli cette démarche : il voulait rejoindre le mouvement, leur montrer de quoi il était capable. Peter avait reçu l'aide du Réseau souterrain toute sa vie ; Jude, lui, allait leur apporter son aide. 1-0 pour lui. Oui, songea-t-il, tout excité, il allait proposer ses services ! Et ils seraient bien idiots de ne pas saisir cette chance. Après tout, les systèmes informatiques n'avaient plus aucun secret pour lui — ou des secrets sans intérêt, en tout cas. Un petit sourire au coin des lèvres, il cliqua sur l'icône de la messagerie et se mit à rédiger un message :

Jude2124. – Présent et à votre service ! Cf. C.V. ci-dessous.

Faites-moi signe. Un ami. (P.-S. : Votre système de sécurité aurait besoin d'un sérieux coup de pouce.)

La réponse ne tarda pas à venir.

Hôte1. – Jude2124, merci d'expliquer votre présence ici. D'après nos infos, vous êtes basé à Londres, exact ?

Jude n'en revenait pas. Ils étaient bien plus pros qu'il n'aurait cru… capables de le localiser en moins de trois minutes ! Malheureusement pour eux, songea-t-il avec malice, ils n'avaient localisé que sa fausse adresse, à l'autre bout de la ville.

Jude2124. – Pas mal. Au fait, j'ai vu l'attentat chez Pincent Pharma. Je l'ai même sauvegardé en vidéo, si ça vous intéresse. Je suis sûr que ça pourrait vous être utile.

Cette fois, il dut attendre une bonne dizaine de minutes avant d'obtenir une réponse.

Paul. – Vous avez l'enregistrement vidéo ? Que comptez-vous en faire ?

Jude était estomaqué. Dialoguait-il réellement avec le légendaire Paul, ou avec un simple sbire utilisant son pseudonyme ? Paul était le leader du Réseau souterrain, celui dont la tête était mise à prix. Ça ne pouvait pas être lui, se dit Jude. Impossible.

Jude2124. – Rien du tout. Je vous le donne.

Paul. – Et que voulez-vous en échange ?

Jude2124. – Mon tarif habituel est de 300 £ de l'heure. Je vous file les vidéos gratis. Je veux juste devenir membre.

Paul. – Membre ? Comment ça ?

Agacé, Jude fronça les sourcils.

Jude2124. – Je veux rejoindre votre mouvement, quoi. Combattre l'ennemi, la Longévité, tout ça. Je veux faire partie du Réseau souterrain !

Paul. – Nous allons devoir y réfléchir.

Jude roula des yeux. À quoi bon réfléchir ?

Jude2124. – Réfléchir ? Pour quoi faire ? Combien de temps ?

Paul. – Serez-vous encore là dans une heure ?

Jude2124. – Oui.

Paul. – Parfait. Restez près de votre ordinateur. Nous vous recontacterons.

Jude vit le message clignoter, s'estomper, et il lâcha un soupir irrité. Lui qui prenait le Réseau souterrain pour un groupe de révolutionnaires dynamiques ! En réalité, ils étaient aussi assommants que les Autorités, avec leur bureaucratie et leur protocole... De son vivant, son père n'avait eu que ces mots-là à la bouche : « bureaucratie » et « protocole »... Comme si c'étaient les deux choses les plus importantes au monde. Comme s'il ne s'agissait pas seulement d'un paquet d'idioties inutiles, inventées uniquement pour fournir du travail aux gens comme lui.

Lentement, Jude se leva et alla à sa fenêtre pour entrouvrir les rideaux une fraction de seconde. Une heure à attendre ? Il leur proposait spontanément ses services. Qu'y avait-il de si compliqué là-dedans ?

Excédé, il revint devant son ordinateur et se connecta à MyWorld. Là, au moins, il n'y avait ni Autorités, ni Réseau souterrain, ni protocoles débiles. Seulement des jolies filles, des gens de son âge et plein de trucs sympas à faire. Sa copine l'attendait sur leur banc préféré ; il s'assit à côté d'elle et lui raconta ses mésaventures avec le Réseau souterrain.

« Ce sont des imbéciles, déclara-t-elle en levant un sourcil enjôleur. Ils ne te méritent pas.

– Ça, c'est sûr. Bon, et toi, quoi de neuf ? »

Il savoura la douceur de son baiser virtuel, puis partit à travers le parc se balader main dans la main avec elle.

Tout à coup, Jude sentit un poids peser sur son cou. Il ignorait depuis combien de temps il était allongé sur cette couverture, à laisser fondre des morceaux de chocolat au lait sur sa langue. Sa copine était toujours là, à l'écran, qui l'attendait en souriant.

« Vous souhaitiez nous rencontrer, fit une voix. Nous voici. »

« Veuillez presser votre paume contre l'écran et vous avancer pour récupérer votre plateau. »

Peter eut une seconde d'hésitation. Il était tenté de se rebeller, comme chaque fois qu'il recevait un ordre, même de la part d'une machine. Puis, se ravisant, il obéit aux instructions de la voix automatique et attendit que son plateau apparaisse dans la fente du guichet devant lui. C'était sa deuxième semaine chez Pincent Pharma, et il commençait un peu à s'habituer à son nouvel environnement.

Il prit son plateau et considéra le menu du jour. Saumon aux légumes, pomme de terre cuite au four dégoulinante de beurre, crumble aux fruits et boisson non identifiée servie dans un grand verre. Le scanner nutritionnel de Pincent Pharma était une version encore plus élaborée du système de reconnaissance individuelle, capable de calculer les besoins alimentaires de chaque employé sur toute une semaine. Et ce n'était pas tout : avant chaque repas, le scanner analysait votre état précis, grâce à la paume de votre main, afin d'établir un planning diététique personnalisé, à l'heure près, de vos besoins nutritionnels en fonction de votre profil général et de votre métabolisme. Aujourd'hui, comme tous les jours depuis une semaine et demie, l'analyse de Peter révélait un poids légèrement insuffisant et une carence en acides aminés et en vitamines secondaires ; le nutri-liquide contenu dans son verre lui apportait tout ce que les aliments solides ne suffisaient pas à fournir. Le Dr Edwards examina son propre plateau avec un sourire pincé : lui n'avait droit qu'à une plus petite portion de saumon aux légumes, mais sans pomme de terre, à une boisson d'apparence semblable à celle de Peter — et pas le moindre crumble aux fruits en guise de dessert...

« Après toi », dit-il à son jeune élève, lui emboîtant le pas à travers la gigantesque cafétéria de l'entreprise. Peter n'aimait guère cet endroit ; sa seule expérience de repas collectifs, quoique à une échelle plus modeste, datait de l'époque du Réfectoire central, à Grange Hall, où les Surplus avalaient leur nourriture en silence, avec mille précautions, conscients que la moindre transgression leur vaudrait une volée de coups ou une autre punition. La cafétéria de Pincent Pharma avait beau offrir un cadre nettement plus convivial (les employés étaient libres de bavarder, de regarder où bon leur semblait, et s'entraidaient quand l'un d'eux renversait son plateau au lieu de rester pétrifiés de terreur), Peter sentait les poils de sa nuque se hérisser chaque fois qu'il y entrait.

Avisant une table vide à l'autre bout de la salle, il s'y dirigea avec son plateau. Comme il passait entre les rangées de tables, quelque chose le fit s'arrêter net. Quelque chose — ou plutôt quelqu'un. Une femme vêtue d'une blouse blanche parlant d'une voix forte à ses compagnons de déjeuner :

« Cette idée que les Surplus devraient jouir de certains droits n'a aucun sens. Le droit humain le plus basique est le droit à la vie, or les Surplus en ont été déchus. Parler de leur bien-être et de leurs prétendus droits élémentaires est une absurdité pure et simple.

– Certes, rétorqua un homme, mais une fois qu'un Surplus a été créé, l'infraction est-elle vraiment la sienne ? Après tout, ce sont ses parents qui ont décidé d'enfreindre la loi. J'adhère au principe que l'un des deux parents soit éliminé pour légitimer l'existence du Surplus.

– Mais lequel des deux ? répliqua la femme avec dédain. Comment choisir ? Qu'ils le veuillent ou non, les Surplus constituent une violation à la Déclaration, et ils doivent eux-mêmes en payer les conséquences. Je regrette, mais c'est le seul moyen. »

Peter se tenait juste derrière elle. Une à une, toutes les têtes se tournèrent vers lui, mais la femme mit une bonne minute avant de s'apercevoir qu'elle parlait dans le vide. Elle finit par pivoter sur sa chaise pour voir ce qui captivait tant l'attention de son auditoire.

En découvrant Peter, elle s'empourpra légèrement. Puis, déterminée à ne pas perdre la face, elle releva le menton avec défi.

« Tu es Peter, n'est-ce pas ? » demanda-t-elle sèchement.

Il lui répondit d'un hochement de tête.

« Eh bien, Peter, pardonne-moi si mes propos te déplaisent, mais il faut que cela soit dit. La loi est la loi. »

Peter se contenta d'acquiescer froidement. Il ne pouvait pas se permettre de faire une scène, il en était bien conscient. Il n'avait plus qu'à s'éloigner sans un mot. Mais il n'avait jamais été très doué pour se taire. « La loi, répéta-t-il. Bien sûr, oui. »

Il se sentait comme cloué sur place ; derrière lui, le Dr Edwards s'avança pour poser une main sur son épaule et prit la parole :

« Tout cela n'est peut-être qu'une question d'opinion, dit-il. Je ne crois pas que les Surplus aient une dette quelconque à payer. Ils n'ont jamais demandé à exister, après tout. »

La femme parut sidérée par sa réponse. « Ce n'est pas ce que stipule la Déclaration, répliqua-t-elle d'un ton irrité. Les opinions personnelles n'ont rien à voir là-dedans. Vous devriez le savoir... N'êtes-vous pas un scientifique ? La science est-elle une question d'opinion ? »

Le Dr Edwards eut un sourire affable. « Ah, c'est bien le problème. La science nous enseigne que nous avons rarement raison. Sa finalité est justement de nous prouver que nous ne savons rien, vous ne croyez pas ? »

La femme le foudroya du regard. « Je vous trouve la langue bien pendue pour un chercheur réaffecté à la Réinstruction. Mais j'imagine que c'est la raison de votre rétrogradation. Cela dit, vous feriez mieux de surveiller vos paroles au lieu de vous laisser aller à ces divagations subversives et à vos théories fumeuses sur les Surplus. Tout le monde ne réagira pas avec la même tolérance que nous.

– De la tolérance, vous ? rétorqua le Dr Edwards.

– Parfaitement. Je note d'ailleurs que même le Surplus se tait. »

Peter enfonça ses ongles dans ses paumes de mains.

« Peter n'est pas un Surplus, répondit calmement le Dr Edwards. C'est un employé de notre entreprise. Il mérite davantage de respect.

– Je sais que c'est un employé. C'est même le motif initial de cette conversation. » Elle observa fixement le Dr Edwards, avant de jeter un œil furtif à la caméra suspendue au plafond. « Nous savons tous que sa mère est en prison, poursuivit-elle. Vous êtes conscient qu'il est ici parce que Richard Pincent est son grand-père et qu'il a eu pitié de lui, n'est-ce pas ?

– Ce n'est pas ma mère, marmonna Peter avec colère en faisant un pas vers elle. Et je me moque de savoir où elle est. »

Le Dr Edwards esquissa une grimace et, d'un geste, signifia à Peter de ne surtout pas bouger.

« Ce jeune homme est aujourd'hui ici parce qu'il a beaucoup à nous apporter, dit-il sur un ton solennel. À moins que vous ne doutiez des intentions de

Mr Pincent ? En outre, si j'étais vous, je ne m'aviserais pas d'attaquer la réputation de sa mère. C'est la propre fille de Mr Pincent, au cas où vous l'auriez oublié. »

La femme coula un regard furtif en direction des caméras installées tout autour de la cafétéria, et s'empourpra légèrement. « Je ne dénonce personne, dit-elle d'une voix moins assurée. Je... J'énonçais seulement une vérité. Mais vous avez raison, naturellement. Ce garçon n'est plus un Surplus, et je suis sûre qu'il fera un excellent élément au sein de Pincent Pharma. » Elle se fendit d'un sourire — ou quelque chose de vaguement approchant — avant de se retourner vers ses voisins de table, et Peter et le Dr Edwards commencèrent à s'éloigner.

Mais elle n'en avait pas terminé. « Bien qu'on ne puisse pas dire la même chose de l'autre... la fille, poursuivit-elle d'une voix sourde qui parvint néanmoins jusqu'aux oreilles de Peter. A-t-elle mérité mon respect, elle aussi ? Nous avons des lois très strictes régissant la venue des travailleurs immigrés, et nous laissons des Surplus s'évader et devenir Légaux ! Qu'y a-t-il de respectable là-dedans ?

– Ignore-la », souffla le Dr Edwards. Mais cette fois, Peter vit rouge. Il sentit la colère éclater en lui comme un feu d'artifice et le propulser vers la table ; il se planta directement derrière la femme.

« Je vous interdis de parler d'Anna », dit-il d'un ton menaçant en se penchant de manière que son visage soit tout contre le sien. « C'est son prénom. Anna. Et si je vous entends encore une fois — juste une fois — le mentionner au cours de la conversation, je vous jure que je ne répondrai plus de mes actes. »

La femme le dévisagea et feignit un petit éclat de rire. « Je crois que tu viens d'apporter de l'eau à mon moulin, Peter, dit-elle en jetant un regard entendu à ses voisins de table. La jeunesse, c'est l'ignorance. Ça n'est que *moi, moi, moi*. L'agression au lieu de la discussion. Tu apprendras peut-être, avec le temps. Mais j'imagine que, dans ton cas, cela prendra un long moment. Surplus un jour… »

Elle secoua la tête, une lueur de pitié dans les yeux, et Peter sentit son cœur s'accélérer. Il luttait contre l'envie de se jeter sur cette odieuse bonne femme pour lui faire comprendre ce que signifiait la condition de Surplus. Ce que cela signifiait d'être soumis, battu, humilié, jusqu'à ne plus rien ressentir d'autre que le désir de servir, de payer sa dette à la société, d'implorer sans cesse le pardon des autres pour le simple fait d'exister… lui faire comprendre ce qu'Anna avait enduré pratiquement toute sa vie.

Il parvint difficilement à se maîtriser et tourna la tête.

« Là, vous voyez ! Il n'a plus rien à dire, maintenant », exulta la femme en reprenant sa fourchette pour y enrouler méticuleusement une portion de spaghettis.

Peter sentit quelqu'un lui saisir le bras. « Je suis sûr que Peter a plein de choses à dire, répondit le Dr Edwards avec un sourire glacial, mais le moment est mal choisi, vous ne pensez pas ? » Délicatement, il entraîna Peter à l'autre bout de la salle.

Ils s'assirent et commencèrent à manger en silence. Vers la fin du repas, Peter leva les yeux vers son tuteur.

« Que voulait-elle dire à propos de votre théorie sur les Surplus ? lui demanda-t-il. Ne les considérez-vous pas comme redevables envers la société ? »

Le scientifique saisit ses couverts et, jetant un regard prudent autour de lui, se pencha vers lui. « Non, Peter, je ne crois pas que les Surplus soient redevables envers qui que ce soit. Je pense, au contraire, que nous aurions plutôt une dette envers eux. » Il prononça ces mots d'une voix basse et feutrée, parfaitement inaudible au-delà de leur table.

Peter l'observa avec défiance. « Vraiment ? Alors pourquoi les autres ne pensent-ils pas comme vous ? »

Le scientifique porta sa fourchette à sa bouche, mâcha sa nourriture sans un mot et reprit la parole. « Écoute, il faut que tu comprennes que la réaction de ces gens n'a rien de personnel. Ils ont toujours redouté la jeunesse. Les enfants et les adolescents représentent une menace ; ils défient l'ordre établi, refusent l'immobilisme. Même avant l'invention de la Longévité, les adolescents étaient diabolisés par l'opinion publique. On instaurait des décrets officiels afin de limiter leurs mouvements, on les accusait de tous les maux et crimes de la société. Puis, quand les gens ont commencé à avoir moins d'enfants, cette peur des jeunes s'est vue décuplée. Plus nous sommes éloignés de quelque chose, plus nous nous en méfions, Peter. Nous rejetons l'inconnu, le non-familier : les gens qui ne pensent pas comme nous, les sociétés vivant selon un modèle différent du nôtre. Et les enfants sont très différents de nous. Les jeunes aiment contredire leurs aînés.

– Vous êtes en train de dire qu'ils ont peur de moi ? lâcha Peter avec dédain et sarcasme.

– Disons juste que ta présence les met mal à l'aise. Et si tu veux te faire des amis, il va falloir te montrer patient. Leur prouver qu'ils n'ont rien à craindre de toi.

– Vous n'avez pas peur de moi, vous.

– Non, en effet, répondit le Dr Edwards, une étincelle dans les prunelles. J'aime assez qu'on me contredise. Cela m'oblige à réfléchir davantage. »

Peter prit le temps de digérer ces paroles, puis eut un haussement d'épaules. « Je n'ai pas besoin d'amis. Je n'en ai jamais eu.

– J'en doute fortement. Et n'oublie pas que tu te confrontes à plus d'un siècle de doctrine, de propagande officielle et d'absence totale de la jeunesse, ajouta le scientifique d'un air grave. Tu ne peux pas attendre de ces gens qu'ils te comprennent.

– Je me fiche pas mal de leur compréhension, répliqua Peter avec colère. Je veux juste qu'ils nous laissent tranquilles. Que tout le monde nous laisse enfin tranquilles. »

Chapitre 6

Jude sentit une goutte de sueur couler vers son œil et secoua la tête pour la chasser. Il s'était souvent demandé quel effet cela faisait d'être kidnappé, emprisonné, torturé en échange d'informations... il s'imaginait d'avance les montées d'adrénaline et le sentiment d'urgence extrême qu'il éprouverait, à n'en pas douter, dans pareille situation. Il avait interrogé son père sur les techniques employées par les Autorités, mais ne l'avait pas cru quand celui-ci lui avait affirmé que la torture ne faisait guère partie du protocole.

Sauf qu'à présent, ligoté sur sa chaise, les mains dans le dos, il ne sentait pas la moindre bouffée d'adrénaline. Il n'éprouvait que de la peur et du désespoir. Mais pas question de le montrer. Il était un combattant. Il ne les laisserait pas venir à bout de lui si facilement.

« Intéressant système que vous avez là. » L'individu qui venait de s'adresser à lui était grand, de corpulence moyenne. Derrière lui se tenait un autre homme : mal rasé, les cheveux en désordre, il était vêtu de façon banale, voire négligée. Mais Jude le reconnut aussitôt à ses yeux. Son regard le trahissait : ces pupilles d'un bleu intense, à la fois terrifiant et rassurant. Jude avait déjà vu ce regard-là en photo, déjà entendu parler de cet homme aux yeux si singuliers. Paul, l'individu le plus recherché d'Angleterre. Paul, l'homme auquel certaines rumeurs attribuaient des pouvoirs secrets, et dont les adeptes de la théorie du complot affirmaient qu'il travaillait pour les Autorités afin d'éradiquer les dissidents de l'intérieur. L'homme qui échappait aux Autorités depuis des années.

« Vous êtes venu ? dit-il d'une voix éraillée. Comme… comme ça ?

– Eh oui, comme ça, répondit Paul. Tu ne t'attendais pas à notre visite ? »

Jude déglutit. « La vôtre, non. Je connais votre visage. Enfin, vous, ici, au milieu de ma chambre… »

L'autre homme eut un ricanement. « Il a raison. Il a vu nos visages. Ça veut dire qu'il faut se débarrasser de lui. »

Jude pâlit, puis se ressaisit. « Je suis de votre côté, vous savez. Je ne suis pas votre ennemi.

– De notre côté, c'est-à-dire ? » Le timbre de Paul était doux, grave, presque hypnotique.

Nerveux, Jude se racla la gorge. Lui qui avait toujours été un solitaire, individualiste dans l'âme, ressentait soudain, face à Paul, un irrésistible désir d'être accepté, et cela l'effrayait. « Vous êtes le Réseau souterrain, dit-il. Vous êtes la résistance.

– Les combattants de la liberté, hein ? Et pour quoi nous battons-nous, au juste ? » Un rictus flottait au coin des lèvres de Paul, et Jude n'en fut que plus déstabilisé.

« Vous êtes contre la Longévité, non ? Contre les vieux, aussi... » Sa voix tremblait.

« Contre les vieux. » Le sourire de Paul s'élargit. « Intéressant. Et pourquoi souhaites-tu nous rejoindre ? »

Jude l'observa, incertain. « Je croyais que vous me remercieriez de ma candidature.

– Quel âge as-tu ? » Paul se pencha vers lui ; l'adolescent sentit son souffle contre son oreille.

« L'âge qu'il faut. » Il se fit violence pour ne pas gémir de peur.

Paul recula brusquement, et son second prit la parole. « Qui t'a appris à pirater les systèmes informatiques ? »

Jude se détendit un peu. Voilà au moins un terrain sur lequel il était à l'aise. Il pouvait parler piratage informatique pendant des heures. « Je suis un autodidacte. J'ai eu un ordinateur très jeune et je...

– Pas mal, comme baraque, aboya l'autre brutalement sans le laisser finir ses explications. Plutôt grande pour une seule personne.

– C'était la maison de ma mère. Elle...

– Et tu es Légal ? l'interrompit-il de nouveau.

– Vous ne pensez pas que mes voisins m'auraient déjà dénoncé, sinon ? »

L'homme, auquel le sarcasme de cette remarque n'avait pas échappé, le toisa d'un œil glacial en s'approchant de lui, au point que leurs nez se touchaient presque. « Tu te crois peut-être très malin, mais on n'apprécie pas trop que des gens s'incrustent dans notre système et laissent des traces derrière eux. Pigé ?

– Je n'ai laissé aucune trace, protesta Jude. Ce n'est pas mon genre.

– Pourtant nous t'avons retrouvé, objecta Paul avec douceur. Tout le monde laisse toujours une trace de son passage, qu'il le veuille ou non. »

Jude rougit. Il avait dû se tromper dans son code de diversion. Simple erreur stupide.

« Tu n'es pas allé en Amérique du Sud. Pourquoi ça ? »

Jude dévisagea Paul. « Pardon ?

– Quand ta mère est partie. Tu aurais pu la suivre.

– Comment êtes-vous... » Il n'acheva pas sa question. « Vous savez donc qui je suis. Pourquoi cet interrogatoire, alors ? »

Paul sourit. « Il est toujours préférable d'avoir des infos de première main, j'imagine. »

Jude soupira. « Comme si j'allais déménager à l'autre bout de l'océan, cracha-t-il avec mépris. De toute façon, je n'étais pas très fan de son nouveau mari. » L'image de sa mère lui revint, mais il la chassa aussitôt de son esprit. Il n'avait aucune envie de penser à elle. Elle avait suivi ce taré en Amérique du Sud, et alors ? Il n'avait besoin de personne pour s'occuper de lui.

« Et donc, c'est de ça que tu vis ? Tu pirates les systèmes des entreprises et tu leur fais du chantage ? » L'autre avait repris la parole. Jude se raidit sur son siège.

« Ce n'est pas du chantage. J'offre un service. Je pirate seulement leur système pour leur montrer qu'il n'est pas imperméable aux dangers.

– Aux dangers comme toi ? »

Jude garda le silence. Les choses ne tournaient pas comme il l'avait prévu.

« Montre-moi la vidéo, dit l'homme brutalement. Tout de suite. »

Jude ouvrit son graveur de DVD et lui tendit l'objet.

« C'est la seule copie ?

– Oui.

– Si nous en trouvons d'autres, tu le regretteras. »

Son habituelle insouciance de hacker blasé semblait s'être volatilisée. « Alors, ça y est, je suis des vôtres ?

demanda-t-il d'une voix rauque, hésitante. J'ai passé le test ? » Il interrogeait Paul du regard. Celui-ci éclata de rire.

« Le test ? dit-il en se dirigeant vers la porte. Les seuls tests valables sont ceux que nous nous imposons à nous-mêmes. » Il fit volte-face. « Tu choisiras ta voie, ou bien c'est elle qui te choisira. Quoi qu'il en soit, attends-toi à nous revoir. D'ici là, sois prudent, Jude. Tu connais le mythe d'Icare ? »

L'adolescent s'empressa d'acquiescer, comme s'il espérait impressionner le leader du Réseau souterrain par l'étendue de sa culture générale. « Oui, bien sûr. Il a volé trop près du soleil. »

Paul acquiesça mais — déception — tourna aussitôt les talons pour repartir. « Et il s'est brûlé les ailes, Jude, dit-il en s'éloignant. Il s'est brûlé les ailes. »

Le Dr Edwards ne fit plus allusion à l'incident du déjeuner. De retour au labo, Peter se replongea dans l'étude des enzymes et de leur rôle au sein de l'organisme, et le scientifique dans ses propres travaux. Ils travaillaient en silence, n'échangeant de paroles que le strict nécessaire.

Néanmoins, un peu plus tard dans l'après-midi, le Dr Edwards appela Peter :

« Tiens, j'ai une chose à te montrer. » Il releva la tête de son gros microscope et recula d'un pas, l'invitant d'un geste à venir voir. Lentement, Peter le rejoignit et jeta un coup d'œil dans la lentille de l'appareil.

« Que vois-tu ? » lui demanda le scientifique.

Peter haussa les épaules avec indifférence. « J'en sais rien. » Il n'avait toujours pas digéré l'épisode de la cafétéria, car, d'habitude, il ne parvenait à évacuer sa colère qu'en passant ses nerfs sur ce qui se trouvait autour de lui.

« Regarde attentivement, insista son tuteur. Règle la mise au point pour avoir une vision plus nette. »

À contrecœur, Peter se rapprocha du microscope, se cala bien en face de la lentille et attendit que sa vision s'ajuste.

« Vois-tu la cellule, à présent ? Tu devrais distinguer son noyau. »

Peter examina la bulle presque transparente, agrandie plusieurs milliers de fois, qu'il avait devant lui. Puis il ferma l'autre œil et s'aperçut qu'il s'agissait non pas d'une seule bulle, mais de deux. La plus petite, sur la gauche, était plus sombre au milieu, tandis que celle de droite était parfaitement translucide. Il répondit d'un hochement de tête.

« Décris-la-moi.

– Transparente. Heu… » Peter scruta la plus petite bulle en s'efforçant d'analyser ce qu'il voyait.

« Forme, contours ?

– Forme ronde. Non, plutôt oblongue. Contours… un peu irréguliers.

– Bien. Maintenant, revenons à sa teinte. Vois-tu la moindre trace de couleur ? »

Peter fronça les sourcils. « Jaunâtre. Une pointe de jaune, en tout cas. Voire jaune foncé.

– Cette cellule est-elle saine, à ton avis ?

– Je ne sais pas. Je n'ai pas appris à…

– Oublie les leçons. Cette cellule te semble-t-elle saine ? Fie-toi à ton instinct.

– Non. Non, je ne dirais pas qu'elle est saine. Elle semble… fatiguée.

– Bien, l'encouragea le Dr Edwards. Finement analysé. Maintenant, regarde ce qui se passe quand je fais ceci. »

Peter vit un instrument en verre, fin et long, apparaître dans son champ de vision. La pointe de l'instrument déposa une goutte de liquide sur la petite bulle malade, puis disparut. Instantanément, la cellule se transforma. Sa couleur jaunâtre devint d'un blanc éclatant, presque scintillant de transparence. Ses contours se lissèrent et, au centre, un noyau fit son apparition, comme un jaune d'œuf mais d'un blanc encore plus pur que le reste. La métamorphose n'avait duré qu'une poignée de secondes.

« Ceci, souffla le Dr Edwards, est le Renouveau.

– Le Renouveau, répéta platement Peter.

– Oui. Le renouvellement, la renaissance des cellules. Le pouvoir de la Longévité, vois-tu, n'est pas de prolonger ce qui est vieux, mais de le rajeunir. Là réside le miracle, Peter, de ce à quoi tu viens d'assister. Des cellules qui renaissent et retrouvent leur état initial, le tout en un clin d'œil. Impressionnant, non ?

– Je vous croyais du côté des Surplus... je croyais que vous aimiez les jeunes », marmonna Peter.

Son tuteur le considéra un moment, puis reprit la parole un ton plus bas. « Tu sais, il y a une différence entre une chose et son application. Les pilules de Longévité, le processus de Renouveau sont les innovations scientifiques les plus extraordinaires que le monde ait jamais connues. C'est d'une beauté absolue, parfaite de simplicité. Les Surplus, eux, sont le produit de la politique menée par les Autorités. Ce sont deux choses différentes.

– Sauf qu'elles sont liées, n'est-ce pas ? » murmura Peter. Il vit le scientifique ciller, et se retourna vers le microscope. « Et donc, ça marche sur n'importe quelle cellule ? reprit-il d'une voix normale. Dans ce cas, pourquoi les gens ont-ils encore la peau ridée ?

– Le procédé est plus efficace sur les organes internes, pour l'instant. Nous savons renouveler d'autres cellules, mais seulement *in vitro*, pas… *in situ*. La peau est l'une des zones les plus difficiles, en ce qui nous concerne. Mais l'essentiel reste les organes. Ce sont eux qui nous maintiennent en vie. »

L'adolescent finit par relever la tête.

« Et mes cellules… elles sont comme celle de droite, lisses et blanches, n'est-ce pas ? »

Le Dr Edwards acquiesça. « C'est exact. Jeunes, dynamiques, en pleine santé.

– La Nature sait donc créer de nouvelles cellules. Mais elle le fait en créant de nouveaux êtres, non en renouvelant les anciens. »

Le scientifique se fendit d'un sourire forcé. « Je suppose, oui. Mais ce que tu viens de voir est justement la réappropriation de la force de la Nature par l'homme.

– Vous croyez que c'est une bonne chose ? » rétorqua Peter. Il se tourna à nouveau vers le microscope, puis releva soudain la tête. « Vous n'avez jamais voulu d'enfants. » C'était une affirmation, pas une question. Mais le Dr Edwards eut un léger mouvement de recul et coula malgré lui un regard furtif en direction des caméras au plafond.

« Moi ? Des enfants ? Non, non, certainement pas. Impossible. La science a toujours été mon seul bébé. Elle monopolise tout mon temps. Toute mon énergie.

– La science ? » répéta Peter avec plus de dédain et d'incrédulité qu'il ne l'aurait souhaité.

Le Dr Edwards haussa les épaules. « Il y a bien longtemps, les gens parlaient du miracle de la naissance, de la venue au monde d'un nouvel être... Mais le vrai miracle, j'y assiste tous les jours : c'est celui du Renouveau des cellules. Et c'est un choix plus sage, j'en suis convaincu, que de donner la vie. Les enfants sont plus exigeants que la science. Je ne pensais pas avoir suffisamment à leur donner. »

Peter détourna le regard. Exigeants ? Les enfants l'étaient, en effet. Ben accaparait bien plus l'emploi du temps d'Anna qu'il n'aurait pu l'imaginer. Il l'épuisait en permanence et monopolisait toute son attention. Mais le Dr Edwards se trompait. Les enfants constituaient l'avenir. Il ne pouvait en être autrement.

« Ce que j'essaie de t'expliquer, Peter, c'est que la Nature et la Longévité ne s'excluent pas mutuellement. Les humains ont la capacité de s'adapter à toute forme de nouveauté. »

Peter prit le temps de méditer la question. Il n'avait pas envisagé la Longévité comme quelque chose de beau, de miraculeux. Et il s'attendait à ne trouver chez

Pincent Pharma que des individus comme la vipère de ce midi, non des êtres posés et bienveillants comme le Dr Edwards… Mais il se ressaisit. Il était là pour mener une mission, et il la mènerait jusqu'au bout.

« Donc, ça marche comme ça, dit-il en replaçant son œil contre la lentille du microscope. Mais comment est-ce possible ? Que contient le liquide déposé sur la cellule ? Et que devient-il ? Je veux dire, la Longévité est bien distribuée en cachets, non ? Comment transformez-vous le liquide en pilules ?

– Des questions, toujours et encore. Ne t'a-t-on jamais dit que la curiosité était un vilain défaut ? » Peter sursauta et se retrouva nez à nez avec son grand-père.

« La curiosité est aussi une qualité, chez un bon élève », nuança le Dr Edwards.

Richard Pincent eut un haussement d'épaules. « Il aura tout le temps qu'il voudra pour étudier, dit-il d'un ton suave. S'il y a bien une chose dont nous disposons à volonté, c'est le temps, n'est-ce pas, Peter ? »

L'adolescent acquiesça, mal à l'aise.

« Si tu signes la Déclaration, cela s'entend, ajouta son grand-père en plongeant ses yeux dans les siens. Tu comptes la signer, naturellement ? »

Peter s'éclaircit la gorge. Dans ses fiches, Paul lui avait détaillé la marche à suivre concernant cette question ; il était censé faire semblant d'accepter. Mais là, face à son grand-père, il se trouva incapable de dire oui. C'était au-dessus de ses forces.

« Je n'en avais pas l'intention, non, répondit-il.

– Je vois. » Richard hocha la tête. Son regard se durcit. « Voudrais-tu bien m'accompagner, dans ce cas ? »

Chapitre 7

Sans un mot, Peter suivit son grand-père dans le couloir en s'efforçant d'ignorer les palpitations de son cœur au fond de sa poitrine. Ensemble, ils prirent l'ascenseur jusqu'au troisième étage, désert à l'exception des patrouilles de gardes, et dont le décor luxueux jurait avec deux lourdes portes blindées équipées d'imposants verrous de sécurité.

« Et voici mon bureau, déclara enfin Richard en composant une suite de chiffres pour actionner l'ouverture de la porte. Ce code change tous les jours, ajouta-t-il en surprenant le regard intéressé de son petit-fils. Il n'y a pas meilleur système de sécurité au monde. »

Peter opina du chef, et ravala difficilement un hoquet de stupeur en découvrant l'intérieur de la salle. Il n'avait jamais vu une telle opulence : parquets vernis recouverts d'épais tapis, plafonds assez hauts pour accueillir trois personnes en équilibre l'une au-dessus de l'autre, sources lumineuses partout — plafonniers, lampes, appliques murales, intérieur des placards éclairé, lumières rasantes au sol. Il régnait une douce chaleur grâce au feu qui crépitait dans l'âtre, et Peter eut aussitôt la vision d'Anna, lovée confortablement devant cette immense cheminée, en train de lire. Elle adorerait cet endroit, songea-t-il avec amertume. Mais le détail qui attira par-dessus tout son attention, celui qui rendait cette pièce encore plus gigantesque, plus belle et plus incroyable que toutes les autres, était son panorama : vue plongeante sur le fleuve, et sur l'ensemble de Londres. La baie vitrée derrière le bureau de son grand-père était immense et, détail rare, elle pouvait s'ouvrir, luxe dont Richard Pincent semblait très satisfait de faire la démonstration.

« Nous vivons différemment, ici, déclara-t-il. Les règles qui s'appliquent aux autres ne nous concernent guère. »

Peter s'éclaircit la voix et fit de son mieux pour afficher un air détendu et confiant. Pourtant, derrière cette façade, il se sentait envahi par la peur : peur de se faire renvoyer de Pincent Pharma avant d'avoir pu fournir la moindre information au Réseau, peur d'avoir laissé ses sentiments l'emporter bêtement sur la raison.

« Alors, dis-moi, poursuivit son grand-père en prenant place derrière son vaste bureau en acajou et en lui faisant signe de s'asseoir en face de lui. Comment te sens-tu depuis ton arrivée ? »

Peter l'examina, méfiant, et se fendit d'un sourire. « Ça va. Je me sens bien.

– Parfait. Tant mieux. » Richard se cala au fond de son fauteuil. Peter, sentant ses yeux papillonner avec curiosité autour de la pièce, se força à les garder baissés vers le sol. Anna lui avait déjà dit que son regard était dangereux — il mettait les gens mal à l'aise, dérangeait par son intransigeance. « Pourtant, tu as décidé de ne pas signer la Déclaration. »

Peter se mordit la lèvre. « En fait, répondit-il, la gorge soudain très sèche, je n'ai encore rien décidé. Je... je réfléchis. » Au fond de lui, il savait que c'était un mensonge nécessaire, mais la seule idée de faire semblant d'accepter le rendait presque malade.

« Si tu veux bien, je souhaiterais te raconter l'histoire de la Longévité. »

Peter releva la tête vers son grand-père. « Je la connais déjà, répondit-il du tac au tac. J'ai vu le documentaire. »

Richard soutint son regard avec insistance. « Accorde-moi juste quelques minutes. Tu veux bien ? »

L'adolescent s'empressa d'acquiescer, tout en se maudissant de réagir ainsi au quart de tour. Il était là pour apprendre, après tout.

« L'histoire de la Longévité, déclara Richard en se levant pour se diriger vers la baie vitrée, remonte à des millénaires, au temps où les premiers humains foulaient le sol de cette planète. »

Peter ne put s'empêcher de contempler cette vue spectaculaire. Lentement, il suivit la ligne d'horizon, détaillant chacun des bâtiments qui se dressaient sur la rive opposée, puis le fleuve lui-même. Quelque part, dans toute cette immensité urbaine, se trouvaient ses amis. Ses camarades du Réseau souterrain. Ils étaient là-bas, dehors, et ils comptaient sur lui, comme Anna lorsqu'elle était enfermée à Grange Hall. Et, comme pour elle, il irait jusqu'au bout.

« Dès l'instant où l'homme a découvert la communication et les outils, sa lutte contre la mort a commencé. Il a appris à se protéger des prédateurs et de son propre environnement. Grâce à ses découvertes, son espérance de vie s'est allongée. Mais cela ne suffisait pas, Peter. »

Celui-ci acquiesça gravement. « Ah non ?

– Non. Parce que l'homme avait toujours autant peur de mourir. Peur de disparaître dans le néant, peur de voir son existence rendue insignifiante par la finalité du trépas. Il s'est donc attaqué au fléau coupable d'écourter son existence : la maladie. La Longévité ne vient pas de nulle part, Peter ; elle n'est que la dernière d'une longue série d'innovations — antibiotiques, vaccins, rayons X, progrès de l'hygiène, même — ayant permis d'accroître considérablement la durée de vie des humains. Si tu rejettes la Longévité, autant rejeter la médecine ! Si la Nature a toujours raison, alors le moindre pansement, le moindre antiseptique, la moindre intervention est par conséquent condamnable sur le plan moral, car "contre nature". »

Peter sentit ses joues s'enflammer. « Je n'ai jamais... enfin, je ne rejette pas la Longévité. Je n'ai pas encore pris ma décision, voilà tout. »

Son grand-père le toisa avec agacement. « Alors décide-toi, dit-il, une pointe de menace dans la voix. Fais ton choix. Opte pour la vie. L'homme a toujours aspiré à la vie éternelle, que ce soit à travers la religion ou par le biais de la philosophie. Or cette possibilité t'est aujourd'hui offerte sur un plateau.

– La religion ? » L'adolescent fronça les sourcils.

Richard se rassit, soudain radouci. « La religion est un concept qui t'est étranger, bien sûr. Plus personne n'en a besoin, de nos jours. Mais autrefois, les gens accordaient une grande importance à la notion de Dieu, ou à celle de plusieurs dieux. D'éminents savants passaient des heures à débattre des nuances subtiles entre les religions, affirmant que la croyance en un être supérieur, en une vie après la mort et en la rédemption plaçait les humains au-dessus des animaux et que cela les distinguait, les rendait meilleurs que les autres. Plusieurs pays se sont livré des guerres terribles à cause de leurs croyances religieuses, et ce pour des litiges si infimes qu'ils nous semblent aujourd'hui risibles. Mais les religions profitaient du fait que les humains étaient faillibles et mortels. Seuls les dieux vivaient pour toujours, et seule la religion permettait à l'être humain de sauver son âme et d'accéder à une autre forme de vie après la mort. À présent, c'est nous qui vivons pour toujours, sans être redevables envers personne. À présent, Peter, nous sommes nos propres dieux. Grâce à la Longévité, nous sommes plus puissants qu'aucun être n'a jamais pu l'imaginer. »

Peter émit un raclement de gorge. « J'ai entendu dire, déclara-t-il prudemment, que la religion avait été supprimée par les Autorités parce que ses leaders s'opposaient à la Longévité ? »

Le regard de Richard Pincent se voila, et Peter s'en voulut une nouvelle fois d'avoir parlé avec trop de franchise. « Il est vrai que les leaders religieux ont tous condamné la Longévité, dit-il d'un ton sinistre. Mais à ton avis, pourquoi ? Je vais te le dire. C'est parce qu'ils sentaient leur influence s'effriter. Crois-tu que les gens regrettent le temps où on leur dictait leur conduite et où on les forçait notamment à haïr leurs voisins quand ceux-ci croyaient en un dieu différent du leur ? Crois-tu que les gens regrettent la corruption, les génocides, les guerres et les attentats menés au nom de tel ou tel dieu ? Crois-tu qu'ils soient malheureux d'avoir été débarrassés de ce joug ? d'avoir retrouvé leur liberté de jugement ? »

Peter garda le silence, et son grand-père afficha un sourire triomphant. « Bien sûr, ajouta-t-il d'un ton léger, personnellement, je dois une fière chandelle à la religion. Vois-tu, nous avions jadis pour habitude de toujours suivre les États-Unis sur le plan scientifique ; tout le monde s'attendait à ce que *leurs* chercheurs, et non les nôtres en Angleterre, découvrent les premiers le principe de la Longévité. Mais leurs chefs spirituels avaient interdit les recherches sur les cellules souches. Interdit — tu te rends compte ? Leurs travaux n'ont jamais abouti. Nous avons repris le flambeau, et... tu connais la suite.

– Il y avait des jeunes, autrefois, se risqua à déclarer Peter. Plus maintenant. »

Richard plissa les yeux. « L'humanité a fait un choix. Il y a parfois des décisions difficiles à prendre, et celle-ci était inévitable. Mais est-ce une si mauvaise chose ? » Il secoua la tête avec mépris. « Ces jeunes gens dont tu parles, ils n'avaient rien. Ni espoirs, ni projets d'avenir. Ils s'adonnaient au crime pour gagner leur vie, figure-toi. Ils terrorisaient les braves gens. »

Il contourna son bureau pour s'y appuyer, si bien qu'il se trouvait désormais à quelques centimètres de son petit-fils. « Puis nous avons découvert la Longévité. Le Saint-Graal, Peter. Le secret de la vie éternelle. »

L'adolescent inspira profondément. « Et la Nature ?

– La Nature ? » Richard eut une moue de dégoût. « La Nature est notre ennemie. Elle l'a toujours été. L'homme n'était qu'un jouet entre ses mains, et elle frappait à sa guise : organismes rongés par le cancer, femmes mourant en couches, cataclysmes détruisant des villes entières... Tout cela était le don de la Nature, Peter. Elle n'est pas du côté des êtres humains.

– Mais la Longévité, si ? ironisa Peter d'un ton morne.

– Exactement. Elle a été créée pour nous sauver. Imagine Anna en train de mourir. Ne voudrais-tu pas lui donner la Longévité, à ce moment-là ? Ne voudrais-tu pas lui sauver la vie ? Oui, ou non ? »

Peter réfléchit longuement. « Je... je ne sais pas. » En prononçant ces mots, il se rendit compte qu'il hésitait vraiment. Mais il se ressaisit : c'était une question piège. Vouloir sauver la vie d'un être cher ne légitimait pas l'existence de la Longévité.

« Évidemment, sourit son grand-père. La vérité, c'est que rien n'est tout blanc ou tout noir. Il n'y a que des nuances de gris. Et tu ferais bien d'y penser avant de gâcher ta vie pour une cause perdue. »

Juste après le départ de son petit-fils, Richard prit son téléphone et appela Adrian sur sa ligne directe.

« J'ai une question, dit-il à peine son interlocuteur eut-il décroché. Où en sommes-nous avec les crédits de recherche ?

– Je vous demande pardon ? »

Richard fronça les sourcils. C'était une voix féminine.

« Pardonnez-moi. Je croyais avoir composé le numéro personnel d'Adrian Barnet.

– Ça n'est plus le sien. J'occupe son bureau, à présent. Mon nom est Hillary Wright. Je suis la nouvelle Secrétaire générale adjointe. »

Richard mit quelques secondes à assimiler cette information. « Et... Adrian ?

– Adrian a été affecté dans un autre service. »

Richard acquiesça. « Dans ce cas, soyez la bienvenue, dit-il d'une voix joviale. Ici Richard Pincent. Du laboratoire Pincent Pharma.

– Oui. Je me doutais que c'était vous. »

Son ton n'était pas froid, juste un peu amusé ; de toute évidence, elle n'était guère impressionnée. Encore l'une de ces créatures de la nouvelle ère, songea Richard avec irritation. La toute première génération de femmes sans aucun projet familial pour les inhiber dans leurs ambitions et leurs choix.

L'adhésion massive de la population féminine avait été l'une des clés du succès et de la légalisation de la Longévité. Les Autorités ayant, sans surprise, lamentablement échoué à convaincre ces dames, Richard Pincent s'était vu confier ce rôle : il avait engagé les leaders d'opinion les plus habiles, le plus manipulateurs possible, afin de conquérir le cœur et l'esprit de la Grande-Bretagne, puis du monde entier. « Libérez-vous de l'esclavage des enfants », tel était le message adressé aux futures mères potentielles ; d'éminentes académiciennes gagnées à la cause se chargèrent de vanter les mérites de la Longévité, la présentant comme l'ultime triomphe de la cause féminine, l'émancipation suprême. La stratégie s'était révélée payante. Ainsi débarrassées de la tentation de la maternité, les femmes focalisèrent très vite leur attention sur leur carrière. Les représentantes de cette première génération post-Longévité ne voyaient plus aucun obstacle à leur ascension professionnelle ; elles gravirent rapidement les échelons jusqu'aux conseils d'administration, avant de prendre carrément la tête d'entreprises ou d'administrations publiques sans que personne y trouve rien à redire. Personne, hormis Richard Pincent. Cette nouvelle race féminine le rendait nerveux, mal à l'aise. Ceux de sa génération les avaient surnommées « les enquiquineuses », mais pour lui la réalité était bien plus sombre. Ces enquiquineuses ignoraient tout des codes et des protocoles en vigueur entre hommes ; elles étaient toujours plus dures à soudoyer, à amadouer. Il allait devoir marcher sur des œufs.

« Il faut absolument que vous visitiez nos laboratoires. Je serais ravi de vous servir de guide, dit-il d'un ton affable.

– Je n'en doute pas. Dites, voudriez-vous m'expliquer ce que vous entendiez par cette histoire de crédits de recherche ? Vous ne comptiez pas court-circuiter la procédure officielle, j'espère ? »

Richard se raidit. « Bien sûr que non, s'empressa-t-il de répondre. Pardonnez-moi, je croyais parler à Adrian.

– Adrian et vous discutiez des crédits de la recherche ?

– Non. » Il sentait la colère monter en lui. « Je souhaitais juste qu'il me mette en contact avec le service adéquat.

– Ah. Je vois. »

Richard sentit une goutte de sueur lui couler sur la nuque.

« Et comment se porte votre petit-fils ? poursuivit Hillary.

– Peter ? Il va bien. Très bien, même.

– Ravie de l'apprendre. Nous parlions justement de lui l'autre jour. À propos de l'organisation d'une conférence de presse. “Peter Pincent signe la Déclaration chez Pincent Pharma”, quelque chose de cet ordre. Il ne serait pas inutile de prouver une bonne fois pour toutes qu’il a entièrement coupé le cordon avec le Réseau souterrain. »

Richard s’éclaircit la gorge et laissa retomber sa tête en arrière, histoire de réfléchir quelques instants. Il avait toujours envisagé la vie — y compris les rapports humains — comme une partie d’échecs : le secret consistait à anticiper les trois prochains coups pour manipuler au mieux l’adversaire, et à ne jamais perdre de vue la victoire finale, la conquête absolue. D’habitude, il savait à qui il avait affaire. Or, cette fois, il se sentait désarmé.

« Une conférence de presse ? » dit-il prudemment en se redressant dans son fauteuil, histoire de réaffirmer sa position dominante, bien qu’il fût seul dans son bureau. « Voilà une idée intéressante. Mais autant ne pas précipiter les choses.

– Qui parle de précipitation ? fit Hillary d’une voix inexpressive. Bien sûr que non. Mais j’ai cru comprendre que Peter recevrait bientôt sa Déclaration. Tout comme la fille. Les Autorités souhaiteraient… clore ce dossier le plus rapidement possible. Étant entendu que votre petit-fils signera sur-le-champ, je ne vois pas en quoi cela ferait trop précipité. Pour nous, la semaine prochaine serait idéale. Peut-être pourriez-vous organiser cela ?

– La semaine prochaine ? » Richard sentit le sang refluer de son visage.

« Oui, confirma sèchement Hillary. Et il y a autre chose. D'après les dossiers d'Adrian, une nouvelle version de la Longévité, la 5.4, serait enfin prête à être lancée sur le marché. Est-ce exact ? »

Richard, encore préoccupé à l'idée de faire signer la Déclaration à Peter devant la presse dans une semaine à peine, répondit du bout des lèvres. « Longévité 5.4. En effet. Sauf que nous préférons l'appeler "Longévité +". La Longévité, mais en mieux.

– C'est cela. Les Autorités souhaiteraient sa mise en vente rapidement.

– J'ai une autre idée, rétorqua Richard, entrevoyant soudain une brèche dans laquelle s'engouffrer. Pourquoi ne pas lancer la Longévité + le jour où Peter signera sa Déclaration ? Hélas, je crains que nous ne soyons pas prêts d'ici à la semaine prochaine… il nous reste encore quelques tests et autres menus détails à peaufiner. Mais nous pourrions peut-être convenir d'une date le mois prochain, qu'en dites-vous ?

– Hors de question, trancha Hillary. De toute façon, d'après les notes d'Adrian, les tests ont déjà été effectués. Mais j'aime assez l'idée d'associer les deux événements. Si nous arrêtions une date dès à présent ? Quel jour de la semaine prochaine vous conviendrait le mieux ?

– *Certains* tests ont été effectués, répliqua froidement Richard. Pas tous.

– Dans ce cas, nous pouvons d'ores et déjà faire une annonce officielle.

– *Nous* ?

– Oui, nous. Après tout, Richard, n'est-ce pas la licence d'exploitation accordée par les Autorités qui a permis le développement de ce médicament ? Et ce sont aussi les Autorités qui ont octroyé le statut de Légal à votre petit-fils. »

Richard sentait sa fureur s'accroître. Personne ne piégeait Richard Pincent de la sorte. Personne. « Peter ne s'est pas fait *octroyer* le statut de Légal, dit-il d'un ton sec. "Une vie pour une autre", vous vous souvenez ? Les Autorités n'avaient pas le choix. Et la semaine prochaine, c'est trop tôt. Si nous voulons faire une annonce commune, il me faut un délai plus long. »

Il y eut un silence. Richard crut entendre Hillary soupirer. « Nous n'avons plus le temps, reprit-elle d'un ton moins combatif. Dans quinze jours doit se tenir le Forum mondial de l'énergie. Si nous voulons être en position de force pour mener les négociations, nous devons absolument faire une annonce officielle d'ici là. »

Tout à coup, Richard entrevit dans son discours l'occasion de reprendre le contrôle de la situation. « Êtes-vous en train de dire que vous avez besoin de

Pincent Pharma pour soigner votre image de marque au forum et vous imposer dans les débats ?

– Comme vous avez besoin de moi pour faire approuver votre nouvelle pilule. Et vos pratiques de travail. »

Richard hésita. « Nos pratiques ?

– Les notes d'Adrian sont fort instructives sur ce point. J'espère juste que vous ne contournez pas la loi de protection des Surplus, Richard. Vous savez que malversations et escroqueries ne sont guère tolérées par les Autorités. »

Richard prit une profonde inspiration. La loi de protection n'avait été qu'une faveur consentie aux libéraux lors de la création des Foyers de Surplus ; tout le monde savait que c'était une coquille vide, une simple liste de recommandations et de mises en garde que personne ne respectait vraiment. Mais cette loi faisait néanmoins partie intégrante des Statuts. Si l'envie lui en prenait, Hillary pouvait très bien exiger qu'elle soit appliquée à la lettre. Ce qui, rapidement, les conduirait tous les deux dans une impasse, comprit Richard. Une équation impossible, qui ne satisferait personne. « Peut-être pourrions-nous faire un effort de coopération sur cette affaire, dit-il prudemment. Une annonce préliminaire me semble tout à fait envisageable.

– La semaine prochaine ? Et Peter signera la Déclaration ?

– La semaine prochaine, confirma Richard, un sourire au coin des lèvres. Vendredi. J'organiserai la conférence de presse en fin d'après-midi, et vous pourriez venir un peu plus tôt dans la journée afin de voir par vous-même notre processus de fabrication ?

– Parfait, conclut Hillary d'un ton sec. Je vous recontacterai d'ici là. »

Richard reposa le combiné et attendit quelques secondes avant de le décrocher à nouveau pour composer le numéro de Derek Samuels. « J'ai besoin d'un service, dit-il. Vous connaissez les conventions de correspondance utilisées par le Réseau souterrain ? J'aimerais envoyer un message. Et il faudra que ce soit très convaincant… Vous pouvez faire ça ? Parfait. Alors prenez note, mot pour mot… »

Le cœur battant, il dicta son message et donna les instructions nécessaires à Samuels. Tout en parlant, il posa distraitement les yeux sur l'écran à sa droite, branché en direct sur le laboratoire du Dr Edwards. « Oh, et… Samuels ? J'ai un autre travail pour vous. Une mission délicate. J'aurais besoin de vos deux meilleurs éléments. L'idéal serait d'anciens Rabatteurs. Il n'y a pas mieux pour gérer d'anciens Surplus, qu'en dites-vous ?

– D'anciens Surplus ? Vous ne pensez pas à… »

Richard secoua la tête, agacé par la réaction étonnée de son chef de la Sécurité. Croyait-il vraiment que Richard Pincent était du genre à laisser les sentiments, ou un symbole insignifiant comme la famille, entraver sa réussite ?

« En fait, venez plutôt me voir dans mon bureau, trancha-t-il. Je préférerais discuter de cela en tête à tête. »

Il raccrocha, puis se tourna vers son ordinateur pour vérifier la cotation en cours de Pincent Pharma. L'argent. Le pouvoir. Il en possédait plus qu'il n'aurait jamais osé l'imaginer. Et rien ni personne ne les lui reprendrait.

Chapitre 8

Peter eut du mal à dormir, cette nuit-là. Malgré tous ses efforts pour ne pas y penser, le doute avait commencé à s'insinuer dans son esprit, lancinant, insistant, faisant naître en lui colère et culpabilité. Il se posait tout à coup des questions sur la religion, sur l'étroite frontière entre médecine traditionnelle et Longévité. Il s'inquiétait de l'impact qu'il pourrait avoir sur le monde en une cinquantaine d'années — si tant est qu'il lui soit donné de vivre encore aussi longtemps. Un demi-siècle de plus ne semblait pas faire une grande différence quand le reste de l'humanité était appelé à vivre éternellement. Cinquante ans, c'était très court.

Ce fut donc pour lui un soulagement de découvrir le message de Paul sur son paillasson en partant au travail, le lendemain, et de se voir ainsi réaffirmer par écrit l'importance du rôle qu'il avait à jouer — et de son existence tout court. Au début, il crut avoir affaire à un tract publicitaire quelconque — peinture, décoration, injections de vitamines, chirurgie esthétique, service d'échange de coupons d'essence, maquillage indélébile… Mais, au moment de rouler le papier en boule, il reconnut la marque du Réseau : une petite colombe portant un rameau d'olivier dans le bec, symbole de l'espoir d'une vie nouvelle. Aussitôt, il referma la porte et défroissa soigneusement le message.

Envie d'une nouvelle direction ? Lassé de faire la même chose jour après jour ?

Appelez dès aujourd'hui notre centre de recrutement pour vous renseigner sur notre formation. Que vous vous intéressiez à la technologie, aux langues étrangères, à la science ou au secteur des services, nous avons l'emploi et la formation qu'il vous faut afin de réaliser vos rêves. Si vous croyez en vous, tout est possible.

Appelez-nous au 0 845 389 70 53, nous avons hâte d'en discuter avec vous.

Le texte semblait anodin, mais Peter savait qu'aucun autre de ses voisins n'avait reçu cette publicité. Il grimpa l'escalier quatre à quatre pour récupérer le téléphone portable que Paul lui avait confié. Impossible de se fier aux ordinateurs ou aux lignes téléphoniques classiques, lui avait-il expliqué. Le Réseau souterrain n'utilisait que de vieux portables usagés, branchés sur des fréquences modifiées régulièrement histoire d'être intraçables par les Autorités. Un simple coup de fil imprudent sur une ligne fixe ou une communication via Internet pouvait faire capoter toute l'opération.

Peter composa le numéro indiqué sur le prospectus.

« Allô ? »

C'était bien la voix de Paul. Il était sûr de la reconnaître, sans toutefois pouvoir l'affirmer à cent pour cent : son ton semblait plus sec que d'habitude.

« J'ai besoin d'une nouvelle direction, déclara Peter en reprenant la formule du tract. Je crois en moi-même.

– Dans ce cas, nos consultants peuvent vous aider. Grays Inn Road, numéro 87, huitième étage, chambre 24b, ce soir à dix-huit heures. »

Peter griffonna les instructions. « Parfait. J'y serai », souffla-t-il dans le combiné. Mais son interlocuteur avait déjà raccroché.

Plus tard dans la matinée, Ben se montra d'une humeur exécrable. Anna dut déployer des trésors de patience pendant tout le trajet à travers les rues de son quartier, penchée au-dessus de lui pour le border au chaud sous sa couverture, lui faire de grands sourires et s'assurer qu'il allait bien. Le landau, que les parents d'Anna avaient eux-mêmes déniché à la naissance de Ben, leur fils, était une véritable pièce de musée : abîmé, grinçant, instable sur ses roues et déjà trop petit pour l'enfant, qui semblait grandir à vue d'œil. Il avait survécu pendant plus d'un siècle avant d'être à nouveau utilisé ; quelqu'un l'avait conservé quelque part, au cas où. Son bruit de ferraille sur le trottoir attirait les regards des passants, surpris, horrifiés ou perplexes. Très occasionnellement, quelqu'un s'arrêtait, presque toujours une femme, presque toujours âgée, de cette génération qui avait assisté à l'apparition de la Longévité et se souvenait encore de ce à quoi ressemblaient les enfants. Ces femmes lui demandaient l'autorisation de voir « le bébé » et, invariablement, leurs yeux s'humectaient lorsqu'elles se mettaient à raconter leur propre histoire — décès d'un enfant, signature de la Déclaration à un âge trop jeune, sans réfléchir, ou encore présence d'un désir maternel enfoui qu'Anna les soupçonnait de ne même pas oser exprimer, encore moins nommer… Mais la plupart du temps, les passants comprimaient leur visage en une moue de dégoût et les toisaient tous les deux comme si Anna exhibait quelque chose de répugnant en public, comme si elle leur imposait la présence de cet enfant.

Anna aurait tant voulu être plus sûre d'elle, ne pas sentir son cœur se décrocher chaque fois que quelqu'un la dévisageait, chaque fois que l'ordinateur s'allumait à la maison, chaque fois que le téléphone sonnait… Elle avait ardemment préparé sa sortie de Grange Hall, travaillé d'arrache-pied pour devenir un Bon Élément et vivre à l'Extérieur. Mais elle avait de plus en plus de mal à surmonter sa honte d'être devenue Légale alors que tant d'autres Surplus restaient prisonniers. À chaque regard, elle se sentait jugée. Chaque fois qu'elle apercevait une employée de ménage Surplus consignée au domicile de ses patrons, elle sentait la culpabilité lui lacérer le cœur comme la lame d'un couteau. Et encore, celles-là avaient de la chance. Elles appartenaient à la catégorie des éléments considérés comme Valables, non à celle des Néfastes et Bons à Rien.

Anna s'efforçait donc d'ignorer les mines accusatrices des passants à mesure qu'elle approchait du centre commercial quand, à quelques mètres, elle aperçut un grand téléviseur allumé dans la vitrine d'un magasin d'appareils électriques. Un attroupement s'était formé sur le trottoir, les yeux des badauds rivés sur l'immense écran plasma rutilant. Coupons énergétiques obligent, ce type d'appareil était devenu un luxe inaccessible pour la plupart des citoyens.

Anna, qui avait grandi sans télévision ni ordinateur, ne s'était jamais habituée aux visages et aux voix désincarnées de ces présentateurs qui colportaient leur propagande avec un aplomb inébranlable, comme pour orienter sa façon de penser. Mais aujourd'hui, elle tenait à se montrer courageuse ; au lieu de passer son chemin, elle fit pivoter son landau sur sa droite et, d'un pas mal assuré, rejoignit la foule pour profiter elle aussi de ce silencieux spectacle.

Il s'agissait d'un bulletin d'informations. Anna vit d'abord une femme s'exprimer devant la caméra, suivie de l'image d'un homme qu'on arrêtait devant son domicile. Un numéro de téléphone apparut à l'écran, accompagné du message suivant : « Vigilance énergétique : dénoncez les gâchis, anonymat garanti. » En voyant cet inconnu emmené de force par la police, Anna sentit sa mâchoire se serrer.

À ses côtés, une dame âgée secoua la tête. « C'est reparti comme du temps de cette satanée guerre froide. Les gens qui se dénoncent entre eux... Ça ne me plaît pas. Pas du tout.

– Cela vous déplaît peut-être, répliqua sèchement une femme plus jeune aux mèches teintes en auburn, mais si certains abusent du système, il faut bien qu'ils en paient les conséquences. Je dors avec trois couvertures et deux duvets en ce moment. Alors, si d'aventure je découvre que des petits malins détournent le réseau de chauffage central, croyez bien que je les dénoncerai en un clin d'œil. Sans la moindre hésitation. »

Anna se mordit la lèvre, sans détourner son regard de l'écran. Elle avait du mal à juger le monde comme semblaient le faire les autres. Avant sa rencontre avec Peter, elle avait une idée très précise de ce qui était bien ou mal, juste ou injuste. Mais son mode de vie avait ensuite volé en éclats, de même que sa manière de penser, et elle avait enfin ouvert les yeux sur ce qui l'entourait. Pendant toutes ces années à Grange Hall, on lui avait appris que la désobéissance devait être punie. Mais depuis qu'elle vivait à l'Extérieur, elle avait compris que la désobéissance était un concept difficile à cerner et que parfois, au contraire, c'était un acte vital.

La dame plus âgée se retourna vers la vitrine. « De quoi accuse-t-on ce pauvre bougre, d'ailleurs ?

– Sans doute de trafic de coupons énergétiques, intervint un flâneur. On ne plaisante plus avec ça, maintenant.

– Trafic de coupons ! s'indigna la femme aux cheveux auburn. Comme si nous n'avions déjà pas assez de problèmes. »

La dame eut un petit rire. « Tout ça pour ça ? Qu'on laisse les gens vivre en paix, voilà ce que j'en dis. »

La femme aux cheveux auburn tourna la tête pour la fusiller du regard. « Tout ça pour ça ? À vous entendre, on croirait que vous bénéficiez vous-même de coupons illicites, siffla-t-elle. Si je passais un petit coup de fil aux services de Vigilance énergétique ? Vous ricaneriez peut-être moins.

– Je disais juste... », commença la femme âgée, mais

l'autre ne s'intéressait déjà plus à sa réponse. Elle venait d'apercevoir Anna, qui pâlit un peu.

« Ça alors, et qui voilà ? » Tous se retournèrent pour dévisager la jeune fille qui, cette fois, rougit violemment. « Voilà une chose dont on se passerait volontiers, hein ? Nous tous qui travaillons dur pour nous en sortir, pour avoir un peu chaud la nuit... qu'avons-nous en retour ? Des criminels qui polluent le monde avec leur Surplus. » Elle se planta devant Anna. « Tu es fière de toi, j'espère ? Oh, je sais que tu es devenue Légale, figure-toi. Je l'ai lu dans le journal, comme tout le monde. Je parie que tu es passée championne dans l'art de déjouer le système, pas vrai, ma petite ? Tu te crois sûrement très maligne. En attendant, c'est nous qui en pâtissons. Mais c'est le cadet de tes soucis, je suppose ?

– Non, dit Anna prudemment, je ne me crois pas maligne du tout. Mais...

– Cela explique sans doute pourquoi je n'arrive pas à obtenir de Surplus pour faire le ménage chez moi, intervint une troisième femme. Ils deviennent tous Légaux, j'imagine. Voilà quatre mois que j'attends. Quatre mois, et personne ne s'occupe de mon dossier ! »

Anna secoua la tête. Était-ce vraiment l'opinion de ces gens ? « Non, vous vous trompez, dit-elle désemparée. Les Surplus ne deviennent pas Légaux. Ils vivent dans des Foyers où ils travaillent nuit et jour pour racheter la faute de leurs parents. Bien que leurs parents n'aient commis aucune faute. Avoir des enfants n'est pas une faute. Ce n'est… »

Elle n'acheva pas sa phrase. Elle était allée trop loin, elle le savait. De telles paroles risquaient d'attirer l'attention de la police et des Autorités. Elle baissa les yeux vers Ben, qui commençait à s'agiter, et sentit monter en elle un amour familier doublé d'un farouche instinct protecteur. Comment l'existence de cet enfant pouvait-elle être considérée comme un péché ?

« Ce n'est pas une faute ? s'écria la femme à la chevelure auburn d'une voix haut perchée en s'avançant de manière à lui barrer le passage. Comment oses-tu ? Tu t'imposes en exhibant cette créature répugnante en public, tu manges notre nourriture, tu utilises notre énergie, et tu prétends trouver cela normal ? »

Anna la dévisagea, pétrifiée, puis sentit sa mâchoire se crisper sous l'effet de la colère. « Répugnant ? Il n'a rien de répugnant. C'est un bébé. Les Surplus n'ont pas demandé à naître. De toute façon, je suis Légale aujourd'hui. Ben aussi. Nos parents sont morts. »

Elle s'agrippa à la poignée du landau ; sa rage décuplait son assurance, et elle ne s'était pas sentie aussi forte depuis très longtemps.

« Oh, dans ce cas, tout va bien, répliqua la femme d'une voix tremblante d'indignation. Les Surplus n'ont pas demandé à naître, donc ce n'est pas leur faute. De même que tous ces immigrants qui n'ont pas demandé à être intégrés, je suppose. »

Anna secoua la tête ; le teint de la femme avait viré au rose fuchsia, couleur qui jurait atrocement avec celle de sa chevelure.

« Ils croient que c'est un jeu, que tout ce qu'ils ont à faire est de venir dans ce pays pour manger dans nos assiettes, squatter nos maisons et gaspiller nos ressources énergétiques. Et nous, que devenons-nous ? Que devient le coût de l'énergie ?

– Mais oui, répondit calmement Anna. Il faut réagir. Vous devriez contacter les Autorités.

– Comme s'ils allaient lever le petit doigt ! cracha la femme avec mépris. Mettre plus d'agents de police aux frontières, voilà leur réponse. Mais c'est inefficace, tout le monde le sait ! Ils ne cessent d'arriver, jour après jour. Est-ce notre faute s'il y a des inondations ? Si les cours d'eau s'assèchent ? Je suis désolée, mais ce pays est le nôtre et ces gens n'ont rien à faire ici.

– Absolument, intervint soudain une voix féminine aux intonations douces et apaisantes. J'espère que votre démarche aboutira. Ne baissez pas les bras. »

La femme se renfrogna. « J'en ai bien l'intention, affirma-t-elle avec emphase. Je dispose de droits. Nous avons tous des droits, et nous devrions nous mobiliser pour les défendre et empêcher ces gens de nous piétiner. J'ai reçu l'autre jour un tract, glissé sous ma porte, prétendant que nous volions de l'énergie aux pays d'Afrique… »

Anna sentit une main se poser sur son épaule. « Il serait peut-être temps de partir, non ? » fit la voix inconnue. Anna se retourna et découvrit une femme au visage bienveillant encadré de cheveux gris rassemblés en chignon.

« Oui, dit-elle en tirant maladroitement son landau. Je crois que vous avez raison. »

Elle se fraya un chemin au milieu de ces gens en s'efforçant de ne surtout pas leur rouler sur les pieds. L'inconnue aux cheveux gris la suivit.

« Quel beau petit garçon ! dit-elle au bout d'un instant. Quel âge a-t-il ? »

Anna eut un mouvement de surprise. Personne ne lui posait jamais cette question. C'était comme si l'âge avait cessé de signifier quoi que ce soit — même lorsqu'il se comptait en mois.

« Bientôt un an, répondit-elle prudemment.

– C'est un âge adorable. Et il est si sage.

– Oui, je crois qu'on peut dire ça. » Sa seule expérience des bébés, Anna la devait à son court séjour à l'étage des Petits, à Grange Hall, où les jeunes Surplus de moins de cinq ans étaient parqués et abandonnés à leurs hurlements jusqu'à ce qu'une employée du service daigne à contrecœur venir les changer ou les nourrir.

Frappée par le souvenir de ces scènes effroyables, entre autres, Anna couvrait Ben d'attentions et accourait à son chevet dès qu'il se mettait à pleurer.

« Tu es Anna, n'est-ce pas ? fit soudain la femme. Anna Covey ? Écoute, puis-je t'offrir une tasse de thé ? J'habite juste au coin de la rue. Je t'admire beaucoup, tu sais. Je m'appelle Maria. Maria Whittaker. »

Elle lui tendit la main, et Anna la serra avec appréhension.

« Non, je regrette, dit-elle en se mordant la lèvre. J'ai des courses à faire.

– Bien sûr, fit Maria. Dans ce cas, peut-être puis-je marcher un peu avec toi ? »

Anna accepta de bon cœur. En dehors de Ben et Peter, elle ne recherchait pas tellement la compagnie ; les gens la rendaient méfiante, timide. Mais cette dame semblait très agréable. Et, après son altercation avec cette horrible femme devant la vitrine, elle avait bien besoin d'une présence réconfortante. Ensemble, elles prirent l'avenue principale dans l'autre sens, sans échanger un mot, jusqu'à ce qu'Anna ose enfin poser la question qui la taraudait :

« Vous... vous dites que vous m'admirez ? » Elle jeta un regard hésitant autour d'elle en prononçant ces mots, en quête de caméras, d'agents de police ou de quiconque aurait pu la suivre. Mais la rue ne présentait aucun danger.

La femme eut un petit rire. « J'ai toujours admiré les jeunes, dit-elle. Et quand j'ai entendu parler de ton histoire, eh bien... cela m'a touchée. Je te trouvais très courageuse. Toi, et ton ami, Peter. Prendre soin de ton frère comme tu le fais... pour moi, c'est la preuve d'une grande force de tempérament. Eh oui, c'est une qualité que j'admire. Énormément. »

Anna esquissa un demi-sourire gêné. Hormis avec Peter, elle n'avait pas souvent l'occasion d'entendre des paroles gentilles.

« Ça n'avait rien de courageux, nuança-t-elle aussitôt. Peter s'est montré très brave, pas moi.

– Je suis sûre que si », répliqua Maria avec chaleur.

Cette fois, Anna sentit un vrai sourire détendre ses traits. « Vous savez, dit-elle comme elles tournaient à un coin de rue, j'ai peut-être le temps de boire ce thé, finalement... si c'est toujours d'accord. »

Sa nouvelle amie parut enchantée. « C'est même plus que cela. C'est un privilège. »

Maria habitait un immeuble résidentiel moderne situé à quelques minutes de marche de l'avenue principale. Son appartement se trouvait au quatrième étage, si bien qu'Anna dut laisser son landau au rez-de-chaussée et porter Ben dans l'escalier en colimaçon.

« Désolée de vous imposer ça. Je crains que l'ascenseur n'ait été mis hors service dans le cadre d'un exercice d'économies d'énergie, dit-elle d'un ton désabusé. C'est aussi un cauchemar pour les courses.

– Oh, aucun problème », la rassura Anna. Elle serra son frère contre elle et s'agrippa prudemment à la rampe.

« Prendras-tu du sucre avec ton thé ? » lui demanda Maria en ouvrant la porte de chez elle, révélant une toute petite salle de séjour dotée d'un coin cuisine à peine séparé et d'un étroit couloir qui devait mener, songea Anna, à la salle de bains.

« Oui, volontiers. Juste un. »

Elle lui emboîta le pas et resta debout à côté du sofa tandis que son hôte se dirigeait vers la kitchenette pour allumer la bouilloire. De nombreuses photos d'enfants décoraient le rebord de la cheminée, et Anna les examina avec curiosité, détournant vivement son regard quand Maria lui tendit une tasse de thé fumant et l'invita à s'asseoir.

« Navrée, c'est assez petit, dit-elle en prenant place à l'autre bout du canapé. Mon appartement, j'entends. Il en va ainsi, de nos jours, n'est-ce pas ? J'avais une maison, autrefois, mais avec la hausse constante du coût de l'énergie, les Autorités ont fini par me convaincre d'emménager dans un endroit plus petit. » Sa bouche se pinça en un rictus amer.

Anna acquiesça. Elle savait exactement à quel point les Autorités pouvaient se montrer « convaincantes ».

« C'est quand même très joli, chez vous, dit-elle poliment.

– Merci. Disons que c'est confortable. Et après tout, cela fait partie du programme des Autorités : confort, santé, prospérité et éducation. Un programme on ne peut plus noble, c'est certain. »

Anna garda le silence. Elle se sentait ignorante, et elle avait un peu honte. Peter se tenait avidement informé de tous les décrets et comptes rendus publiés par les Autorités, engloutissant de précieux coupons énergétiques dans l'utilisation de son ordinateur, qu'il allumait deux fois par jour pour lire les dernières infos et les analyses ; Anna, elle, ne s'intéressait pas vraiment à ces choses-là. Tant que Ben, Peter et elle vivaient au chaud et à l'abri, rien d'autre ne comptait. Mais cette fois elle regrettait de ne s'être pas mieux informée, histoire d'avoir ne serait-ce qu'un avis personnel à donner.

« Tu ne dois pas tellement porter les Autorités dans ton cœur, j'imagine. Comme la plupart des résidents des Foyers de Surplus. »

Anna fit non de la tête. La vérité, c'est qu'à Grange Hall les Autorités ne représentaient qu'un vague pouvoir abstrait ; la seule autorité qui comptait était celle de la Directrice.

« Tout va bien depuis que nous en sommes sortis »,

dit-elle simplement, priant pour que son interlocutrice ne relève pas sa manière d'esquiver la question. « La vie n'était pas très... plaisante, là-bas. »

Maria eut un sourire amer. « Je n'en doute pas. Tu sais, quand les premiers Foyers de Surplus sont apparus, on nous a expliqué qu'il s'agissait d'écoles. Que la séparation d'avec les parents était une mesure nécessaire pour dissuader les gens d'en avoir... je parle des Surplus, bien sûr. Et aussi pour les différencier du reste de la population. Pour bien vous faire comprendre que vous... enfin, qu'ils étaient à part. Il n'était pas question d'en faire des endroits cruels. Quant à la question du travail... la finalité était l'emploi, non l'esclavage. Ça, c'est venu plus tard.

– Plus tard ? » l'interrogea Anna, sa curiosité soudain piquée. Personne ne parlait jamais des Surplus ni des enfants, de peur d'être considéré comme un révolutionnaire — c'est-à-dire comme une menace pour les Autorités.

« Oui, quand le débat n'a plus intéressé personne. Ça n'a pas toujours été le cas, vois-tu. Autrefois, la société se souciait des libertés civiques, du bien-être des Surplus, du traitement des immigrés clandestins, même des criminels. Mais de nos jours les gens se préoccupent uniquement de leur apparence physique, de leurs petits soucis de santé, du nombre d'heures par jour pendant lesquelles ils peuvent allumer leur chauffage, ou du nombre d'activités auxquelles ils sont censés s'inscrire. Ils n'aiment pas les enfants. Ils en ont peur. Tu as bien vu la façon dont ils traitaient ce petit bonhomme. »

Anna contempla le visage joufflu de son frère et le serra très fort contre elle.

« Ces photos..., dit-elle, rougissant un peu d'oser une question aussi directe. Vous ne vous inquiétez pas de ce que les autres pourraient penser ? »

Maria se tourna vers la cheminée, un voile de tristesse et de compassion dans le regard.

« Bien sûr que si. Je m'en inquiète tout le temps, mais ce n'est pas une raison pour cacher ces photos. On ne peut tout de même pas se laisser constamment dominer par la peur, non ? »

Anna opina du bonnet. « En effet. Mais les Autorités...

– Les Autorités ont trop de pouvoir, la coupa aussitôt Maria. Un pouvoir qu'ils utilisent à mauvais escient. Un pouvoir qu'il faudrait contester. »

Elle se rapprocha d'Anna sur le canapé et lui prit la main, les yeux soudain luisants d'espoir.

« Anna, j'espère que tu ne m'en voudras pas... Ces enfants... c'est à cause d'eux que je t'ai invitée. Celle-ci... » Elle se leva pour prendre l'une des photos, qu'elle pressa contre sa poitrine avant de la montrer à Anna. « C'était ma fille. J'étais jeune, inconsciente, je croyais pouvoir garder le secret. Mais… les Rabatteurs l'ont trouvée. Me l'ont enlevée. C'était au tout début, quand les gens étaient encore traités avec une relative indulgence s'ils présentaient leurs excuses ; j'ai reçu une simple amende, et j'ai été relâchée sans devoir payer de caution, sous prétexte que j'avais “fait preuve de remords”. Je croyais m'en être tirée à bon compte. Mais les choses n'étaient pas si simples. »

Anna prit la photo et sentit ses larmes monter en voyant ce tout petit bébé emmailloté dans sa couverture.

« C'est une Surplus, aujourd'hui ? » demanda-t-elle tout bas.

Maria acquiesça. « Pour être honnête, dit-elle d'une voix un peu rauque, quand on me l'a prise, au début, tout allait bien. J'avais une vie, une carrière. Je me réjouissais d'avoir évité la prison et j'étais convaincue de m'en être plutôt bien sortie. Mais au fil des ans, je me suis mise à penser à elle. J'ai pris conscience qu'elle me manquait terriblement, désespérément, ce qui était absurde puisque j'avais à peine eu le temps de la connaître… quelques semaines, tout au plus. J'ai commencé malgré moi à rechercher des objets d'enfants, à courir les marchés aux puces pour retrouver de vieux jouets d'occasion, de petites couvertures… je lui tricotais des manteaux, je lui chantais des berceuses dans ma tête. Même si, à l'époque, elle devait déjà avoir une cinquantaine d'années. Elle aurait sûrement l'air plus âgé que moi, aujourd'hui. Si ça se trouve, elle n'est même plus de ce monde... »

Sa voix s'étiola, et une larme apparut au coin de sa paupière. Anna contempla de nouveau la photo et repensa à tous les Surplus enfermés, aussi bien à Grange Hall que dans le pays tout entier.

« Ce n'est pas comme toi, poursuivit Maria, cherchant visiblement à reprendre le contrôle d'elle-même. Tu dois être libre d'adopter la Longévité, n'est-ce pas ? »

Anna eut un mouvement de tête négatif, enhardie par la révélation de son interlocutrice. « Je... enfin, nous... nous allons nous Affranchir, affirma-t-elle d'un ton résolu. Nous ne voulons pas vivre pour toujours. »

Une étincelle d'admiration brilla dans le regard de Maria. « Bien sûr. Tu vois, je savais que tu étais courageuse. Je l'ai su dès l'instant où j'ai vu ta photo dans le journal. Tu n'es pas comme moi, Anna. J'ai manqué de courage. J'ai été faible. J'ai abandonné ma fille. »

Anna but une gorgée de thé. « Ce n'était pas votre faute », dit-elle. C'était l'une de ces phrases qu'elle répétait souvent, chaque fois que des femmes désespérées ou rongées par la culpabilité venaient l'aborder dans la rue. « Ce n'est pas votre faute. Je suis sûre que votre enfant est ou a été très heureux. Je suis sûre que vous feriez une maman formidable, vous aussi. »

« Tu es gentille, Anna, mais je crains d'être la seule coupable... d'abord à cause de mon acte, puis de mon incapacité à l'assumer. Mais les difficultés nous aident à trouver notre voie. Et j'ai trouvé la mienne. »

Elle se tourna à nouveau vers les photos sur la cheminée, et Anna suivit la direction de son regard.

« Qui sont... les autres ?

– Des petits, comme ma fille, dit simplement Maria. Nourrissons, bébés, jeunes enfants arrachés à leur mère. Il est trop tard pour rechercher la trace de ma fille. Mais j'essaie d'aider les autres parents à retrouver leurs enfants perdus. En m'adressant à toute personne susceptible d'avoir des renseignements. J'ai pensé... que tu en reconnaîtrais peut-être quelques-uns parmi eux. Le moindre indice que tu pourrais nous fournir...

– Ce sont tous des Surplus ? dit Anna avec stupeur. D'où viennent-ils ? ces portraits, je veux dire.

– Ils m'ont été donnés par leur mère, leur père... par des gens qui les aiment », dit Maria tout doucement.

Calant soigneusement Ben entre deux coussins, Anna se leva du canapé et dut s'appuyer sur l'accoudoir, comme prise de vertige. À pas lents, elle se dirigea vers la cheminée pour passer en revue les photos. À sa vive stupéfaction, elle reconnut en effet quelques visages.

« Surplus Sarah, dit-elle en prenant un cadre en laiton contenant la photo en noir et blanc d'une petite fille. Elle est partie il y a trois ans. Elle doit être employée de ménage, aujourd'hui. Et lui... » Elle désigna un autre portrait, celui-ci plus grand et encadré de noir, montrant un garçonnet au sourire radieux. « C'est Surplus Patrick. Il... » Anna refoula des larmes de colère et d'indignation au souvenir de Surplus Patrick, avec sa litanie de questions incessantes, son entêtement à affirmer qu'il n'était pas un Surplus et que ses parents viendraient un jour le chercher. « Patrick a été placé en Centre de détention, parvint-elle à expliquer. Il avait du mal à s'adapter. Il refusait d'accepter son statut de Surplus. »

Maria la rejoignit et lui prit la photo des mains. « Et toi ?

– Moi ? J'étais une Surplus et je le savais, répondit simplement Anna. Il n'y avait rien à accepter. »

Elle se retourna vers le rebord de la cheminée pour détailler chacun de ces visages aux regards si insouciants, si optimistes... Puis sa poitrine se serra. Le tout dernier cadre en bois, au bout de la rangée, contenait la photo d'une enfant de deux ans environ. Une fillette aux cheveux d'un roux léger, aux yeux bleus très vifs.

« Auriez-vous une autre photo d'elle ? demanda-t-elle. Un peu plus âgée ? »

Maria fit non de la tête. « Ses parents ont pris ce cliché quelques années avant son arrestation. C'était le seul qu'ils possédaient. Prendre des photos est très risqué... cela peut ensuite se retourner contre vous. Pourquoi ? Le visage de Sheila t'est familier ?

– Sheila ? » lâcha Anna dans un souffle. Elle s'agrippa à la cheminée, prise d'une soudaine nausée. « Sheila était mon amie. Je l'ai laissée à Grange Hall. Je l'ai abandonnée... »

Maria la rattrapa à temps. Quelques instants plus tard, Anna se réveilla étendue sur le canapé, son hôte penchée à son chevet, les traits tirés.

« Je... je ne sais pas ce qui m'est arrivé. Pardonnez-moi, je...

– Tu t'es évanouie, lui expliqua délicatement Maria. Tu te sens bien ? »

– Oui, ça ira », dit résolument la jeune fille. Du temps de Grange Hall, elle avait appris à ne jamais montrer le moindre signe de faiblesse.

« Tant mieux. Mais tu devrais faire attention à toi, Anna. Sans la Longévité, ta santé est moins robuste que la nôtre. Et ce petit garçon a besoin de toi. »

Anna baissa un regard inquiet en direction de Ben, puis se redressa. « Merci pour tout, c'était très agréable. Mais il faut que je parte.

– Pourrai-je te revoir ? » lui demanda Maria.

Anna hésita, songeant à ce qu'en penserait Peter. « Je ne sais pas », dit-elle. Puis elle revit la photo de Sheila. « Enfin, peut-être. Si je peux me rendre utile. »

Chapitre 9

Peter était presque en retard pour son entretien avec Paul. Le Dr Edwards l'avait fait bûcher toute la matinée sur l'étude d'une substance baptisée « PirB Synthétique », puis tout l'après-midi sur la compilation des résultats d'un test important, si bien qu'il n'avait pas pu lever le camp avant dix-sept heures quinze, sans compter ensuite une bonne vingtaine de minutes passées à s'assurer que personne ne le suivait — une paranoïa récente, qui ne faisait qu'empirer ces derniers temps. Comme toujours lorsqu'il devait rencontrer le leader du Réseau souterrain, l'adresse du rendez-vous était tout sauf simple : le numéro 87 n'était pas vraiment situé sur Grays Inn Road, mais juste au coin, et il s'agissait d'un bâtiment désaffecté caché derrière un immeuble de bureaux. De l'extérieur, l'endroit semblait en ruine ; à l'intérieur, une sorte de concierge surveillait la porte, assis à une petite table et à demi endormi, mais néanmoins très vigilant sur le fait que Peter signe bien le registre avant d'entrer. Voyant qu'on ne lui demandait même pas sa carte d'identité, l'adolescent inscrivit son pseudonyme du moment au sein du Réseau. L'homme acquiesça, et Peter s'engouffra dans l'escalier.

Il aurait aussi bien pu ne pas se presser, cela dit : Paul avait dix minutes de retard. La pièce était petite, grisâtre, avec une table de réunion au centre et quelques chaises métalliques bon marché éparpillées autour. Peter tira l'une d'elles pour s'y asseoir et jeta un coup d'œil circulaire. Il n'y avait pas grand-chose à voir : les murs étaient recouverts d'un papier peint terne, en lambeaux, et à l'un d'eux était suspendu un tableau blanc légèrement de guingois. Il n'y avait pas de stores aux fenêtres, mais c'était sans importance, compte tenu de la crasse qui maculait les vitres et empêchait quiconque de regarder à l'intérieur — ou à l'extérieur.

« Le mois prochain, cet endroit deviendra un immeuble résidentiel », s'exclama une voix familière. Peter fit volte-face. Paul n'annonçait jamais sa présence ; il semblait toujours apparaître et disparaître comme par magie, surgissant dans une pièce sans crier gare, une lueur amusée dans ses yeux bleus en voyant la surprise de ses interlocuteurs.

« Les appartements consomment moins d'énergie », répliqua Peter.

La réponse parut le satisfaire. « Alors, comment va Pincent Pharma ? » lui demanda Paul.

Il haussa les épaules. « Ça va. Je commence à m'y faire. Vous n'avez pas encore trouvé le prochain Q.G., si j'ai bien compris ? »

Paul semblait ne pas avoir entendu sa question. « Et ton grand-père, tu le vois beaucoup ? »

Peter se hérissa au souvenir de leur conversation de la veille. « Oui, un peu. Il n'arrête pas de m'expliquer à quel point la Longévité est géniale. Il voudrait me convaincre de ne pas m'Affranchir.

– Tu lui as dit que tu comptais t'Affranchir ? s'étonna Paul. Tu le lui as annoncé comme ça ? »

Peter sentit son assurance vaciller. « Vous m'aviez dit d'être le plus honnête possible... Et j'ai seulement rétorqué que je n'avais pas encore pris ma décision.

– Je t'ai conseillé d'éviter de multiplier les mensonges pour ne pas t'embrouiller l'esprit. Je t'ai aussi demandé de faire semblant d'accepter de signer... Oh, Peter. » Il secoua la tête d'un air navré. L'adolescent sentit sa poitrine se serrer.

« C'est sorti tout seul, se défendit-il. Mais ça va bien se passer, je vous assure. Vous me faites confiance, non ?

– Bien sûr que oui », répondit Paul. Mais l'inquiétude se lisait encore dans son regard. Peter se sentait coupable, et ce sentiment avait le don de le rendre irritable.

« Non, je vois bien que non. Vous me prenez pour un gamin. Un débutant inconscient. Mais vous avez tort. Je sais parfaitement ce que je fais. »

Paul se tourna vers la vitre sale. « Je sais. Mais tu n'as pas encore compris à quel point ton grand-père pouvait se montrer persuasif. Moi, si.

– Il n'a rien de persuasif, répliqua Peter, de plus en plus agacé. Au contraire, je trouve qu'il dit n'importe quoi. D'après lui, les jeunes sont des parasites.

– Et une menace pour sa petite personne. » Paul s'autorisa un sourire. « Tu sais, il y a quelques siècles, de nombreux pays considéraient l'esclavage comme un moyen parfaitement normal de faire des affaires et de tenir une maison. Un peu comme ce qu'on pense actuellement des Surplus. La plupart des gens n'avaient pas le droit de vote, et les femmes étaient considérées comme la propriété de leurs maris. »

Peter baissa la tête. « Ai-je marqué "S.V.P., donnez-moi un cours d'histoire" sur le front ? maugréa-t-il. Parce que ça fait déjà la deuxième fois en deux jours, dans deux endroits différents. »

Paul haussa un sourcil. « Beaucoup de citoyens se sont battus, au prix de leur vie, pour obtenir ces droits — celui de voter, de vivre libre, de travailler ou de s'asseoir dans le même bus que les autres. Et la génération d'après a franchi un pas supplémentaire en comprenant que la femme est l'égale de l'homme, et que la couleur de peau n'est pas un critère de sélection. Les jeunes représentent l'avenir. Sans eux, nos sociétés sont vouées à l'immobilisme.

– Je sais tout ça, répondit Peter un peu trop vite.

– Tant mieux, dit Paul d'un ton grave. Parce que les gens comme ton grand-père ne voient pas les choses ainsi. Ils croient que la jeunesse n'est pas indispensable et que le monde peut très bien se passer d'elle.

– Je sais. » Peter baissa à nouveau les yeux, s'efforçant de repousser la vision d'Anna à l'agonie et dépendant de la Longévité pour survivre. « Je sais que la Longévité est un fléau. C'est juste le Dr Edwards... Il y voit de la beauté.

– Le Dr Edwards ?

– Oui, mon tuteur. Je travaille dans son labo.

– Tu es dans le laboratoire du Dr Edwards ? » Généralement impassible, Paul parut pour une fois légèrement ébranlé par cette information.

« Vous le connaissez ? C'est lui qui dirige la Réinstruction.

– La Réinstruction ? » Paul fronça les sourcils. « Tu sais, le Dr Edwards était l'un des plus puissants scientifiques de Pincent Pharma, autrefois. Sois très prudent. C'est un homme dangereux.

– Dangereux, lui ? Il ne ferait pas de mal à une mouche !

– Le danger se manifeste de bien des manières, Peter. Un esprit intelligent peut faire autant de dégâts qu'une arme à feu.

– Eh bien, vous avez tort. Le Dr Edwards n'est pas un danger. Je le trouve assez sympa, d'ailleurs. C'est juste un fou de science. Et il dit apprécier les jeunes parce qu'il aime qu'on le contredise. »

Paul garda le silence, et Peter se sentit tout retourné. C'était la première fois qu'il lui tenait tête. Il releva les yeux timidement, afin de jauger sa réaction.

« Un fou de science, reprit Paul d'un ton glacial. Oui, tu as sans doute raison. Mais, vois-tu, le problème avec les fous de science, comme tu dis, c'est qu'ils font passer leurs découvertes avant le reste. C'est un fou de science qui a découvert la bombe atomique. Il n'avait sûrement pas l'intention d'assassiner des millions de gens, mais c'est ainsi. Crois-moi sur parole quand je t'affirme que tu ne peux te fier au Dr Edwards. Ni à personne d'autre.

– Sauf à vous, c'est ça ? » répliqua Peter, sarcastique. Il haussa les épaules et esquissa un sourire penaud. « Je fais très attention, je vous assure. Et franchement, le Dr Edwards ne me pose aucun problème. C'est un type réglo.

– Réglo ? répéta Paul, toujours sur le même ton. Peter, cet homme n'est pas de notre côté. Ceux qui ne sont pas *pour* nous sont *contre* nous, et par conséquent dangereux. »

Peter sentit l'impatience le gagner. « Vous dites toujours ça. Mais c'est faux. Ce n'est pas parce que quelqu'un est étranger au Réseau qu'il est mauvais. Rien n'est jamais tout blanc ou tout noir, vous savez. » S'apercevant aussitôt qu'il venait d'employer la même expression que son grand-père, il rougit et croisa les bras, sur la défensive.

Paul ne dit rien. Une inquiétude subite apparut sur ses traits, et il posa sa main sur l'épaule de Peter. « Si je me montre trop protecteur envers toi, c'est parce que tu nous es très précieux. Anna et toi symbolisez le recommencement, notre espoir pour l'avenir. » Il plongea ses yeux dans les siens, et Peter se sentit hypnotisé. « Tu représentes tant pour le Réseau, Peter. Et aussi pour moi, sur un plan plus personnel. Je t'ai connu enfant, je t'ai vu grandir. Bientôt, tu seras un homme. Je veux seulement te guider, te montrer les dangers. Voilà tout. »

Peter acheva de virer rouge pivoine sous l'effet de la culpabilité. « Je sais. Je serai prudent, je vous le jure.

– J'en suis certain. Je te contacterai bientôt », promit Paul en repartant vers la porte.

Et, sur ces mots, il disparut.

Chapitre 10

Anna s'affairait aux fourneaux quand Peter rentra à la maison ce soir-là. En voyant son visage pénétré, son front plissé par la concentration, il se remémora le jour de leur première rencontre, à Grange Hall : la jeune fille buvait les paroles de son Instructeur, cherchant désespérément son approbation, soucieuse de toujours Bien Faire Les Choses. En entendant Peter entrer dans la cuisine, elle se retourna vers lui avec un sourire radieux. Il courut l'embrasser avant de soulever Ben au-dessus de sa tête ; la peau du bébé était d'une douceur incroyable, et il éclata de rire quand Peter lui chatouilla le ventre du bout du nez. Il aurait tant aimé que le Dr Edwards voie cette scène et comprenne en quoi la jeunesse était supérieure au Renouveau. Aucun médicament, aucune protéine synthétique ne serait jamais capable de recréer la gaieté et l'insouciance naturelles d'un petit enfant de l'âge de Ben.

« Comment s'est passée ta journée ? » lui demanda

Anna en remuant ce qui ressemblait à de la soupe dans la marmite.

Peter reposa Ben avec une moue nonchalante. « Ça a été, dit-il simplement.

– Tu as vu Paul ? » articula silencieusement Anna.

Il lui fit oui de la tête.

« Et ?

– Rien, souffla-t-il en retour. Rien de nouveau. »

Anna opina du chef. « Non, viens par ici... Oh, le vilain garçon ! » Ben filait à quatre pattes vers la porte de la cuisine et Anna partit le rattraper. « Il lui faudrait un peu plus d'espace pour bouger, soupira-t-elle en retournant près de la cuisinière. Si seulement nous avions un plus grand jardin...

– Parle plus fort, ils t'entendront peut-être », dit Peter avec un sourire malicieux avant de pencher sa tête vers la sienne. En humant le parfum de ses cheveux, il sentit ce frisson familier qui le traversait chaque fois qu'ils se tenaient si proches l'un de l'autre.

Ben se mit à pleurer, et Anna quitta l'étreinte de Peter pour le prendre dans ses bras. Il s'était caché sous une chaise, mais l'avait renversée et ne parvenait plus à s'en sortir.

« Oh, Ben, mon petit bonhomme... viens par ici. Ça va aller. Il a été ronchon toute la journée, expliqua-t-elle à Peter. Je crois qu'il est fatigué.

– Tu veux le mettre au lit maintenant ?

– Non. S'il s'endort trop tôt, il sera réveillé à l'aube. Mieux vaut attendre. Il n'a même pas encore mangé. »

Peter ramassa la chaise et s'y assit. Il fixait du regard la table en bois devant lui, avec ses nœuds et ses veinures propres au tronc d'arbre dans lequel on l'avait fabriquée. C'était une vieille table, héritée des parents d'Anna. Fabriquée en bois de chêne et d'une solidité à toute épreuve. Les chênes vivaient des centaines d'années, songea Peter. Il n'y avait rien de mal à cela. C'était naturel. Les règles différaient-elles selon les espèces ?

« À mon avis, il a faim. Je vais lui donner un petit quelque chose avant qu'on dîne. Tu veux bien éteindre le feu sous la marmite ? »

Peter se leva et tourna le bouton distraitement.

« Et voilà... du bon yaourt », claironna Anna derrière lui. Elle baissa d'un ton. « Alors, qu'a dit Paul ? »

Il haussa les épaules. Il avait un mal fou à capter totalement son attention, ces derniers temps, mais s'efforçait de ne pas trop s'en agacer. « Oh, rien d'important. Ne t'inquiète pas pour ça. Du courrier ? »

Elle lui désigna une pile d'enveloppes sur la table. Elle n'y avait même pas touché, l'esprit ailleurs, accaparé par d'autres pensées : Maria, les Surplus enfermés aux quatre coins du pays... Peter passa les enveloppes en revue, rejetant la moitié d'entre elles sans même les ouvrir. Puis il tressaillit.

« C'est arrivé aujourd'hui ? » demanda-t-il en montrant deux grandes enveloppes frappées du logo caractéristique des Autorités. Les yeux d'Anna s'élargirent. Elle ne les avait même pas remarquées.

Peter prit celle qui lui était adressée et la retourna entre ses doigts. « Est-ce que tu penses la même chose que moi ? »

Anna garda le silence, mais l'intensité de son regard en disait long. Lentement, Peter glissa son pouce sous le rabat, le déchira et sortit la lettre.

Cher Peter,

À l'approche de ton seizième anniversaire, j'ai le plaisir de t'envoyer ci-joint ton exemplaire de la Déclaration. Comme tu le sais, signer la Déclaration va te permettre d'accéder au traitement de Longévité© et de prolonger ainsi ta vie éternellement.

La Déclaration est un document important, aussi j'espère que tu prendras le temps de bien la lire. La Longévité© a révolutionné l'humanité en nous accordant le bénéfice d'un temps de vie illimité et d'une bonne santé éternelle. C'est une liberté extraordinaire, mais le fait d'être né implique aussi un prix à payer...

Peter sentit les poils de sa nuque se dresser. Ça y est, il l'avait reçue. La fameuse lettre.

Il parcourut la suite en diagonale, ne s'attardant que sur des bribes de phrases :

... en signant la Déclaration, et en jouissant ainsi des apports d'une vie prolongée et saine, tu t'engages à prendre toutes les précautions nécessaires pour ne pas provoquer la création de nouveaux Surplus... Au cas où tu découvrirais ta responsabilité seulement après la venue au monde d'un Surplus, il est de ton devoir de contacter immédiatement les Autorités... la coopération permet des remises de peine appréciables...

La lettre portait la signature du Secrétaire général des Autorités. Mais elle importait peu aux yeux de Peter, comparée au document officiel qui l'accompagnait. Il passa le texte à Anna, qui le lut, hébétée, avant de le lui rendre. Alors, avec une lenteur délibérée, il déplia l'autre papier. Son nom était inscrit tout en haut : « La Déclaration ». Il en avait tant entendu parler, l'avait tant maudite pour toutes les horreurs de ce monde... et voilà qu'il la tenait entre ses mains. Le cœur battant, Peter commença sa lecture :

À mesure que les avancées et les progrès de la science établissaient de façon très claire que la fonction et le rôle des êtres humains avaient été fondamentalement transformés, et que le postulat de base de la procréation en tant que moyen de survie de l'espèce était progressivement remis en question avant d'être jugé peu concluant, l'humanité s'est trouvée confrontée à la nécessité de réagir et de s'adapter à cette nouvelle donne... Humanité qui, depuis des millénaires, avait confié à la Nature la responsabilité de la prospérité et de la multiplication de son espèce tout en étant le jouet de ses assauts et de ses caprices, parmi lesquels la maladie, la pestilence, la famine et autres fléaux responsables de la disparition de milliards de personnes.

Le cycle de la naissance, de la vie et de la mort avait engendré d'autres fardeaux pour l'Homme, le renvoyant à un esclavage digne de celui du règne animal, sans aucun contrôle sur son propre avenir. D'ailleurs, l'Homme s'était si bien adapté à cet esclavage qu'il s'était créé lui-même d'autres maîtres à vénérer et à respecter, ces dieux qui imposaient leurs lois et leurs règles en parfaite contradiction avec la nature profonde de l'être humain.

Mais l'Homme a finalement surpassé la Nature par le biais de la science ; celle-ci a permis l'avènement de la Longévité©, plus importante découverte de toute la mémoire de l'humanité. La Longévité© a elle-même permis à l'Homme d'atteindre le statut des dieux et de vivre librement, sans plus subir les cruautés imposées par la Nature. Grâce au processus de Renouveau, la Longévité© apporte à l'Homme un Nouvel Âge, une Ère de confort, de joie, de prospérité et d'enrichissement personnel. Un Âge de liberté.

La liberté, cependant, ne va pas sans certaines responsabilités : responsabilités envers la planète, envers ses concitoyens, envers la Nature elle-même... Par conséquent, en tant que citoyen responsable du Royaume-Uni, sous la gouvernance des Autorités du Royaume-Uni, je soussigné (nom et prénom), signataire de la présente Déclaration, jure solennellement de prendre toutes les mesures et les précautions en mon pouvoir afin de ne jamais être responsable de la création d'une nouvelle Vie Humaine (autrement dénommée « Surplus »), d'accepter toute méthode jugée appropriée par les Autorités et d'autoriser les médecins assermentés à procéder à l'insertion d'implants ou à toute autre intervention nécessaire. Et, au cas où je viendrais à enfreindre cette Déclaration, délibérément ou par erreur, ou encore à découvrir que l'un de mes concitoyens a enfreint la Déclaration en mon nom, je m'engage à contacter immédiatement les Autorités compétentes et à me soumettre, moi et toute autre partie impliquée, au jugement des Autorités susmentionnées, en parfaite conscience du devoir de maintien de l'équilibre de la Nature, du principe « Une vie pour une autre » tel qu'inscrit dans la loi, et de tout ce qui relève d'une morale bonne et juste.

Acceptant toutes les conditions exposées ci-dessus et confirmant que j'accepte avec reconnaissance la vie illimitée offerte par le traitement de Longévité©, je m'engage ici sur l'honneur.

Signature du Déclarant : ... Témoin : ... Date : ...

Peter reposa le document. Son front luisait de sueur et ses mains tremblaient un peu.

« Ils ne parlent même pas de la clause d'Affranchissement », commenta-t-il. Il aurait voulu parler d'un ton dégagé, sûr de lui, comme si le fait de recevoir la Déclaration ne lui faisait ni chaud ni froid, mais sa gorge n'émit qu'un filet de voix étranglé. « Alors, tu n'ouvres pas la tienne ? »

Anna secoua la tête, la bouche pincée. « Pour quoi faire ? dit-elle en retournant Ben sur le ventre pour lui faire faire son rot. Ça ne m'intéresse pas. »

Peter déglutit. « Tu n'es même pas curieuse de la lire ?

– Non. Si je ne la signe pas, à quoi bon perdre mon temps ?

– Ce n'est pas parce que j'ai tenu à lire ma Déclaration que j'ai l'intention de la signer. » Ces mots sortirent de sa bouche avant qu'il ait eu le temps de réfléchir ; en s'écoutant parler, Peter se trouva particulièrement agressif et sur la défensive.

Anna leva les yeux vers lui, incrédule. « Je le sais, bien sûr. Pourquoi me dire ça à moi ? C'est d'une telle évidence !

– Paul a peur que je me laisse convaincre. » Vraisemblablement, les doutes de ce dernier l'avaient plus déstabilisé qu'il ne l'aurait cru.

« C'est absurde. Comment peut-il penser une telle chose ? » Anna semblait stupéfaite, presque choquée. Peter se rendit compte qu'elle lui accordait une confiance totale ; la pensée qu'il puisse être tenté de signer ne l'avait même pas effleurée.

Il haussa les épaules. « Aucune idée. Il s'inquiète peut-être parce que le sang des Pincent coule dans mes veines. Il doit me trouver trop jeune pour savoir ce que je veux. »

Anna vint vers lui et passa ses bras autour de son cou. « Ne l'écoute pas. Tu ne ferais jamais une chose pareille, lui murmura-t-elle avec conviction. Je le sais. »

Peter la contempla un moment et se remémora la certitude qui était la sienne, quand il l'avait rencontrée, que les Surplus étaient un Fardeau pour Mère Nature, qu'il était de leur devoir de travailler dur, de servir la population Légale et de payer pour la Souillure de leur existence. Il lui pencha le front pour y déposer un baiser. « Bien sûr que non, murmura-t-il en caressant ses cheveux. Nous vieillirons ensemble. Avec des rides, des enfants. Et nous détruirons la Longévité, aussi. Je te le promets. »

Chapitre 11

Jude se tenait allongé sur son lit, la mine sombre. Il n'avait toujours pas reçu de nouvelles du Réseau souterrain et la contrariété le rongeait. Il s'était persuadé que leur petite visite faisait partie du processus d'initiation, qu'il n'avait désormais plus qu'à faire ses preuves, à leur montrer comment il pourrait les aider. Il les avait donc attendus, les yeux fixés sur son écran, à guetter désespérément un message de leur part, allant même jusqu'à emporter son mini-ordinateur avec lui au cas où ils se manifesteraient pendant qu'il était sorti. En vain. Pas le moindre signal favorable, pas la moindre réaction de leur part. Peter Pincent, lui, était digne de leur intérêt ; Peter Pincent, lui, était suffisamment important pour qu'on le fasse évader de Grange Hall. Mais Jude — qui possédait de *vrais* talents susceptibles de leur rendre service — n'intéressait personne. Pas étonnant que son père ait toujours traité le Réseau souterrain de ramassis d'incapables.

S'efforçant de digérer sa déception, Jude se leva et ralluma son ordinateur. Onze heures du matin : il était temps de démarrer la journée. Au diable le Réseau souterrain, songea-t-il. Il n'avait pas besoin d'eux. Jusqu'à récemment, il avait encore à peine conscience de leur existence. Jusqu'à récemment, il ignorait tout de Peter, ce demi-frère inconnu. À présent, il était ravi de renvoyer tout cela aux oubliettes.

Sans réfléchir, il s'affala sur sa chaise de bureau et se connecta au système de vidéosurveillance de Pincent Pharma. Bientôt, la façade du bâtiment apparut sur son écran. Quelle belle preuve de gratitude de la part de Peter envers ses petits camarades du Réseau souterrain : voici qu'il travaillait désormais pour leur ennemi juré ! Bien fait pour eux, ricana Jude intérieurement. Ils n'avaient qu'à mieux choisir leurs amis.

Tout en observant la façade, il s'imagina Peter à l'intérieur et se demanda ce qu'il pouvait bien être en train de faire. Ce pauvre « malchanceux » qui s'était vu dépouiller de son statut de Légal, qui avait grandi sans rien, qui s'était montré si courageux, si intrépide, et qui semblait fasciner toute la presse de ce pays. Comme si c'était un être redoutable et dangereux. Comme s'il avait des pouvoirs cachés. Ce n'était qu'un Surplus, après tout. S'il était né deux petits mois plus tôt... eh bien, les choses auraient été différentes. Très différentes. Et puis les gens n'avaient-ils pas pris des risques incroyables pour lui venir en aide ? Alors qu'au fond le statut de Légal n'avait rien de si mirobolant, analysa Jude. Peter aurait dû essayer de grandir entre un père qui le détestait et une mère qui n'était tombée enceinte de lui que pour se venger de la femme de son amant. Il aurait alors compris le sens du mot « malchanceux ».

Chassant ces pensées, il se concentra sur son écran. La vision des mots « PINCENT PHARMA » qui s'étalaient, rutilants, en travers de la façade le fit se tortiller sur sa chaise, mal à l'aise. Pincent. Les Pincent. Toute sa vie, il avait connu leur nom ; toute sa vie, Peter avait été un poids sur sa conscience, un poids qu'il traînait en permanence, où qu'il aille. Peter, le demi-frère qu'il avait cru mort. Le demi-frère qui s'était révélé on ne peut plus vivant.

Piqué par la curiosité, Jude poursuivit son exploration du réseau vidéo en visionnant les images de l'intérieur du bâtiment. Avec un peu de chance, il apercevrait Peter au détour d'un couloir, ou plongé en plein travail — quoi qu'il fabriquât ici. Jude ne voyait pas l'intérêt d'un tel job : enfermé comme un lapin de garenne, traqué par des caméras... À vrai dire, il ne voyait pas l'intérêt du travail tout court. Se lever tous les matins pour obéir aux ordres de quelqu'un d'autre ? Non merci. L'intérêt d'être adulte, se disait-il, était de pouvoir faire comme bon vous semblait.

Il passait rapidement d'une caméra à l'autre, dans l'espoir de tomber sur Peter. Mais autant chercher une aiguille dans une meule de foin : il y avait autant de caméras chez Pincent Pharma que de décrets des Autorités sur la Vigilance énergétique. Jude comprit qu'il lui faudrait des heures pour les passer toutes en revue. Avec un soupir, il décida de laisser tomber. Mais au moment de déplacer sa souris pour fermer la fenêtre, il fronça les sourcils. L'image d'une jeune fille emplissait son écran. Elle devait avoir son âge, peut-être un peu moins. Jude n'avait pas vu de *vraie* fille depuis… une éternité, à vrai dire — hormis ces photos de Surplus publiées de temps à autre dans les journaux, ou ces employées de maison qu'il apercevait derrière les fenêtres des voisins. Jude n'avait guère les moyens d'engager une Surplus pour faire le ménage chez lui, même s'il était parfois tenté de travailler un peu plus pour être en mesure de s'offrir ce luxe, juste histoire de pouvoir parler à quelqu'un de son âge.

Il observa attentivement l'inconnue. Elle avait les cheveux roux et était étendue sur un lit, le teint pâle, les paupières closes. Dormait-elle ? Pourquoi ? Et que faisait-elle là-bas, chez Pincent Pharma ? Toutes ces questions se bousculaient dans sa tête, mais Jude avait du mal à leur trouver ne fût-ce qu'un début de réponse. Il était comme hypnotisé par la vision de cette jeune fille, qu'il contemplait avec stupéfaction, émerveillement et... espoir, s'aperçut-il soudain. L'espoir qu'elle se réveille. Qu'elle se tourne vers la caméra et que leurs yeux se croisent. C'était impossible, bien sûr. Jude le savait pertinemment : elle n'avait aucune chance de le voir, ou même de percevoir sa présence. Mais il ne pouvait s'empêcher d'espérer.

Il s'intéressa aux informations inscrites sur son écran. Tout en bas apparaissait le nom de code du lieu filmé par la caméra : Unité X. Lorsqu'il observa à nouveau son visage, sa poitrine se serra. Elle avait ouvert les yeux. Mais son regard n'avait rien de paisible ; au contraire, il semblait exprimer une terreur indicible dont Jude ignorait l'origine mais qu'il ressentit au plus profond de lui-même. La terreur et le désespoir. Tout à coup, l'image fut remplacée par un plan montrant un couloir surveillé par une patrouille de gardes.

« Non ! » s'écria Jude. Il fit aussitôt réapparaître le panneau de contrôle des caméras et pressa fébrilement les touches de son clavier pour revenir à l'écran précédent. Impossible. Furieux, il décida de repasser le système entier au peigne fin, une caméra après l'autre, mais sans succès. C'était comme s'il avait tout imaginé. Comme si cette jeune fille n'existait pas. Sauf qu'elle était bien réelle — cela ne faisait aucun doute. Son autre certitude était qu'il ne pouvait pas la laisser là-bas, dans cet état, avec une telle agonie dans le regard.

Jude réfléchit une minute. Puis il se déconnecta proprement du système et ouvrit une page Internet, qu'il fit dérouler jusqu'en bas, là où se trouvaient les renseignements qu'il cherchait. Il décrocha son téléphone et pianota un numéro.

« Bienvenue chez Pincent Pharma. Merci d'appuyer sur 1 pour être mis en contact avec notre service d'aide disponible vingt-quatre heures sur vingt-quatre ; sur 2 si vous souhaitez vous renseigner sur nos derniers produits ; sur 3 pour obtenir des informations sur le dosage ; sur 4 pour profiter de nos conseils sur le vieillissement... »

Jude enfonça la touche dièse, puis composa le 349.

« Ici Richard Pincent. Laissez-moi un message. »

Le cœur battant, il s'éclaircit la gorge. « Ce message concerne la protection de Pincent Pharma et le récent attentat perpétré par les membres du Réseau souterrain. Je suis un ami. Je peux vous aider. Si vous êtes intéressé, contactez-moi sur www.LogBook.290. » Après quoi, tremblant comme une feuille et l'estomac noué par la nervosité, il éteignit son ordinateur et retourna se coucher.

Peter ne découvrit le message dans la poche de son manteau qu'en arrivant au travail le lendemain matin ; difficile de savoir s'il lui avait été délivré la veille au soir ou le matin même, pendant son trajet, mais ce détail semblait sans importance. L'essentiel, c'était qu'il venait de recevoir son premier ordre de mission. Imprimé en petits caractères nets et précis, dans la typographie et la mise en page typiques au Réseau. Le message était le suivant : « Besoin du dossier 23b dans le bureau de R.P. Merci de le récupérer. Puis détruire ce message. »

Tout excité, Peter mémorisa le numéro du dossier et glissa le billet dans sa poche pour le brûler dès son arrivée au labo. Jamais le Réseau ne lui avait envoyé de message aussi directif, songea-t-il en regardant le morceau de papier partir en fumée. Peut-être était-ce le signe que Paul commençait à lui faire confiance. Qu'il le voyait enfin comme un homme, non plus comme un gamin.

« Peter. Tu peux venir un instant, je te prie ? »

C'était Richard Pincent. Peter sursauta, souffla sur les cendres pour les éparpiller et les faire disparaître de la table. Il osait à peine imaginer ce qu'il serait advenu si son grand-père était entré une poignée de secondes à peine plus tôt. « Bien sûr », dit-il comme si de rien n'était, les muscles de sa nuque contractés.

Sans un mot, comme la fois précédente, ils longèrent le couloir et prirent l'ascenseur pour gagner le vaste bureau de Richard. Plusieurs gardes se tenaient en faction devant la porte, scannant le couloir de leurs petits yeux perçants en quête d'éventuels intrus. À côté de la porte se trouvait le miniclavier sur lequel Richard entra un code à huit chiffres ; Peter épia son geste tout en faisant semblant de consulter sa montre. Une fois à l'intérieur, il s'installa dans un gros fauteuil confortable face à son grand-père.

« Eh bien », déclara ce dernier en s'asseyant à son tour. Il lui tendit une tasse de café. « Je me demandais juste où tu en étais de tes délibérations.

– Mes... délibérations ?

– Signer ou ne pas signer. » Peter nota le tapotement nerveux de sa main gauche, la palpitation de sa paupière droite, la couleur de son teint — encore plus grisâtre que la semaine précédente.

Il jetait des coups d'œil discrets aux quatre coins de la pièce, histoire de repérer l'emplacement potentiel des dossiers. « Je n'y ai pas encore réfléchi », dit-il prudemment en buvant une gorgée de café.

Richard Pincent reposa sa tasse d'un geste si brutal que la porcelaine heurta bruyamment la surface en acajou de son bureau. Il se recula dans son fauteuil, saisit une chemise posée devant lui et l'ouvrit pour la feuilleter nonchalamment. Au mouvement de ses pupilles, Peter vit qu'il faisait semblant de lire. Il se demanda ce que pouvait contenir ce document. Et si le système de classement des dossiers était facile à décrypter.

Le téléphone sonna. Richard prit l'appel. « Je vois, dit-il au bout d'un long silence. Parfait. » Il reposa le combiné pour le décrocher aussitôt et appuya sur une touche. « Oui, j'aimerais réserver une voiture... Ce soir, dix-sept heures. Pour le West End. Merci. » Il raccrocha et posa son regard sur Peter, comme surpris de le trouver là. « Ah, Peter, lâcha-t-il d'un ton distrait. Pardon pour cette interruption. Où en étions-nous ? »

Peter prit un air espiègle. « Vous me demandiez si j'avais décidé de signer la Déclaration.

– C'est exact. » Son grand-père le fixait d'un air impénétrable. Peter fut tenté de partir, mais il n'en fit rien.

« C'est fini ? lui demanda-t-il simplement. Est-ce tout ce que vous aviez à me dire ? »

Richard lui sourit, puis se leva. « Refuser de signer serait une grave erreur, dit-il d'un ton pensif en contournant son bureau pour venir s'y appuyer face à son petit-fils. Tu le sais bien.

– Pour être honnête, je n'ai pas eu le temps d'y réfléchir. » Peter ne lâchait pas son grand-père des yeux, épiant le moindre de ses mouvements.

« Dans ce cas, le débat est clos », répliqua Richard d'une voix suave.

Cette fois, Peter garda le silence et se leva, prêt à partir.

« Tu sais, nous sommes pareils, toi et moi », poursuivit Richard. À contrecœur, l'adolescent se rassit. « Je le vois dans ton regard. Nous avons tous les deux de grandes ambitions, nous voulons être quelqu'un. Tu croyais peut-être que l'Affranchissement te permettrait de te démarquer de la foule, qu'il ferait de toi un être unique et à part… Mais en t'Affranchissant tu n'affirmeras pas ta personnalité. Tu signeras ton arrêt de mort, littéralement.

– Nous n'avons rien en commun. » Ces mots sortirent de sa bouche avant que Peter ait pu les retenir. Son grand-père eut un large sourire.

« Oh, mais si. Nous adorons nous battre. Nous adorons gagner. Nous aimons tous les deux avoir le dernier mot, n'est-ce pas ? »

Peter plissa les yeux.

« Dis-moi, combien de membres du Réseau souterrain se sont Affranchis ? Combien d'entre eux étaient prêts à faire le sacrifice qu'ils te demandent aujourd'hui ? »

Peter haussa les épaules. « Qu'est-ce que j'en sais ? Je ne connais personne au Réseau souterrain.

– Bien sûr que non, répliqua mielleusement Richard. Idiot que je suis. Tu sais, autrefois, les terroristes poussaient des jeunes gens passionnés à commettre des attentats suicides au nom de telle ou telle cause.

Les révolutionnaires sont toujours ravis de trouver des agneaux sacrificiels... tant qu'ils n'ont pas à mourir eux-mêmes.

– Je ne vois pas de quoi vous parlez.

– Naturellement. Mais souviens-toi d'une chose : l'indécision est une piètre qualité. Les gens ont besoin de savoir quel camp tu as choisi. Et moi aussi. »

Peter se leva à nouveau. « Écoutez, je ne peux pas prendre ce type de décision à la légère », dit-il en s'efforçant de garder un ton neutre.

Son grand-père plongea son regard dans le sien, l'espace d'un instant, avant d'acquiescer. « Bien sûr. Je comprends. »

Peter pivota sur ses talons et se dirigea vers la sortie.

« Oh, et... Peter ! lui lança Richard alors qu'il ouvrait déjà la porte.

– Oui ?

– Tu as failli l'avoir — le dernier mot. Bravo. »

Irrité, Peter s'apprêtait à lui répondre, mais il se ravisa et sortit du bureau sans rien dire.

Chapitre 12

« Bien. Je crois que j'en ai terminé pour aujourd'hui. Et toi ? »

Peter secoua distraitement la tête, comme s'il était trop absorbé par l'expérience que le Dr Edwards lui avait confiée. « Moi ? Non. J'ai… encore quelques trucs à finir.

– Comme tu voudras. »

De son poste de travail à l'autre bout du laboratoire, l'adolescent attendit avec impatience que son tuteur ait fait le tour de la salle, éteint les appareils, procédé aux dernières vérifications de départ et branché les alarmes avant de le saluer d'un geste et de s'en aller. Enfin ! Rongeant son frein, Peter patienta ensuite un bon quart d'heure supplémentaire, au cas où le Dr Edwards reviendrait sur ses pas ou serait resté à discuter devant la porte. Au bout de tout ce temps, il enfila son manteau et sortit discrètement dans le couloir, qu'il trouva vide. Il avait vu son grand-père réserver une voiture par téléphone

— à cette heure, il devait déjà être en route pour le West End, filant à travers les rues désertes. C'était le moment ou jamais d'aller récupérer ce dossier. Cette chance ne se représenterait peut-être pas.

Peter se hâta le long du couloir, les yeux attirés malgré lui par la hauteur du plafond ou par les posters accrochés aux murs qui montraient des cellules en gros plan. Où que se posât son regard, tout était d'un blanc pur étincelant. Difficile d'imaginer qu'un endroit si immaculé, si lumineux, pût être le théâtre d'événements si négatifs. Peter finit par arriver devant les ascenseurs. Avisant une porte sur sa gauche, il l'ouvrit et, comme il s'y attendait, découvrit une cage d'escalier — plus discret pour se déplacer, songea-t-il en gravissant les marches deux à deux. Une fois parvenu à l'étage désiré, il entrebâilla la porte et jeta un œil sur le couloir : il était immense, lumineux et désert, comme les autres, à la différence près que des patrouilles de gardes le surveillaient. À pas lents mais prudents, Peter se dirigea vers le bureau de son grand-père, tout en se répétant mentalement les excuses qu'il s'était inventées au cas où quelqu'un viendrait à le trouver là. « Il voulait parler à son grand-père. Il avait des doutes sur l'Affranchissement. Il croyait avoir oublié quelque chose dans le bureau tout à l'heure. » Il n'était pas encore vraiment sûr de la manière dont il déjouerait la vigilance des gardes, mais il se débrouillerait. Il y aurait bien un changement d'équipe, un moment où les hommes se montreraient moins attentifs, prendraient leur pause-café... Avec un zeste de patience, la chance lui sourirait. Il le fallait bien.

Pourtant, à sa grande surprise, lorsqu'il tourna au coin, les hommes qui gardaient habituellement le bureau de son grand-père n'étaient pas là. Les caméras fonctionnaient mais, en observant attentivement leur ballet, il s'aperçut que toutes les deux ou trois minutes, pendant une bonne trentaine de secondes, aucune d'elles ne filmait cette portion du couloir.

Osant à peine croire en sa bonne étoile, Peter attendit qu'elles soient toutes braquées dans l'autre sens pour s'élancer furtivement vers la porte, le cœur battant. Il frappa quelques coups, d'abord discrets, puis plus sonores. Après un coup d'œil furtif à droite et à gauche, il se tourna face au clavier de sécurité et saisit le code à huit chiffres qu'il avait mémorisé plus tôt dans la journée. Aussitôt, la porte s'ouvrit. Peter se glissa à l'intérieur de la pièce, inspectant rapidement les alentours pour s'assurer qu'il n'y avait personne. La voie était libre. Les lumières étaient encore allumées, mais son grand-père était déjà parti : une tasse de café à moitié bue trônait sur son bureau, froide, signe que personne n'était entré ici depuis une heure au moins.

Peter promena un regard circulaire tout en réfléchissant à la suite de son plan d'action. Il y avait là des placards, des armoires de classement, des étagères… le dossier pouvait se trouver n'importe où. Sans oublier l'ordinateur posé sur le bureau de son grand-père et qui, pour ce qu'il en savait, contenait peut-être la fameuse formule de la Longévité. Il aurait voulu tout fouiller de fond en comble, mais c'était impossible : il n'avait guère le temps, et il ne pouvait courir le risque de laisser la moindre trace de son passage. Même sans caméras de surveillance, cette pièce devait disposer de son propre système de sécurité – sans doute indétectable à l'œil nu.

Il allait trouver ce dossier et repartir. Sans perdre une seconde.

Mais en s'approchant du bureau, l'adolescent se sentit irrésistiblement attiré par le fauteuil de son grand-père. C'était un modèle spacieux, en cuir marron, qui pivotait sur lui-même et glissait sans bruit sur ses roulettes. Une fois assis, Peter se rendit compte qu'il pouvait effectuer un tour complet. S'accordant un petit moment de détente, il se laissa aller contre le dossier. Ce fauteuil était d'un confort parfaitement indécent : large, moelleux, solide… Il s'y sentait puissant, important. Ce n'était pas une chaise de bureau pour petits bras. C'était un trône de pouvoir.

Lentement, il se repositionna derrière l'immense secrétaire en acajou qu'il n'avait jusqu'alors vu que de l'autre côté. Il était d'une taille impressionnante : trois mètres de long sur deux de large, au bas mot, et posé sur d'imposants pieds en bois sculpté. Le dessus était recouvert d'un sous-main en cuir bordeaux estampé d'or à chaque coin. Au centre était posé un dossier intitulé « Composants chimiques et Fournisseurs ». Peter l'ouvrit rapidement et le parcourut en diagonale. Ce document ne lui serait d'aucune utilité — simple liste d'abréviations et de noms de sociétés.

Il se releva et se dirigea vers les rayonnages qui couvraient le mur. De grandes boîtes en cuir y étaient alignées et numérotées : 1-3a, 4-7a, 8-10a... En allant vers le bas, Peter trouva la rangée des b ; quelques secondes plus tard, il extrayait le dossier 23b, qui avait pour titre « Pincent Pharma : Terminologie et Abréviations ». Il le glissa sous sa chemise, coincé dans la ceinture de son pantalon.

Puis il jeta un coup d'œil à la ronde et fronça les sourcils. Il avait réussi, constata-t-il. Il avait trouvé le dossier. Simple comme bonjour.

D'un pas vif, il regagna le secrétaire et remit bien chaque objet à la place où il l'avait trouvé en arrivant. Ce faisant, un détail attira son attention : une simple série de mots imprimés sur une feuille blanche dépassant d'un bac à courrier. Un mot en particulier lui sauta aux yeux : « Surplus ».

Peter tressaillit ; le seul terme de « Surplus » avait le don de l'écœurer et de le mettre en colère. Il saisit délicatement le coin du papier, soulevant ainsi sans le vouloir une liasse d'une vingtaine de feuilles agrafées. La page de titre, celle qui avait attiré son attention, indiquait simplement : « Programme de gestion des Surplus ». Au-dessous, on pouvait lire, griffonné à la main : « Richard, tu étais au courant ? Je crois que tu ferais bien de… »

Intrigué, Peter ouvrit le document. Il s'agissait d'un compte rendu ordinaire, quoique parfaitement répugnant, des mesures prises pour « gérer » le Problème Surplus. L'auteur insistait sur l'utilisation des Foyers de Surplus, sur le rôle de la police des Surplus — ou « Rabatteurs » —, sur l'utilité du programme pédagogique encourageant les citoyens à signaler tout bébé (ou enfant) vu ou entendu autour d'eux. Il y avait des tableaux de calcul du coût-par-Surplus, suivis de longs paragraphes expliquant la manière de réduire ces dépenses, ainsi qu'un chapitre consacré à la couleur des uniformes et aux avantages du gris sur le bleu marine : moins gai, moins salissant. Peter tournait les pages avec irritation, les lèvres retroussées en une moue de dégoût. Puis il découvrit une deuxième partie intitulée « Programme de stérilisation des Surplus ». Sourcils froncés, il lut en diagonale :

... comme le stipule la clause 54.67d de la loi Surplus de 2124... afin d'engager un programme de stérilisation irréversible de tous les individus concernés dès leur arrivée dans les Foyers de Surplus... empêcher la reproduction des Surplus... procédure intégrée aux examens médicaux de routine... Les tests, effectués avec succès, ont révélé certains problèmes... moindre agressivité des Surplus masculins grâce à la baisse du taux de testostérone, et absence totale d'effets secondaires chez les sujets féminins...

Peter regardait fixement la page. Les mots se mirent à danser devant ses yeux à mesure qu'ils s'imprimaient dans son esprit, et une rage profonde monta en lui. « Stérilisation irréversible ? » Avait-il bien lu ces mots, ou les avait-il rêvés ? Lentement, il passa à la page suivante, qui contenait une liste de noms. Il y en avait des centaines, chacun associé à une date, un lieu et un âge. Peter avait du mal à poursuivre sa lecture. Mais il le fallait. Désemparé, il tourna les pages une à une jusqu'au moment où il découvrit ce qu'il craignait justement de lire. À cet instant, son cœur se décrocha au fond de sa poitrine et le sang reflua de son visage. C'était là, inscrit en toutes lettres : « Surplus Anna (F), 2127

(2), Grange Hall (Sud). » Fébrile, l'adolescent continua à feuilleter le document à la recherche de son propre nom ; il finit par le trouver, quasiment à la fin : « Surplus Peter (M), 2140 (15), Grange Hall (Sud)* ».

Il lui fallut tourner encore deux autres pages pour comprendre la signification de l'astérisque : « Arrivée tardive ». D'un coup, une série d'images se bousculèrent dans sa tête : les injections qu'il avait reçues à Grange Hall ; Paul affirmant qu'il était de sa responsabilité de mettre des enfants au monde ; les exemplaires de la Déclaration qu'Anna et lui avaient failli jeter à la poubelle, pour rien.

Il se pencha en avant et s'agrippa au bureau pour ne pas vaciller. Les murs semblaient se refermer sur lui ; seule l'obscurité l'entourait. Il n'y aurait pas de Nouvelle Génération. Il n'était plus le plus grand espoir du Réseau souterrain. Il se redressa, regarda autour de lui et, oubliant presque de guetter le passage des gardes et le mouvement des caméras, sortit du bureau en courant.

Chapitre 13

Peter ne rentra pas tout de suite chez lui. Il ne pouvait se résoudre à affronter Anna, à lui révéler ce qu'il venait d'apprendre alors qu'il était toujours sous le choc et n'avait pas encore digéré la nouvelle, ni trouvé la réaction appropriée. À la place, il erra au hasard des rues du sud de Londres. Il finit par tomber sur un bar dispensant ses clients du passage obligatoire par le scanner d'identité, et se commanda un premier verre — vodka orange — puis un autre. Le bar était plein ; de toute évidence, Peter n'était pas le seul à avoir le blues en cette fin de journée. Les clients attablés, hommes et femmes à l'air âgé, étaient voûtés devant leurs verres, échangeant des propos d'une voix morne ou marmonnant seuls dans leur coin.

Le barman le dévisagea, intrigué, mais ne dit rien ; il se contenta d'encaisser son argent et de le servir. Peter but son verre d'un trait et en commanda un troisième.

« Un peu trop assoiffé, non ? »

Peter tourna la tête et vit qu'un homme l'avait rejoint au comptoir. L'inconnu avait le visage rougeaud, bouffi, et ses yeux globuleux semblaient vouloir sortir de leurs orbites.

« De quoi j'me mêle ? » Peter vida son verre et en commanda un autre. Encore un adulte pour lui donner des ordres. Encore un adulte persuadé qu'il savait tout mieux que lui et qu'il possédait la science infuse.

« O.K., O.K... c'est pas mes oignons. Quand même, tu bois quoi, là ? »

Peter lui jeta un regard oblique et haussa les épaules. « Qu'est-ce que ça peut faire... »

L'inconnu l'examina avec insistance. « T'as quel âge ? »

Peter avala une gorgée, ignorant la question de ce fouineur qui commençait à lui taper sur les nerfs. Il voulait rester seul, à boire et à broyer du noir, histoire de canaliser un peu la colère qui bouillait en lui. Mais loin de le laisser tranquille, son voisin réitéra sa question, forçant cette fois Peter à se tourner vers lui. « Quelle importance ? » dit-il sèchement.

L'homme réfléchit un moment, puis secoua la tête. « Bah. Aucune. T'as raison. »

Il parut enfin se désintéresser de lui. Peter avala une autre gorgée d'alcool — infecte — avant de plonger son regard au fond de son verre. Il y aperçut le reflet de son visage, distendu, déformé, tel un monstre de la nature, un idiot du village... Avait-il fait preuve de naïveté ? Les membres du Réseau souterrain connaissaient-ils l'existence de ce programme de stérilisation ? Non, impossible. Pas eux. Sauf qu'ils étaient au courant de la plupart des choses. Paul n'aurait jamais pu passer à côté d'une information pareille. Donc, ils savaient peut-être. C'est juste qu'ils ne lui avaient rien dit. Mais pourquoi ? Et pourquoi Paul avait-il tant insisté pour que Peter s'Affranchisse, alors que c'était inutile puisqu'il ne pourrait jamais avoir d'enfants ?

« Je t'ai jamais vu par ici, il me semble ? »

À contrecœur, Peter se tourna vers l'homme, toujours assis à côté de lui. « Pardon ? » Son ton était moins agacé, cette fois. L'alcool commençait à lui réchauffer l'intérieur du ventre et à lui donner un peu le tournis.

« Je t'ai jamais vu par ici, répéta l'homme.

– Non, lâcha Peter distraitement. En effet. »

Son grand-père affirmait que le Réseau souterrain voulait seulement le pousser à sacrifier sa vie pour la cause. Avait-il vu juste ? Pourquoi Paul ne s'était-il pas Affranchi, lui ? Pourquoi les règles s'appliquaient-elles différemment pour lui et pour les membres du Réseau souterrain ?

« C'est bien ce que je pensais, fit l'homme en hochant gravement la tête. Je m'souvenais pas t'avoir croisé ici, et j'ai plutôt bonne mémoire. Normalement.

– C'est ça », marmonna Peter. Il se sentait trahi. Consumé par la colère et le désespoir.

Son voisin grimaça. « Tu m'as dit quel âge, déjà ?

– Je ne vous l'ai pas donné. Quelle importance ?

– C'est vrai. Pour la plupart des gens, l'âge, ça compte pas. Mais toi, c'est différent, hein ? T'es le Surplus qu'on a vu dans les journaux. »

Peter soupira. « Dans ce cas, vous savez mon âge.

– Hmm, acquiesça l'homme avec lenteur. Quelle jeunesse ! Quelle fraîcheur ! » Il posa sa main sur celle de Peter. « Attends encore quelques années, et tu verras, assena-t-il d'un ton lugubre.

– Merci, lui rétorqua sèchement Peter. Merci du conseil. » Il vida son verre, consulta sa montre, pensa à Anna et envisagea de rentrer... mais à la place, résigné, il commanda un autre verre. Qu'est-ce que ça changerait ? Y avait-il quoi que ce soit qui méritât qu'on s'y intéresse ?

Son voisin ricana. « Y a pas de quoi, dit-il en faisant mine de soulever sa casquette. Tout l'plaisir est pour moi. »

Peter ouvrit la bouche pour dire quelque chose, avant de se raviser. Paul voulait qu'Anna et lui s'Affranchissent. Qu'ils diminuent volontairement leur durée de vie — dans quel but ? Montrer l'exemple ? Leur existence n'avait-elle donc pas plus de valeur que cela ? De rage, il reposa violemment son verre sur le comptoir. Paul l'avait trahi. Le Réseau souterrain l'avait trahi. Et ils avaient trahi Anna, aussi. Fait semblant de s'intéresser à eux, alors qu'en réalité...

« Bah, te fais pas de mouron, lâcha l'inconnu avec désinvolture. Quel que soit le problème qui te tracasse, ça va sûrement s'arranger.

– Ah oui ? » D'un mouvement brusque, Peter pivota pour se retrouver face à lui. Il oscillait un peu sur son siège, et s'aperçut qu'il parlait d'une voix pâteuse. « Parce que vous êtes expert, peut-être ? »

L'homme eut un sourire désabusé. « Rien n'a d'importance, tu sais. Parfois on a de la chance, parfois de la malchance... et la vie continue.

– Vous vous trompez. Tout a de l'importance. Moi. Anna. Nos vies.

– Si tu le dis, soupira l'homme.

– Et comment ! s'enflamma Peter, oubliant presque qu'il s'adressait à un parfait inconnu. Quand rien n'a d'importance à vos yeux, c'est facile d'utiliser les autres. Facile de croire en des gens qui finissent par vous abandonner. Mais pas pour moi. » Il chavirait légèrement et se rattrapa juste à temps pour ne pas dégringoler de son tabouret.

« Ils t'abandonnent, tu les abandonnes, puis ils redeviennent tes meilleurs amis jusqu'à la fois d'après », dit l'inconnu sur un ton presque lyrique, comme s'il déclamait un poème ou un refrain de ballade folk. Il haussa les épaules. « La vie suit son cours, un point c'est tout. Tu verras. Il n'y a ni bons ni mauvais choix.

– Fadaises, cracha Peter en se redressant d'un coup, avant de constater que la salle tanguait violemment autour de lui. Bien sûr que ça existe, les mauvais choix. On peut choisir de faire confiance aux mauvaises personnes. On peut choisir de croire ce qu'elles vous disent… » Sa gorge se serra, et il refoula un début de larmes.

L'homme se pencha vers lui. Peter réprima un léger haut-le-cœur en respirant son haleine chargée d'alcool. « Fais confiance à qui tu voudras. Le bien et le mal, c'est pareil. » Les yeux exorbités, il fixait Peter avec une intensité qui le mettait extrêmement mal à l'aise. Puis il partit d'un rire éraillé. « Alors, tu vas faire de meilleurs choix, hein ? C'est justement pour ça que t'es là ? »

Peter se leva pour partir et déposa de l'argent sur le comptoir. « J'en sais rien », assena-t-il d'une voix morne. Sa vision était brouillée, son cœur battait à tout rompre. « Je ne sais même pas quel est le bon choix. Je ne sais même pas si j'ai *encore* le choix.

– Aucun de nous n'a le choix, déclara l'homme avec sagesse en vidant son verre. On croit que oui, mais on se trompe. Plus ou moins. Mieux vaut encore rester assis dans son coin car ce qui doit arriver arrivera, quoi qu'on en dise. » Il lui adressa un clin d'œil. « À quoi bon se précipiter, hein ?

– C'est ça, marmonna Peter avec indifférence. À quoi bon se précipiter. Vous avez l'éternité pour faire les mauvais choix, pas vrai ? »

L'homme s'esclaffa, la bouche grande ouverte, le visage encore plus cramoisi qu'auparavant. Puis il se rapprocha de lui, si bien que sa voix râpeuse résonna désagréablement tout contre l'oreille de Peter. « Tu parles de choix... Moi, il n'y en a qu'un que j'aie envie de faire, et je ne peux pas, tu vois ? Je veux vivre pour toujours, pas mourir. Mais je ne trouve pas de sens à ma vie pour autant. » Il roula des yeux, lâcha un petit rire, puis reposa lourdement son verre vide sur le comptoir. « Un autre, de vot' meilleur cru ! » lança-t-il au barman, qui le resservit sans broncher.

Au bout d'un moment, Peter repoussa son tabouret. « Vous, peut-être pas, dit-il avec colère. Mais moi, si. Et je compte tout faire pour. »

Il fit quelques pas, mais dut s'appuyer au bar pour garder l'équilibre. À cet instant, son regard fut brièvement attiré par sa chevalière, avec son motif en forme de fleur. Cette fleur avait toujours représenté quelque chose d'important pour lui — pas seulement sa naissance ou ses origines, mais sa vie au sens large. À plusieurs reprises, les Covey lui avaient parlé du cycle de la vie :

le bourgeonnement, l'éclosion des fleurs... le pollen transmis par les papillons, les abeilles et autres insectes volants, qui assuraient la pérennité de la végétation avant de mourir, leur mission accomplie. Ils lui avaient donné à lire des manuels sur la sélection naturelle, le développement des espèces, la reproduction et la mort. Mais Peter voyait bien que sa chevalière appartenait à des temps révolus. Le cycle de la vie avait été brisé ; il n'avait plus aucun sens. La sélection naturelle avait été remplacée par autre chose, et il n'y avait plus aucun retour en arrière possible. En revanche, il était toujours question de la survie des plus forts. Et Peter avait bien l'intention de survivre, quel qu'en fût le prix. Sans un regard pour son voisin, il sortit du bar en titubant. Il devait parler à Anna. Il devait savoir si elle était prête à survivre avec lui.

« Peter ! » Anna lui réserva un accueil digne d'un héros de guerre malgré le fait qu'il était près de minuit, qu'il empestait l'alcool à plein nez et tenait à peine sur ses jambes. Il se sentit aussitôt coupable et honteux : il aurait préféré qu'elle soit en colère contre lui.

« Salut, dit-il en trébuchant. Pardon d'arriver si tard. »

Elle esquissa un sourire. « Ce n'est rien. Je savais que tu me reviendrais sain et sauf. Où étais-tu passé ? »

Il eut un haussement d'épaules. Pendant le trajet, il s'était préparé psychologiquement à la faire asseoir dès l'instant de son retour et à lui dire tout net ce qu'il avait sur le cœur. Mais là, devant son visage inquiet, ses grands yeux confiants, il se rendit compte que c'était au-dessus de ses forces : il ne trouvait plus les mots, ne pouvait se résoudre à lui avouer la vérité. Au lieu de cela, il l'écarta d'un geste et se dirigea vers la cuisine.

« Ben dort. J'ai préparé une quiche, déclara Anna en l'étudiant d'un œil circonspect. Elle doit être froide, mais je peux la réchauffer. Tu as bu, on dirait ?

– De la quiche... », répéta Peter en s'affalant lourdement sur une chaise. Les murs dansaient autour de lui. « Génial.

– Tu étais avec les gens du Réseau ? Parce que moi, j'ai rencontré une dame avec qui j'ai parlé des Surplus et de... »

Il l'observa à la dérobée et surprit l'expression de son visage, rempli d'espoir ; elle croisa son regard et n'acheva pas sa phrase. Se remémorant tout à coup un détail, il se mit à fouiller dans la pile de courrier posée sur un coin de la table et finit par dénicher ce qu'il cherchait.

« Nos Déclarations », dit-il, soudain grave malgré sa diction pâteuse. Anna acquiesça sans un mot.

Il cligna des yeux pour tenter d'y voir plus clair. Puis il commença à lire les premières lignes, avant de laisser tomber : il voyait double.

Timidement, Anna posa devant lui une part de quiche fumante.

« Tu sais que tout le monde signe la Déclaration, pas vrai ? » commença Peter. Il empoigna sa fourchette, puis la reposa. « Tu sais que tout ce que nous a dit Paul n'est qu'un ramassis de mensonges ?

– Non, rétorqua Anna. Certainement pas. »

Il leva un sourcil. Il ne voulait pas se montrer odieux, mais c'était plus fort que lui. « Même tes parents l'ont signée. »

Anna blêmit. « Ils ne savaient pas ce qu'ils faisaient. Ils étaient trop jeunes. Ils l'ont beaucoup regretté, par la suite.

– N'empêche, ils ont quand même signé.

– Que se passe-t-il, Peter ? Pourquoi dis-tu ces choses-là ? On dirait que tu...

– Que je suis un Pincent ? Eh bien, oui. Petit-fils de Richard Pincent, même. Arrière-petit-fils d'Albert Fern. Ma famille a inventé la Longévité, rappelle-toi. Je l'ai peut-être dans le sang. »

Sous le choc, Anna ouvrit de grands yeux. « Tu n'as rien de tout ça dans le sang. Tu hais les Pincent. Nous allons nous Affranchir, Peter. Tu le sais. »

Il se comportait de manière cruelle, et il se haïssait. Il avala un morceau de quiche. « Et faire quoi ? Mourir jeunes, avant d'avoir pu accomplir quoi que ce soit ? À quoi bon ? Pourquoi n'aurions-nous pas le droit de rester, comme les autres ?

– Parce que nous céderons la place à nos enfants, répliqua Anna, estomaquée. Nous allons créer une Nouvelle Génération. Tu le sais, voyons. Qu'est-ce qui te prend ?

– Nouvelle Génération, quel intérêt ? s'enflamma Peter. Et si on ne pouvait pas... je veux dire, s'il n'y avait pas de Nouvelle Génération après nous ? Alors, hein ?

– Je ne comprends pas ce que tu veux dire. » Une expression différente venait d'apparaître sur les traits d'Anna : ce masque mi-buté, mi-apeuré que Peter lui avait connu autrefois, du temps de Grange Hall.

« Évidemment. Comment pourrais-tu comprendre ? » rétorqua-t-il, la colère le cédant au ressentiment — mêlé au mépris de lui-même pour s'en prendre ainsi à elle, seule véritable innocente de cette histoire. « Tu ne sais rien. Tu es trop naïve, voilà ton problème. Tu crois tout ce qu'on te dit. Tes parents. Mrs Pincent. Moi. Or tout ça, c'est du vent. Ça devrait pourtant te sauter à la figure ! »

Anna avala péniblement sa salive, et Peter vit briller un début de larmes dans ses prunelles.

« Ce n'est pas du vent, dit-elle d'une voix tremblante. Et je ne suis pas naïve. Tu as trop bu, tu dis n'importe quoi. Tu ferais mieux de te taire.

– Oui, peut-être. » Il se leva. « Paul aimerait sûrement que je me taise, lui aussi. Et que j'obéisse sans poser de questions compliquées.

– Paul ? Mais... il est des nôtres. Il nous aide à...

– Ben voyons, ricana Peter. À ton avis, il nous aidera si on signe la Déclaration ? Il sera toujours des nôtres, tu crois ?

– Non ! » Anna s'était levée à son tour, les yeux brûlants de colère — Peter ne l'avait pas vue dans cet état depuis longtemps. « Non, en effet, ça n'arrivera pas. Parce que nous ne signerons pas. Jamais ! Nous aurons des enfants. Et ce ne seront pas des Surplus. Ce ne seront jamais des Surplus ! »

Peter se contenta de l'observer en silence. Il s'efforçait de mettre des mots sur les pensées et les sentiments qui l'assaillaient. La vérité, il la connaissait. Il n'y aurait jamais d'enfants. Il n'y aurait que Ben et eux deux. Ils n'avaient plus aucune raison de refuser de signer, plus aucune raison de mourir. Mais il ne pouvait pas le lui dire. Pas encore.

« Si tu m'aimais, tu signerais, lâcha-t-il en envoyant valser sa chaise avant de sortir en trombe de la cuisine.

– Peter... », l'appela Anna, mais il l'entendit à peine.

Il se rendit d'un pas lourd au salon, se laissa tomber sur le canapé et sombra dans un profond sommeil. Sans rêves.

« Peter ? »

Il rouvrit les paupières, désorienté. Devant lui se matérialisa un visage flou, doté d'yeux d'un bleu turquoise comme la mer.

« Paul ?

– Anna m'a appelé. Elle a dit que tu avais bu. Elle semblait très inquiète.

– Elle vous a appelé ? » Peter se redressa sur un coude, incrédule. « Et vous êtes venu jusqu'ici ? Mais... et les noms de code, la Sécurité ?

– Une urgence est une urgence. Rassure-toi, j'ai été très prudent. » De la musique flottait dans la pièce. Peter tourna la tête et vit que la radio était allumée. Évidemment, songea-t-il avec cynisme. Paul était un pro. « D'après Anna, tu tenais des propos incohérents. Je suis là pour t'aider.

– Eh bien, elle se trompe », rétorqua Peter avec colère. Remuant la tête, il s'aperçut qu'il était encore ivre. « Je suis parfaitement lucide. Je lui ai dit que nous allions signer la Déclaration. Mais qu'est-ce que vous faites là, exposé, sans couverture ? Je croyais que vous ne fréquentiez que les pièces sombres, à jouer les messieurs importants.

– Tu veux signer la Déclaration ? » Son ton calme et posé ne fit que décupler la rage de Peter.

« Pouvez-vous me citer une seule raison de ne pas le faire ? » s'écria-t-il en se levant du canapé d'un bond, avant de s'appuyer sur l'accoudoir pour ne pas chanceler. « Oserez-vous me dire que le programme de stérilisation des Surplus n'a jamais existé, peut-être ? Oserez-vous dire à Anna qu'après toutes vos salades sur la « révolution » et « l'espoir des générations futures » elle ne pourra jamais avoir d'enfants ? Qu'elle ne pourra jamais devenir mère parce qu'on lui a trafiqué ou endormi le ventre, appelez ça comme vous voudrez ? Parce que moi, c'est au-dessus de mes forces. »

Paul le dévisagea avec stupeur. « Le programme... alors, c'est vrai ? Ils l'ont fait ? Comment le sais-tu ? »

Peter se tut. Du tréfonds de sa colère, il avait nourri le vague espoir qu'il existe une autre explication. « J'ai vu le rapport, lâcha-t-il enfin. Nos noms étaient sur la liste. » Il toisa Paul avec dégoût. « Vous saviez. Forcément. Vous dites toujours que vous êtes au courant de tout. J'ai d'abord refusé de le croire. Je pensais que si vous aviez eu le moindre soupçon, vous m'en auriez parlé. Vous ne nous auriez pas laissés nous Affranchir, fonder notre vie entière autour du projet d'avoir des enfants alors que vous saviez que nous étions stériles. Je pensais que vous ne pouviez pas être aussi lâche. Mais j'avais tort. »

Malgré la pénombre qui régnait dans la pièce, baignée seulement d'un faible éclat de lune, il vit que les yeux de Paul s'élargissaient au fur et à mesure. Simple manifestation de culpabilité, analysa-t-il. Ou peut-être le choc de s'être fait prendre.

« Peter, écoute-moi. Il a bien été question de ce programme, pendant un temps, mais d'après nos informations il n'est jamais entré en application. Cela dit, même si cette chose affreuse s'est produite, il ne faut surtout pas renoncer à l'Affranchissement. Ce serait un message fort. Surtout venant de toi. La vie éternelle n'a jamais été le destin de l'humanité. Nous devons combattre ce dogme, montrer que la mort fait partie de la vie et qu'il faut respecter le cycle de la Nature.

– Comme vous, par exemple ? s'emporta Peter. Ah, non. J'oubliais. Vous avez signé la Déclaration, pas vrai ? Trop dur de sacrifier son droit à la vie éternelle, hein ? Alors que moi, Peter Pincent, on peut me sacrifier sans problème. »

Paul plissa le front, troublé. « Tu sais que je ne tenais pas à prolonger ma vie indéfiniment et à endurer tout ceci. Mais mon rôle au sein de la résistance m'obligeait à signer la Déclaration, afin de veiller au bon développement du mouvement. Je ne pouvais pas risquer de le voir s'étioler. Je vis pour la cause, voilà tout.

– Dites plutôt que vous ne voulez pas d'une Nouvelle Génération qui pourrait s'opposer à vous. Vous êtes aussi pourri que les Autorités. Seuls comptent vos petits intérêts personnels. Eh bien, allez vous faire voir ! J'en ai assez entendu. De toute manière, vous ne servez à rien. D'après ce que je sais, je peux vous dire que Pincent Pharma se contrefiche de votre existence. »

Paul fronça les sourcils. « Navré que tu voies les choses ainsi. Je n'ai jamais couru après les honneurs. Mon unique but est d'éloigner l'humanité de la terrible tentation de la vie éternelle et de me battre pour la jeunesse, pour les vies futures. J'avais l'intention de te contacter dès demain, d'ailleurs, car j'ai besoin que tu enquêtes sur certaines infos secrètes dont je dispose. Il s'agit de l'Unité X, située au sixième étage. Il s'y passe des choses inquiétantes. Des Surplus ont disparu, et nous avons des raisons de penser qu'ils sont enfermés là-bas. Ce que nous ignorons, c'est pourquoi.

– L'Unité X ? » Peter enfonça ses mains dans ses poches. « Vous me laissez mariner pendant des semaines et maintenant que je vous ai percé à jour, vous me parlez d'une Unité X ? Je ne suis pas idiot, Paul. Ça suffit. Je crois que vous devriez partir. »

Il ouvrit la porte du salon. Paul se leva.

« Écoute, ne nous tourne pas le dos comme ça. Tu commettrais une grave erreur. Pour Anna comme pour toi. »

Peter fit volte-face et le foudroya du regard. « Ne venez pas me parler d'Anna. Pas après *ça*. Et ne vous avisez plus d'entrer en contact avec elle. Nous allons signer, et vivre heureux. Levez le petit doigt, et je vous balance aux Autorités. Vous avez intérêt à nous laisser tranquilles, c'est compris ? Fichez-nous la paix !

– Compris. » La voix de Paul était douce, plus chargée de tristesse que de colère. « Mais sache que je serai toujours là pour toi.

– C'est ça. » Peter s'engouffra dans l'escalier pour regagner l'étage, le bousculant d'un coup d'épaule au passage. « Vous connaissez la sortie. »

Soudain, comme traversé par une pensée de dernière minute, il se retourna. « Au fait, j'ai eu votre message. 23b, c'est ça ? » D'un geste négligent, il sortit le dossier coincé dans la ceinture de son pantalon et le jeta au bas des marches.

« Message ? fit Paul, interloqué. Quel message ?

– Considérez que c'était ma dernière mission pour le Réseau souterrain. Je démissionne.

– Attends. Je ne vois pas de quoi tu parles. Je ne t'ai jamais demandé de dossier… »

Mais Peter avait déjà atteint le haut de l'escalier et disparaissait dans le couloir. Comme il entrait dans la chambre à pas feutrés, sa fureur céda la place à un profond désespoir. Malgré lui, les larmes qu'il refoulait depuis des heures jaillirent en torrent sur ses joues.

« Pardonne-moi, supplia-t-il en se couchant auprès d'Anna. Je suis désolé. Je ne te mérite pas.

– Bien sûr que si, lui chuchota-t-elle en le serrant dans ses bras. Ça va aller. Tout va s'arranger. » En l'entendant prononcer ces mots, Peter l'enlaça très fort, encore plus fort que d'habitude. Car il savait que rien, plus jamais, ne s'arrangerait.

Chapitre 14

Anna fit précautionneusement descendre au landau brinquebalant de son frère les marches menant à l'avenue principale, puis longea le trottoir jusqu'au croisement avec Angler's Way. Là, elle se dirigea vers l'entrée du Café des Jours Heureux, où elle avait rendez-vous avec Maria. Cette journée n'avait pourtant rien d'heureux. Elle était plutôt sombre, atroce et déprimante, malgré le soleil qui faisait tout ce qu'il pouvait pour percer les nuages. Peter était parti de la maison de bonne heure, sans un mot à propos de la scène de la nuit précédente, sans lui promettre que tout allait s'arranger et revenir à la normale. Paul l'avait assurée de son soutien, en lui disant de ne pas s'en faire. Mais Anna ne pouvait s'empêcher d'être inquiète ; l'angoisse était ancrée en elle. Elle se sentait comme un ballon au bout d'une ficelle que Peter pouvait lâcher à tout moment, menaçant de la laisser soudain s'envoler et disparaître, seule et impuissante, dans l'infinité du ciel.

En entrant dans le café, elle aperçut Maria, assise à une petite table contre la vitre, et lui fit signe de la main. Elle était si soulagée de voir un visage ami – un visage n'exprimant ni déception, ni colère incompréhensible. Maria se leva aussitôt pour l'aider à manœuvrer le landau à travers le dédale de tables, et contempla le bébé en souriant. « Quel adorable petit bonhomme, dit-elle tristement. Dire qu'il n'aura jamais de copains pour jouer avec lui. »

Son sourire était si gentil, si chaleureux qu'Anna sentit ses yeux s'humecter. Elle aurait tant aimé pouvoir parler de Peter, entendre une voix apaisante lui dire que sa fureur, ses paroles ne signifiaient absolument rien. Mais elle se contenta de vite sécher ses larmes, s'assit et commanda un thé sucré pour elle ainsi qu'un verre de lait pour Ben.

« Tu sais, je ne te remercierai jamais assez d'être venue, dit Maria une fois que le serveur se fut éloigné. Tu as déjà traversé tant d'épreuves. Tu n'as aucune raison de te soucier du sort des autres Surplus.

– Bien sûr que si, protesta Anna avec fermeté, sentant son assurance revenir. Nous avons eu de la chance, Peter et moi. Mais ce n'est pas le cas des autres Surplus. Ils sont encore enfermés à Grange Hall, en train de… » Elle frissonna. Elle pouvait presque sentir l'atmosphère fétide et institutionnelle qui régnait entre les murs du Foyer.

« Nous avons besoin de ton aide », chuchota Maria. Elle se rapprocha. « Ce service que je voulais te demander, Anna... tu es libre de refuser. Je tiens à ce que ce soit parfaitement clair. Je n'attends rien de toi. Tu as déjà beaucoup souffert, et je sais que tu es très occupée avec Ben et tout le reste. »

Anna acquiesça d'un air grave et sentit les poils de sa nuque de dresser, comme chaque fois qu'un événement important se profilait.

« En fait, il y a des enfants clandestins partout dans ce pays, cachés par leurs parents, des membres de leur famille ou des sympathisants. Mais c'est de plus en plus difficile.

– Vous... cachez des Surplus ?

– Nous préférons les appeler "enfants", ou "jeunes gens", nuança Maria avec précaution.

– Comme mes parents, lâcha Anna dans un souffle. Est-ce que... vous travaillez pour le Réseau souterrain ? »

Maria fronça les sourcils. « Non, Anna. Nous préférons nous tenir en dehors du Réseau.

– Mais ils pourraient vous aider ! Ils l'ont bien fait pour Peter et moi. Et aussi pour mes parents. Sérieusement, je peux vous mettre en contact avec eux... si vous le souhaitez. »

Mais Maria secoua la tête. « Quand on s'implique

dans une activité aussi dangereuse, mieux vaut agir en nombre restreint. C'est une question de confiance.

– Vous n'avez pas confiance dans le Réseau souterrain ? C'est absurde. Ce sont les seuls vraiment dignes de confiance. »

Maria eut une moue dubitative. « Peut-être. Je sais qu'ils vous ont aidés, toi et tes parents. Mais d'autres Surplus placés sous leur protection ont été arrêtés. Ils ont leurs priorités, c'est certain, mais nous ne cherchons pas à faire la révolution. Notre seul but est la protection des enfants. »

Anna sentit sa poitrine se serrer. « Vous croyez que le Réseau souterrain pense différemment ?

– Je crois seulement, rétorqua Maria, qu'il est parfois préférable d'agir seul. »

Anna mit un temps à digérer cette déclaration.

« Et que faites-vous, exactement ? En quoi puis-je vous être utile ? »

Maria jeta un regard furtif à la ronde ; le café était bondé, mais nul ne semblait leur prêter attention.

« Nous voulons pénétrer dans les Foyers de Surplus, expliqua-t-elle quand elle fut certaine que personne ne les écoutait. Nous voulons aider les enfants à s'évader. »

Les yeux d'Anna s'élargirent et son cœur se mit à cogner très fort dans sa poitrine. « Vous voulez entrer dans Grange Hall ? Impossible... Il y a des gardes, des Rabatteurs...

– Oui. Je sais tout cela. Mais nous pensions que... si tu as pu en sortir, alors nous pouvons y entrer. Créer une diversion. Puis, quand tout le monde sera occupé à autre chose, libérer les Surplus.

– Les libérer ? » Anna revit soudain défiler des images de Grange Hall, ses couloirs lugubres et froids, ses dortoirs trop étroits, ses plafonds bas. Un tressaillement la parcourut. « Mais...

– Il nous faut des plans, des cartes, enchaîna Maria. Nous voulons savoir par où tu es passée pour t'évader. »

Anna se ressaisit. « Vous n'y arriverez jamais. Ils vous attraperont. Ils vous jetteront en prison !

– Peut-être. Mais nous devons courir ce risque. Quelqu'un doit le faire, Anna. Même si nous échouons, les gens entendront parler de notre action. Les Autorités comprendront que nous sommes une force avec laquelle il faut compter. »

Anna prit une profonde inspiration. Maria avait raison. Cela valait toujours la peine d'essayer. Voilà une chose que Peter lui avait enseignée ; si elle avait refusé de l'écouter, elle croupirait encore entre les murs de Grange Hall, à l'heure actuelle. « Peter s'était procuré un plan du Foyer, dit-elle d'un ton hésitant. Grâce au Réseau souterrain. Nous sommes passés par les cellules d'Isolement. Au sous-sol. Mais ils l'ont sûrement rebouché, depuis... le tunnel.

– Bien sûr. Mais ce plan nous serait quand même d'une grande aide. Sais-tu comment le Réseau a mis la main sur ce document ? Peter l'a-t-il encore en sa possession ?

– J'ignore comment ils l'avaient obtenu. Par un membre des Autorités, j'imagine. Et je crois que Peter l'a encore. J'en suis même sûre. » Anna leva un œil anxieux vers Maria. « Mais où allez-vous emmener les Surplus ? Comment allez-vous faire pour les cacher ?

– Les enfants, tu veux dire », la corrigea Maria. Elle se pencha au-dessus du landau pour caresser les cheveux de Ben. « Il y aura des gens pour prendre soin d'eux. Des gens comme nous. » Elle se redressa. « Merci à toi, Anna. Je savais que tu étais quelqu'un de noble et de courageux. Dès que j'ai vu ton visage, j'ai compris que je pouvais te faire confiance. Je te rappellerai. D'ici là, veille bien sur ce petit bonhomme, d'accord ? »

Elle lui pressa la main, puis se leva et sortit du café. Anna la suivit du regard, abasourdie. C'était de la folie pure, songeait-elle. On n'entrait pas comme ça dans un Foyer de Surplus. On ne pouvait pas libérer secrètement cinq cents Surplus et les cacher quelque part !

Cela dit, n'avait-elle pas elle-même soutenu à Peter que toute tentative d'évasion était inutile ? Et ils avaient réussi, n'est-ce pas ? Lentement, elle porta sa tasse de thé à ses lèvres et se demanda comment aborder la question du plan avec Peter. Il semblait d'une humeur si exécrable, ces temps-ci... Tout bien réfléchi, elle décida d'attendre avant de lui parler de quoi que ce soit ; pour l'heure, le plan de Maria resterait son secret.

Chapitre 15

Après ce qui lui parut la matinée la plus interminable de son existence, Peter contemplait fixement l'assiette de fricassée de poulet enrichie en fer et le tranquilli-jus qui lui avaient été servis d'office après identification de la paume de sa main ; ce menu était censé dynamiser son système immunitaire et diminuer sa pression sanguine. En réalité, il aurait surtout eu besoin d'un anti-douleur pour calmer la migraine et la sensation de nausée qui l'envahissaient chaque fois qu'il repensait à Anna, à la Déclaration et au dilemme qui le déchirait.

« J'ignorais que tu étais stressé, commenta le Dr Edwards en remarquant son verre de jus. Veux-tu que nous en parlions ? »

Peter secoua la tête. « Je vais très bien. Ces machines disent n'importe quoi.

– Je vois, sourit le scientifique. Des siècles de recherches et d'avancées technologiques rejetés d'un claquement de doigts. Bah, tu as peut-être raison. Mais ces pupilles dilatées, ce front plissé et ce regard figé sur ton assiette depuis cinq bonnes minutes sans même toucher ne serait-ce qu'une cuillerée de ton plat me donneraient plutôt à penser que cette machine sait exactement ce qu'elle dit. Enfin, façon de parler. »

Une lueur de malice éclairait ses prunelles, mais Peter n'était pas d'humeur à plaisanter.

« D'accord, dit-il sèchement. Je boirai mon tranquilli-jus. » Il porta son verre à ses lèvres et le goûta — à sa vive surprise, c'était délicieux. Il avait eu l'intention de reposer son verre après une ou deux gorgées, mais le message dut s'égarer quelque part entre sa main et son cerveau car, la seconde d'après, il avait tout avalé. Il se cala confortablement contre le dossier de sa chaise ; il se sentait réchauffé, nourri, un peu grisé, comme lorsqu'il avait rencontré les Covey, des années auparavant, et qu'ils l'avaient bordé dans un vrai lit pour lui lire une histoire en lui promettant qu'il serait désormais à l'abri avec eux.

Il prit sa fourchette et entama sa fricassée.

« J'imagine que ton humeur est sans rapport avec ces codes que je t'ai fait mémoriser ce matin ? Bah, pardonne-moi... ça ne me regarde pas. Si tu n'as pas envie de parler, rien ne t'y oblige.

– En effet », répondit Peter d'un ton ferme. Puis il observa le visage de son tuteur. Tout compte fait, il avait plutôt envie de parler. Il fut le premier étonné par cette révélation.

« Êtes-vous au courant de l'existence du programme de stérilisation des Surplus ? finit-il par lui demander.

– Un programme de stérilisation ? Non, cela ne m'évoque rien. Est-ce une nouveauté ?

– Pas vraiment. » Peter se tut, leva les yeux vers les caméras de la cafétéria et reprit un peu moins fort. « Seulement une nouveauté pour moi. »

Il s'efforça de déglutir, malgré le nœud qui lui serrait la gorge. « Apparemment, je ne serai pas d'une grande efficacité pour le développement de l'espèce humaine. Et Anna non plus. Ils stérilisent les Surplus dès leur capture. Sauf que personne n'est au courant. » Il voulut accompagner ces mots d'un petit rire indifférent, mais ne parvint qu'à émettre un son cynique et amer.

« Je suis navré, Peter. Je ne savais pas du tout. » Il semblait sincère ; Peter haussa les épaules.

« Ouais, bref, dit-il en replongeant sa fourchette dans sa fricassée. J'aurais dû m'y attendre, de toute manière.

– Que veux-tu dire par là ? Ce doit être un moment très dur pour toi. »

Peter marqua une pause.

« Si on veut. » Il reposa sa fourchette et, levant les yeux vers le scientifique, surprit son sourire bienveillant et l'inquiétude sincère qui se lisait dans son regard.

« C'est pire pour Anna, ajouta-t-il tout bas. Elle tient absolument à avoir des enfants. Elle s'est mis en tête que c'était le but de sa vie.

– Et toi ?

– Moi ? » L'adolescent s'éclaircit la gorge, histoire de gagner du temps. « Je ne sais pas trop quel est mon but dans la vie. Peut-être n'en ai-je aucun.

– Bien sûr que si. Et Anna en trouvera un autre, j'en suis certain.

– Elle n'est encore au courant de rien.

– Ah. Cette fois, je saisis mieux la réaction de la machine...

– Je voudrais tant lui faire comprendre...

– Quoi donc ? »

Peter se mordillait la lèvre. « Que ce n'est pas ma faute. Que je ne voulais pas...

– Tu te sens coupable ?

– Non. Peut-être. Je ne sais pas quoi lui dire. Par où commencer.

– Tu ne peux pas le savoir avant d'avoir essayé. Pourquoi ne pas y aller maintenant ?

– Vous croyez ? » L'adolescent leva vers le Dr Edwards un regard plein d'espoir.

« Bien sûr. Tu es un excellent élève, mais je peux me passer de toi. Pour l'instant, en tout cas. »

Peter se surprit à sourire. Il se sentait beaucoup

mieux. Léger, libéré d'un poids. Et aussi tout chaud à l'intérieur, comme si la tête lui tournait un peu. « Merci, Dr Edwards. Merci infiniment... Je... À demain. » Il se leva et se dirigea vers la sortie de la cantine d'un pas presque titubant. À mesure qu'il s'avançait entre les tables, en en heurtant quelques-unes au passage, il prit conscience que les autres personnes présentes dans la salle ne le considéraient plus comme un ennemi. Une ou deux lui adressèrent même un sourire. S'il signait la Déclaration et prenait de la Longévité, serait-il encore ici dans cent ans, ou dans un endroit totalement différent ? Ces questions tournaient dans un coin de sa tête, mais elles ne l'embarrassaient plus. Il était calme, confiant et sûr de lui pour la première fois depuis bien longtemps. Il savait qu'il réussirait à convaincre Anna. Après tout, songea-t-il au moment où il sortait du bâtiment en saluant d'un geste le vigile souriant, il avait désormais tout son temps pour y parvenir.

Peter fredonnait en arrivant chez lui. Son désespoir de la nuit précédente lui semblait lointain, étranger, comme un mauvais rêve. Il se sentait à présent plein d'optimisme et d'assurance. Une fois passée sa déception initiale, Anna se rallierait à son point de vue et saisirait elle aussi la chance qui leur était donnée de vivre pour toujours. Même Surbiton ne lui semblait pas si mal, en cette fin de matinée — cela restait un trou perdu, certes, mais c'était leur trou perdu à eux. Leur foyer temporaire, en attendant le jour du déménagement. Car ce jour viendrait, il le savait. Il allait devenir quelqu'un, gagner beaucoup d'argent et, d'ici quelques années, leur faire quitter la banlieue à tous les trois, que cela plaise aux Autorités ou non. Il leur achèterait une grande maison où Ben aurait de la place pour jouer, une maison qu'il remplirait de livres pour Anna. Peut-être même pourraient-ils voyager, aussi : Anna disait toujours qu'elle rêvait de voir le désert. Maintenant qu'ils avaient toute la vie devant eux, ils pourraient y rester tout le temps qu'il lui plairait. Ils prendraient le bateau ou le train ; ce serait l'aventure... une parmi tant d'autres à venir. Ils ne s'ennuieraient jamais, où qu'ils aillent, parce qu'ils ne cesseraient jamais de découvrir, d'explorer et d'apprendre. La Longévité n'était pas une mauvaise chose en soi ; les gens étaient juste trop ignorants et stupides pour exploiter pleinement leur temps libre. Au lieu de voir cette éternité comme une chance exceptionnelle, ils se plaignaient de leurs rides. Anna et lui seraient différents des autres. Ils profiteraient de chaque minute. Ils feraient quelque chose de leur vie.

Peter sortit ses clés, ouvrit la porte et entra d'un pas guilleret dans la cuisine. Anna, qui était en train de jouer par terre avec Ben, fut on ne peut plus surprise de le voir arriver.

« Tu t'es fait renvoyer ? lui demanda-t-elle, affolée. Qu'est-ce qui s'est passé ? Comment ont-ils osé... »

Mais Peter avait le sourire jusqu'aux oreilles. « Ne t'inquiète pas. Je ne suis pas renvoyé. On m'a juste accordé une permission pour bonne conduite.

– Bonne conduite ? répéta Anna, perplexe.

– Salut, bout de chou ! » Il souleva Ben au-dessus de sa tête, lui arrachant des cris de joie. Puis il le confia à Anna et sortit un paquet de son sac. « Tiens, des chocolats. J'ai pensé que ça te ferait plaisir.

– Merci. » Anna accepta son cadeau et observa Peter avec hésitation. « Tu es sûr que tout va bien ?

– Mais oui. » Il tira une chaise pour s'asseoir, puis leva les yeux vers elle, soudain sérieux. « Écoute, je suis désolé pour hier soir. Je me suis comporté comme un imbécile. »

Anna rougit. « Non, pas du tout. Tu étais exténué. Ce doit être horrible de travailler chez Pincent Pharma. Mais ne te laisse pas abuser par eux. Nous n'avons pas à signer la Déclaration. Il y a encore des gens pour lutter, pour se soucier de la Nature et du sort réservé aux Surplus. Je t'assure, ils sont là, tout autour de nous.

– Là n'est pas le problème, répondit Peter avec un sourire crispé. Je sais qu'il existe encore des gens pour se battre. Et c'est tant mieux. Mais ça ne veut pas dire que tout le monde doive faire comme eux... Ça ne veut pas dire que l'Affranchissement soit la seule issue. »

Anna plissa le front, sans comprendre, et serra Ben contre elle. « Je ne vois pas comment, objecta-t-elle. Signer la Déclaration, c'est accepter de ne jamais... C'est prolonger sa vie en prenant la place d'une autre. Cela va à l'encontre de Mère Nature. C'est... mal, Peter. C'est à cause de la Déclaration que les Surplus existent. À cause d'elle qu'il y a des Rabatteurs et des mères en pleurs la nuit dans leur lit parce qu'on leur a arraché leur bébé. À cause d'elle que Grange Hall existe... »

Sa voix s'étiola. Son visage était rouge, congestionné. Peter prit une profonde inspiration.

« Oui. Mais vois-tu, Anna, il arrive que certaines personnes n'aient pas le choix. Et ça change tout. »

Pourquoi cette faiblesse ? se maudissait-il dans son for intérieur. Pourquoi ne pas lui dire, tout simplement ?

« Chacun d'entre nous a le choix », répliqua Anna. Son ton restait calme, mais on y décelait une pointe de fermeté.

« Certains d'entre nous, non. » Peter s'éclaircit la voix, la gorge soudain nouée. Ben s'était mis à pleurer, et Anna se leva pour le bercer tout doucement jusqu'à ce qu'il se calme.

« C'est ce qu'ils t'ont dit, chez Pincent Pharma ?

demanda-t-elle d'une voix sourde en évitant son regard. C'est ce que t'a appris ton grand-père ? On ne peut pas lui faire confiance, tu le sais très bien. On ne peut faire confiance à personne. Pas même au Réseau souterrain. Rien ne nous oblige à les croire. »

Intrigué par ses paroles, Peter se remémora sa conversation avec Paul la nuit précédente. L'avait-elle entendue ?

« Et moi, me fais-tu confiance ? » lui lança-t-il. Les effets de sa boisson tranquillisante commençaient à s'estomper ; il sentait ses muscles se contracter, sa voix se tendre.

Anna acquiesça. « Bien sûr. Une confiance totale.

– Tu signerais si je te le demandais ?

– Tu ne me demanderais jamais une chose pareille, dit-elle en concentrant son attention sur son frère. Tu hais la Longévité. Tu hais Pincent Pharma. Tu hais... »

Peter contempla son teint pâle, presque translucide, vit la détermination qui brillait dans ses yeux — cette même détermination qui l'avait fait tomber amoureux d'elle, la première fois qu'il l'avait vue. Même entre les murs de Grange Hall, elle avait réussi à conserver un air de dignité, d'autorité ; aujourd'hui, il ne pouvait supporter l'idée de briser cela en elle, et il enfonça sa tête entre ses mains.

« Et moi, je hais le fait que tu ne saches pas la vérité.

Anna, lâcha-t-il d'un ton désespéré, nous n'avons pas le choix. Le Réseau nous a menti.

– Je ne comprends pas ce que tu dis. Nous devons nous Affranchir. Nous sommes la Nouvelle Génération, et nous serons les parents de la prochaine. Nous vivrons pour toujours à travers nos enfants. Il en a toujours été convenu ainsi, Peter. C'est toi-même qui l'as dit.

– Anna, nous ne pouvons pas avoir d'enfants. » Il avait prononcé ces mots tout bas, presque en silence, au point qu'il se demanda s'ils étaient vraiment sortis de sa bouche. Anna le dévisagea, interdite et impuissante. « Nous ne pouvons pas avoir d'enfants à cause du programme de stérilisation des Surplus, poursuivit Peter, trouvant miraculeusement le courage de la regarder dans les yeux. Je l'ai appris hier. Je… »

L'expression d'Anna passa lentement de l'incompréhension à l'incrédulité. Peter sortit le dossier, celui qu'il avait volé dans le bureau de son grand-père, et le lui tendit. Elle le posa devant elle sur la table et le fixa d'un air impénétrable.

« Il n'y a plus rien à faire. Les Autorités ont appliqué le programme. À Grange Hall.

– Non. » Malgré son filet de voix, sa fermeté était perceptible. « Non, c'est faux.

– Ça va aller, Anna, s'entendit déclarer Peter. Parce

que nous sommes ensemble. Et nous aurons l'éternité pour faire la différence.

– Je ne veux pas de l'éternité », murmura-t-elle. Elle tremblait ; ses yeux étaient légèrement voilés.

« Il faut juste que tu t'habitues à l'idée, dit Peter très vite en lui prenant les mains pour la calmer. La Longévité est une chose extraordinaire... absolument incroyable. Nous aurons le temps d'accomplir tous tes rêves. Nous irons dans le désert. Nous ferons le tour du monde. Tu pourras lire tous les livres jamais écrits, et en écrire un million, aussi.

– Je ne comprends pas, lâcha-t-elle dans un souffle. Pourquoi me dis-tu tout ça ?

– Tu dois connaître la vérité, Anna. J'étais furieux, comme toi, mais c'est la réalité. Même Paul était au courant. Il voulait qu'on s'Affranchisse — rends-toi compte —, alors qu'on ne pouvait pas avoir d'enfants, juste pour le plaisir de faire un bras d'honneur aux Autorités. C'est le Réseau souterrain qui nous a menti. »

Anna contempla à nouveau le document posé devant elle, puis laissa errer son regard autour de la pièce. Alors, d'entre ses lèvres jaillit une lamentation si violente, si rauque, que Peter eut du mal à croire que son corps pût produire un tel son.

« Non ! hurla-t-elle. Non ! Non ! Par pitié, non... »

Elle avait les traits tordus, congestionnés, et Peter se sentit vaciller.

« Je suis désolé, murmura-t-il. Je le regrette autant que toi, crois-moi. »

Mais au lieu d'acquiescer, comme il l'avait espéré, elle repoussa sa chaise et se dressa devant lui en le foudroyant du regard, le visage déformé par le mépris. « Tu ne regrettes rien du tout, s'écria-t-elle d'un ton déchirant. Au contraire, ça te plaît ! Tu as changé, Peter. Tu es devenu comme eux. Tu veux me faire signer la Déclaration, mais je refuse. Tu entends ? Aussi longtemps que je vivrai, jamais je ne signerai. Jamais... » Elle le fixait intensément, comme pour trouver les mots justes, tremblant de la tête aux pieds.

« Je n'ai pas changé », l'implora-t-il, s'efforçant de s'en convaincre aussi lui-même. Quelqu'un d'autre était-il en train d'écouter cette conversation ? Si oui, que devait-il penser ? « J'ai eu une révélation, Anna. Essaie de me comprendre. C'est important, j'ai besoin de toi. Nous deux, c'est pour toujours. Je n'y arriverai pas sans toi. Je t'en prie, ne m'abandonne pas...

– C'est toi qui nous abandonnes », rétorqua-t-elle. À ces mots, les doutes et la haine de soi qui rongeaient Peter s'accentuèrent de plus belle. « Je ne signerai jamais. Peu importe ce que tu racontes. »

En l'écoutant parler, l'adolescent sentit monter en lui

une rage noire, silencieuse. À cause de son refus de comprendre. À cause de ce qu'il était en train de lui faire.

« Tu sais, lâcha-t-il au bout d'un moment, je n'ai jamais compté sur personne. Seulement sur moi-même. Et je croyais pouvoir compter sur toi. Mais cette fois... J'aurais dû savoir que tu finirais par me tourner le dos, toi aussi. Merci, Anna. Merci beaucoup. »

Il se détourna, incapable de soutenir son regard. Elle resta plantée devant lui de longues secondes, peut-être une minute entière — difficile à dire. Puis, sans un mot, serrant Ben contre sa poitrine, elle sortit de la cuisine, monta l'escalier en courant et claqua la porte de la chambre derrière elle.

Chapitre 16

Peter se réveilla péniblement, comme après une mauvaise nuit. Anna était déjà levée ; il l'entendait vaquer dans la cuisine et parler gaiement à Ben. Elle semblait si insouciante, si légère... Pourtant, il savait que, à la seconde où il descendrait la rejoindre, ce masque de bonne humeur se fissurerait pour céder la place à la tension, à la colère et au déni. Lui qui n'avait fait que lui dire la vérité, voilà qu'il se sentait à présent trahi et rejeté.

Il se força à sortir du lit, prit une longue douche en se savonnant des pieds à la tête pour retarder le moment d'aller affronter Anna, puis s'habilla sans un bruit. Il avait déjà enfilé son manteau lorsqu'il entra enfin dans la cuisine ; plus tôt il partirait, mieux ce serait.

Anna leva la tête. Il vit qu'elle avait pleuré.

« Tu ne veux rien manger ? dit-elle en se détournant, la voix lourde de reproches.

– Non, je suis en retard. Je ferais mieux d'y aller. »

Anna acquiesça et reporta son attention sur son frère.

« Bien. Alors, à ce soir, dit-il en se faisant violence pour ne surtout pas la regarder.

– O.K. »

Elle ne se retourna même pas. Peter haussa les épaules et marcha jusqu'à la porte, qu'il claqua violemment derrière lui. Le temps d'arriver chez Pincent Pharma, son amertume n'avait fait qu'empirer ; la présence de son grand-père, qui l'attendait dans le laboratoire, ne fit rien pour arranger les choses.

« Le Dr Edwards m'a informé de ton désir de signer la Déclaration. »

Peter sursauta, puis se renfrogna et pivota vers le scientifique, qui arborait une expression indéchiffrable.

« Ah oui ? » Il ôta son manteau et le suspendit à une patère en veillant à ne surtout rien montrer de ses émotions, ni dire quoi que ce soit qu'il pourrait regretter.

« Tu as fait le bon choix.

– Il n'y avait pas vraiment de choix, à vrai dire. »

Son grand-père l'observait placidement. « Peter, j'ai cru comprendre que tu avais eu accès à certaines informations. Informations que j'espérais ne pas avoir à te communiquer avant que tu aies accepté de signer pour les bonnes raisons. J'ignore comment tu t'es procuré ces documents. Néanmoins, dans le cas présent, je crois que nous pouvons laisser ce détail de côté.

– Ouais. Merci. »

Peter coula un regard furtif en direction de son tuteur, qui l'examinait toujours d'un air incertain.

« Alors c'est vrai, tu signes ? » insista son grand-père ; Peter déglutit péniblement. « Parce que j'ai pensé que nous devrions marquer le coup. Tenir une conférence de presse, par exemple…

– Je ne signerai pas, l'interrompit Peter.

– Ah non ?

– Non. »

Il y eut un silence. « Je vois. » Richard Pincent demeura impassible. « Eh bien, quel dommage. Des motifs particuliers ? »

Peter garda le silence, mais son grand-père ne semblait guère avoir besoin d'une explication. « C'est cette fille, n'est-ce pas ? C'est elle qui te freine. »

Le mutisme prolongé de Peter était une réponse suffisante. La bouche de Richard Pincent se tordit en un rictus, et il sortit du laboratoire.

« Je ne savais pas que vous étiez si proches, tous les deux », assena froidement Peter au Dr Edwards avant d'enfiler sa blouse.

Chapitre 17

C'était le milieu de la matinée. Le silence régnait dans la maison de Surbiton. De temps à autre, au-dehors, résonnaient un moteur de voiture ou des échanges de voix haut perchées entre voisins qui se saluaient sur le trottoir. Mais, à l'intérieur, pas un bruit. Ben faisait sa sieste ; les rideaux étaient tirés, en cette froide journée déjà triste et assombrie. Anna était assise en tailleur sur le canapé, la tête entre les mains, à se balancer d'avant en arrière — habitude qui remontait au temps de ses toutes premières années à Grange Hall, dans le dortoir des Petits, où le seul moyen de trouver un peu de réconfort était d'apprendre à se consoler soi-même. Elle était si jeune (à peine trois ans) à son arrivée là-bas, et n'avait conservé que peu de souvenirs de cette époque. Elle se rappelait surtout la confusion, le désespoir et la solitude qui l'avaient envahie à mesure qu'elle avait pris conscience que ce lieu glacé et humide au dernier étage était son nouveau foyer, et que personne ne viendrait la chercher.

Aujourd'hui, elle essayait de se rassurer de la même façon. Depuis des heures, sa seule pensée, obsédante, était celle d'un trou béant, d'un cauchemar vide, abyssal, dans lequel son ventre lui était désormais superflu, bon à rien, un cauchemar dans lequel Peter et elle erraient jusqu'à la fin des temps, sans projets ni attaches, sans jeune vie à protéger. Mais Anna avait appris il y a des années que le désespoir et le laisser-aller ne menaient à rien. Pour survivre, il fallait s'adapter, accepter, apprendre au fur et à mesure, et elle savait que sa situation actuelle n'échappait guère à la règle. Elle s'y ferait. Elle trouverait le moyen de faire quand même quelque chose de sa vie, malgré cette réalité nouvelle qui s'imposait à elle.

À côté d'elle, sur le canapé, était posé son exemplaire de la Déclaration, prêt à être signé — chose qu'elle s'était toujours refusée à faire. Chaque fois qu'elle posait son regard dessus, une répulsion immense l'obligeait à détourner la tête, comme si le simple fait d'y coucher sa signature allait anéantir son âme, l'essence même de son être. Pourtant, ce geste serait une victoire sur le souvenir de cette petite fille qui se balançait d'avant en arrière au dernier étage de Grange Hall, de cette enfant étiquetée « Surplus » à qui l'on avait répété en boucle que la Longévité était la plus belle invention humaine, mais qu'elle, en tant que créature née illégalement, n'avait pas le droit d'en bénéficier. À plusieurs reprises, elle avait pris son stylo pour signer ; à plusieurs reprises, elle s'était forcée à poser la pointe encrée sur le papier, à penser à Peter, à inscrire son nom, mais chaque fois elle avait lâché le stylo en sanglotant. Elle ne pouvait pas. Quelque chose en elle l'empêchait de le faire. Une force profonde qui semblait farouchement opposée à ce passage à l'acte. Peter avait raison : elle l'avait laissé tomber, et cela la rendait malade.

Elle resta donc assise en boule sur le canapé à se balancer pour ne plus penser à rien et s'abandonner à ce doux mouvement jusqu'à s'isoler complètement dans sa bulle, le reste du monde rejeté à l'arrière-plan.

Ce fut le bruit de la sonnette qui l'arracha enfin à sa rêverie avec son timbre strident qui, seul, eut le pouvoir de la ramener à la réalité. Ben dormait encore ; Anna vérifia l'heure à son poignet et calcula qu'il restait une bonne vingtaine de minutes avant le moment de son réveil, avant qu'il ne réclame à manger, à être changé, entouré d'attention et d'amour, bref, avant qu'il n'exige d'être le centre du monde, toutes choses qu'elle lui accordait de bon cœur. Les besoins de Ben étaient si simples, songea-t-elle en enfilant un gilet pour aller ouvrir la porte. Si faciles à combler, si rassurants de par leur nature primitive. Ceux de Peter, en revanche, étaient bien plus complexes, sur le fil du rasoir, à l'image d'un champ de mines dans lequel elle s'obstinerait à vouloir faire pousser des fleurs ; au moindre faux pas, tout risquait de lui exploser en pleine figure.

La porte de la maison était ornée de panneaux vitrés opaques ; c'est seulement en l'ouvrant qu'Anna découvrit qui était son visiteur. Elle blêmit instantanément.

« Peter... est-ce qu'il va bien ? Il y a un problème ? »

Richard Pincent eut un sourire bienveillant. « Peter va bien, Anna. Il va même très bien. En fait, c'est toi que je voulais voir. Puis-je entrer un instant ? »

Il franchit le seuil avant qu'Anna ait eu le loisir de décider de sa réponse ; lui tendit son manteau avant même qu'elle ait eu le temps de l'inviter à s'en débarrasser. La minute d'après, il se trouvait au salon, assis dans leur canapé ; Anna récupéra précipitamment son exemplaire de la Déclaration et le posa par terre, à l'envers.

« Voulez-vous... une tasse de thé ? » lui demanda-t-elle. Elle n'avait rencontré cet homme qu'une fois auparavant, le jour de la mort de ses parents. Il était venu pour emmener Peter mais, à sa plus grande joie, ce dernier avait choisi de rester avec elle. Le visage de Richard Pincent était néanmoins resté gravé à jamais dans sa mémoire, associé à un sentiment de terreur.

« Non, merci bien. C'est donc votre chez-vous ? »

Anna fit oui de la tête et s'assit dans le fauteuil à gauche du canapé. Elle ne trouvait rien à lui répondre. Elle était pétrifiée à l'idée même d'ouvrir la bouche et de dire quelque chose de travers.

Richard Pincent se fendit d'un nouveau sourire. « Peter est devenu un petit scientifique modèle, tu sais. »

Anna l'observa avec appréhension. Il n'avait pas fait tout ce trajet pour lui parler de Peter — elle était prête à le parier.

« Oui, un jeune homme brillant, poursuivit Richard d'un ton suave. Tu dois être très fière de lui. »

Anna se contenta d'un nouveau hochement de tête. Ses sentiments pour Peter allaient au-delà de la fierté ; c'était de l'amour au sens le plus pur du terme, irréductible à des mots comme « fierté », « respect » ou « admiration ». Peter faisait partie d'elle. C'était pour lui qu'elle respirait, pour lui qu'elle se levait chaque matin, et grâce à lui que ce monde étrange et dur lui inspirait plus souvent de l'espoir qu'un découragement total. Du moins, jusqu'à présent.

« Oui, je suis très fière de lui », dit-elle du bout des lèvres.

Richard Pincent se leva, la mine triste, pensive. « Tu comptes beaucoup pour lui, tu sais. Il me l'a dit. J'imagine que les années Grange Hall ont été très dures. »

Anna garda le silence pendant que Richard examinait une toile accrochée au mur — un tableau représentant des tournesols que Peter lui avait acheté dans une brocante et qui lui rappelait la maison de ses parents : ensoleillée, chaleureuse, lumineuse…

« Et je me demande, poursuivit Richard, dans quelle mesure il compte pour toi aussi.

– Je… vous demande pardon ? » Anna bredouilla malgré elle, à la fois indignée et apeurée. Comment pouvait-il… comment *osait*-il lui demander une chose pareille ?

« Vois-tu, l'amour est une chose compliquée. Cela signifie faire passer l'autre en premier. Les gens parlent si souvent d'amour alors qu'en réalité, il est surtout question de besoin et de dépendance ; ils voudraient posséder l'autre, le soumettre à leur volonté. L'amour véritable s'accomplit par le sacrifice. Il implique de penser aux besoins de l'autre avant les siens. Parfois, je me demande s'il existe réellement… mais il me suffit de regarder Peter parler de toi, et je sais que j'ai tort. Il t'aime, Anna. De tout son cœur.

– Vraiment ? » Anna le savait déjà, mais elle avait besoin de l'entendre pour se rassurer, même de la bouche de Richard Pincent.

« Bien sûr que oui. Il t'aime tant, d'ailleurs, qu'il est prêt à se sacrifier pour toi. À sacrifier sa vie. Ses ambitions. »

Les yeux d'Anna s'élargirent. « Sa vie ? »

Richard Pincent se rassit sur le canapé, cette fois à l'autre bout, pour se rapprocher d'elle. « Peter a pris conscience de certaines choses, sur lui et sur le monde. Il aurait tant à donner, tant à apporter. Et l'Affranchissement... ne ferait que le limiter, anéantir ses chances de devenir quelqu'un. Anna, tes parents ont eu une grande influence sur mon petit-fils. Je leur suis éternellement reconnaissant de l'avoir protégé à ma place et je te remercie d'être là pour lui. Mais je suis sûr que, toi aussi, tu lui es reconnaissante de l'aide qu'il t'apporte. Je suis sûr que tu peux comprendre que les gens changent, évoluent, et que parfois la plus belle preuve d'amour qu'on puisse offrir à l'autre est de le laisser libre, et non de lui imposer notre point de vue ou de limiter l'éventail de ses choix.

– Je ne limiterais jamais Peter », objecta Anna d'une voix rauque, incertaine. Elle avait beau haïr Richard Pincent, il avait raison. Peter lui faisait confiance, et elle l'avait déçu. Il l'avait sauvée, et elle n'était pas là pour lui. « Mais je ne peux pas signer. C'est impossible. »

Richard Pincent hocha la tête, songeur. « Je sais que c'est ce que tu crois, Anna. Je sais que tu penses faire le bon choix. Or le problème, c'est que ta décision n'affecte pas que toi, n'est-ce pas ? »

Anna voulait qu'il s'en aille. Qu'il la laisse tranquille. « Je fais le bon choix, parvint-elle à articuler. Mes parents… sont morts à cause de la Déclaration…

– En effet. Tes parents. C'était très triste. Tragique, à vrai dire. Mais ils avaient signé de leur plein gré, non ?

– Seulement parce qu'ils ignoraient la portée de leur acte.

– Tu crois cela ? fit Richard en fronçant les sourcils. N'avaient-ils pas ton âge ? Ou bien étaient-ils plus vieux ? Je suis sûr qu'ils comprenaient parfaitement de quoi il retournait, non ?

– Non, répondit farouchement Anna. Ils pensaient pouvoir s'Affranchir plus tard. Ils voulaient des enfants…

– Ah, les enfants…, soupira Richard. Je comprends. Mais s'ils n'avaient pas voulu fonder une famille, alors tout se serait bien passé, non ? Signer la Déclaration n'aurait pas été un problème ?

– Je l'ignore, répondit Anna d'un ton sec. Je sais en revanche qu'ils ne voulaient pas que je fasse comme eux. Ils ont rejoint le Réseau souterrain pour combattre la Longévité. »

Richard leva un sourcil, et Anna rougit violemment en se rendant compte qu'elle venait de mentionner le Réseau souterrain devant le grand-père de Peter. Elle serra les poings pour se ressaisir.

« Oui, le Réseau souterrain, fit Richard. Tu sais que ce sont des criminels, j'imagine ? Et que toute participation à ce type d'activités est passible d'une peine de prison ?

– Je sais. Peter et moi... nous ne... je veux dire...

– Je sais que vous ne feriez jamais rien de tel, reprit Richard avec mansuétude. Et je suis convaincu que tes parents se sont seulement engagés par amour pour toi. Ils aimaient beaucoup Peter, non ? »

La jeune fille hocha la tête.

« Et lui a risqué sa vie pour venir te sauver à Grange Hall. Je me trompe ?

– Non, c'est vrai, admit Anna en se recroquevillant dans son fauteuil, les genoux serrés contre sa poitrine.

– Parfait. Alors, à ton tour, te sens-tu aujourd'hui capable de lui sauver la vie ?

– Lui sauver la vie ? » Affolée, Anna ouvrit de grands yeux. « Que lui est-il arrivé ? Qu'avez-vous...

– Oh, non, il n'est rien arrivé. N'aie crainte, fit Richard en souriant. Je voulais seulement dire qu'il t'écoute. Qu'il t'aime énormément. Et que tant que tu refuseras de signer la Déclaration, il refusera aussi. Mais en agissant de la sorte, tu réduis sa durée de vie. En réalité, tu es train de le tuer, Anna.

– Moi, le tuer ? balbutia-t-elle. Non, je... » Elle enfonça ses ongles dans ses paumes. « Les humains ne sont pas censés vivre éternellement, parvint-elle à déclarer. C'est comme ça.

– Je vois, fit lentement Richard. C'est ce que tu penses ? Vraiment ? »

Elle acquiesça, hésitante.

« Je croyais que tu aimais Peter.

– Bien sûr, je l'aime ! se récria-t-elle.

– J'en doute, objecta Richard avec tristesse. Si tu l'aimais, tu saurais qu'il a passé sa vie entière à se cacher, contraint et handicapé par son statut de Surplus. Aujourd'hui, alors qu'il aurait une chance de refaire sa vie, de devenir quelqu'un, le voilà freiné dans ses ambitions par ton frère et toi.

– Je ne le freine pas, murmura Anna.

– Oh, si. Et tu continueras à le faire tant que tu ne signeras pas la Déclaration. En t'Affranchissant, tu mets sa santé et la tienne en péril. Je sais de quoi je parle, Anna — mon épouse est morte du cancer alors qu'elle avait à peine trente ans. J'ai passé une année entière à la regarder mourir, à voir sa vie s'étioler, et c'est l'épreuve la plus terrible qu'il m'ait été donné d'affronter. De là est née ma détermination de combattre la maladie et l'agression implacable de la Nature. Est-ce vraiment ce que tu veux imposer à Peter ? Souhaites-tu qu'il souffre de te voir tomber malade ? Assumerais-tu d'assister à sa déchéance, sachant que tu en serais responsable ? »

Anna tressaillit. « Je ne le laisserais pas me regarder, dit-elle tout bas.

– Crois-tu réellement agir pour ton bien ? » Richard Pincent secoua la tête. « Peter s'est engagé auprès de ton frère et toi, dit-il. C'est un jeune homme d'honneur. Loyal. Il ne signerait jamais la Déclaration, même s'il le voulait, sans toi.

– Mais… » Anna baissa la tête. « Nous devons nous Affranchir. Il faut que nous… » Elle sentit ses épaules s'affaisser. Il fallait qu'ils *quoi* ? se demanda-t-elle, soudain au désespoir. Ils ne pourraient jamais avoir d'enfants. Ne pourraient pas engendrer la prochaine génération. Ils n'étaient rien.

« En refusant de signer, tu condamnes Peter à une mort précoce. À la maladie, voire au handicap. C'est ce que tu veux ?

– Non ! s'écria-t-elle violemment. Non. Ce n'est pas ce que je veux. Je…

– Tu veux fonder une famille. J'ai bien compris, Anna. Je suis très fier d'avoir un petit-fils, surtout un garçon intelligent et courageux comme Peter. Mais comme tu le sais, j'en suis sûr, cela t'est impossible. C'est d'une injustice terrible, mais c'est ainsi. Tes parents n'auraient pas voulu que tu te sacrifies, ni toi ni Peter, pour rien. N'est-ce pas ? »

Anna enroula ses bras autour de ses cuisses et se fit violence pour ne pas se remettre à se balancer. Elle repensa à ses parents, si dévoués, si merveilleux, qui avaient toute leur vie regretté d'avoir signé parce que cela les avait privés de leur fille. Elle pensa à Peter, l'imagina restant à ses côtés par loyauté, malheureux à cause de sa lâcheté, des liens invisibles qui les retenaient ensemble. Puis elle observa Richard Pincent. Il avait le même regard que Mrs Pincent, fixe et scrutateur, capable de la terroriser, de briser sa volonté jusqu'à ce qu'elle s'abaisse et s'asservisse de son plein gré.

« Je refuse que Peter se sacrifie pour moi », articula-t-elle. Les larmes lui picotaient les yeux.

« Alors tu dois signer. Accepte la Déclaration, et Peter aura les chances qu'il mérite. Montre-lui que tu l'aimes, Anna. Fais le sacrifice qu'il ferait pour toi. »

Anna renifla et essuya ses larmes.

« Je peux t'y aider, si tu veux, poursuivit Richard Pincent. Préfères-tu avoir quelqu'un à tes côtés pendant que tu signes, pour te donner du courage ? »

Anna l'observa avec hésitation. Elle sentait au fond d'elle ses convictions les plus ancrées aux prises avec la force de son amour pour Peter. Elle ne pouvait pas signer. Elle ne pouvait renoncer à la cause que ses parents avaient si ardemment défendue pour elle… Pourtant, elle savait que c'était inéluctable, qu'elle n'avait pas le choix.

Lentement, consciente de chacun des nerfs de son corps, les jambes en coton, elle se laissa glisser à terre et retourna son exemplaire de la Déclaration. Elle s'immobilisa un instant, les yeux rivés sur la page, un poids mort au creux du ventre tandis que les mots défilaient devant elle. Puis, déglutissant pour chasser le goût âcre qui refluait au fond de sa gorge, elle remonta sur son fauteuil. Richard Pincent lui tendit un stylo à plume.

« Tu le fais par amour, dit-il en fixant intensément la main tremblante de la jeune fille à mesure qu'elle se rapprochait du document. Pense à la vie longue et heureuse que vous aurez ensemble. Toute la vie devant vous. Tout le temps… »

Flageolante, Anna se força à poser la pointe de la plume sur le papier, parvint à griffonner les lettres composant son nom. Puis, lâchant le stylo pour se tenir l'estomac, elle se rua hors de la pièce et atteignit les toilettes juste à temps pour vomir, une fois, deux fois, trois fois, son corps tel un volcan en colère. Le bruit réveilla Ben, et ses vagissements désespérés semblaient soudain traduire son propre désespoir, ce sentiment d'avoir fait quelque chose de si effroyable qu'il n'y avait même pas de mots pour l'exprimer.

Tout doucement, elle se releva, s'aspergea le visage d'un peu d'eau fraîche avant de se rendre au chevet de son frère, dans son berceau de fortune, pour l'apaiser en lui caressant le front. Puis elle redescendit à pas mesurés au rez-de-chaussée afin de s'excuser auprès de son invité. Mais celui-ci était déjà parti. Sans un mot, sans un bruit, il s'était éclipsé en refermant la porte derrière lui. Et en prenant soin, remarqua aussitôt Anna, d'emporter sa Déclaration.

Un peu titubante, elle se rendit au salon. Là, elle ressortit un carnet dans lequel elle n'avait plus rien consigné depuis très longtemps. Retournant vers la cuisine, elle reprit son stylo, un modèle bien plus bas de gamme que celui avec lequel elle avait signé la Déclaration, et commença à écrire.

Mon nom est Anna. Mon nom est Anna Covey et j'ai signé la Déclaration. Je ne suis plus une Affranchie.

Elle regarda fixement ces mots. Ils lui semblaient étrangers, incohérents.

Mon nom est Anna Covey et je ne mourrai jamais. Peter et moi allons prendre de la Longévité et vivre pour toujours.

Mais ça va quand même, parce que nous n'avions Pas Le Choix. Ça va quand même, parce que je l'ai fait par Amour. C'est ce qu'a dit Peter.

Elle poussa un profond soupir, tâchant de se rappeler en quoi les choses étaient censées bien aller et ce que lui avait dit Peter. Elle sentit la nausée la reprendre et une angoisse terrible monter en elle. Elle décrocha alors son téléphone pour l'appeler, dans l'espoir qu'il la rassure. Mais elle reposa le combiné. À la place, quelques secondes plus tard, elle composa un autre numéro.

« Maria ? C'est Anna. J'appelais juste pour dire que... »

Elle ne put terminer sa phrase. Parce que, au même moment, son corps fut parcouru de violents soubresauts et elle s'effondra en larmes.

Chapitre 18

Maria avait préparé l'arrivée d'Anna : le thé était déjà en train d'infuser, l'assiette de biscuits attendait sur la table. Elle n'avait guère paru étonnée par son coup de téléphone et l'avait réconfortée en l'aidant à reprendre ses esprits et en lui proposant aussitôt de venir chez elle. D'un geste, elle l'invita à s'asseoir sur le canapé. Anna accepta avec gratitude et s'enfonça dans les gros coussins moelleux. Entre-temps, Maria avait pris Ben dans ses bras pour le bercer jusqu'à ce qu'il s'endorme. Relevant la tête avec hésitation, elle lui demanda : « Alors... ?

– Alors, soupira Anna. Alors... » Elle inspira à fond. « Peter... », commença-t-elle, mais elle sentit son estomac se serrer à l'idée d'avouer ce qu'elle venait de faire. Peter était son amour, son héros, son tout. Elle était prête à mourir pour lui s'il le fallait. Or voilà qu'elle parlait de lui devant une quasi-inconnue. C'était mal — presque une trahison.

« Je ne peux pas avoir d'enfants, déclara-t-elle simplement, les larmes aux yeux. Il y a eu un programme de stérilisation des Surplus. Mon nom figurait sur la liste. Peter voulait signer la Déclaration. Il fallait que je le fasse. Je l'aime. Je ne veux pas le priver de sa liberté. Mais… mais…

– Tu as signé la Déclaration ? » demanda délicatement Maria.

Anna acquiesça. « Je… j'ai accepté parce que je l'aime. Mais j'ai l'impression d'avoir fait quelque chose d'affreux. Peut-être que je ne l'aime pas assez ? Ou peut-être que lui ne m'aime pas assez. Plus assez. Plus maintenant.

– Je suis sûre que si », dit Maria.

Anna leva les yeux vers elle et formula enfin la terrible pensée qui hantait son esprit depuis qu'elle avait découvert la vérité.

« Mais je suis inutile, murmura-t-elle. Je ne peux pas avoir d'enfants.

– Ce n'est pas ta faute. Et Peter est exactement comme toi.

– Nous voulions engendrer la Nouvelle Génération, poursuivit Anna d'une voix brisée. Tel était le projet. Le mien, enfin… le nôtre. Mes parents… m'ont dit que je représentais l'espoir de la Nature. Que la race humaine pouvait renaître, petit à petit. Ils sont morts… Morts pour que je puisse vivre, fonder une famille. Ils ne savaient pas. S'ils avaient su… ils n'auraient jamais…

– Oh, je crois que si, Anna, dit Maria en venant près d'elle pour lui prendre les mains. Tu étais leur fille. Ils n'auraient voulu que le meilleur pour toi. Comme nous voulons tous le meilleur pour nos enfants. Tu peux contribuer à la prochaine génération en nous aidant, Anna. C'est aussi important que de devenir maman. »

Anna hocha gravement la tête et sortit le plan qu'elle avait retrouvé parmi les affaires de Peter. « Je vous ai apporté ça, dit-elle. J'ignore si ça peut être utile, mais... »

Maria prit le plan et l'examina ; une étincelle illumina soudain ses yeux. « Anna, ce document va nous être d'une aide essentielle. Merci beaucoup. Tu vois ? Tu n'es pas bonne à rien. Au contraire. »

Anna se força à sourire, mais son regard demeura voilé. « Tout est si différent, à présent..., dit-elle tout bas. Je ne sais pas si je saurai faire face.

– Bien sûr que si. Tu trouveras ton propre chemin. Tu es forte, Anna. Certains êtres trouvent toujours une solution à leurs problèmes. Ils trouvent toujours le moyen de s'en sortir.

– Comme Peter, vous voulez dire, répliqua tristement la jeune fille. C'est lui qui savait comment s'évader de Grange Hall. Pas moi. Je n'aurais jamais cru qu'on pouvait s'échapper. Je n'aurais jamais cru que... »

Sa phrase resta en suspens. La seconde d'après, la porte d'entrée fut défoncée et trois hommes firent irruption dans l'appartement. Maria se leva d'un bond et quitta précipitamment la pièce.

« Anna Covey ? » demanda un quatrième individu.

Elle hocha craintivement la tête.

« Tu ferais mieux de nous suivre. Et on emporte ça aussi », ajouta-t-il en s'emparant du plan que Maria avait laissé sur son siège.

Anna sut immédiatement que c'était sa faute, qu'elle avait fait quelque chose de terrible. « Je ne veux pas. »

L'homme eut un rire glacial. Un de ses acolytes lui arracha son petit frère des bras avant de lui passer les menottes et de la traîner jusqu'à la porte.

« Ben ! supplia Anna. Rendez-le-moi. Vous n'avez pas le droit ! Je suis Légale… je suis…

– Légale ? Laisse-moi rire. Tu es un Surplus, voilà ce que tu es, fit l'homme en la rejetant brutalement vers un autre membre du groupe. Un sale petit Surplus qui croit pouvoir aider les autres à s'évader. Surplus un jour, Surplus toujours ! Mais ne t'inquiète pas. Tu n'iras pas en prison. Ce qui t'attend est pire.

– Non. Je vous en prie… », supplia Anna. Mais personne ne l'écoutait. Le seul son qui lui parvint comme on la poussait de force dans l'escalier, ce furent les hurlements de Ben.

Chapitre 19

Pincent Pharma semblait encore plus grand de l'intérieur que de l'extérieur. Jude n'avait jamais rien vu d'aussi blanc, d'aussi étincelant et lumineux de sa vie. C'était presque trop lumineux, songea-t-il, les paupières mi-closes, debout sur l'escalator derrière Derek Samuels. Il n'aimait pas cet endroit. Il préférait l'obscurité de sa chambre.

Derek Samuels était un homme au visage en lame de couteau, aux épaules étroites et aux sourcils en accent circonflexe, si bien qu'il semblait poser une question chaque fois qu'il ouvrait la bouche. Il lui fit longer un long couloir blanc, franchir une double porte, puis s'engager dans un autre couloir, moins large celui-ci. Ils arrivèrent enfin dans une petite pièce meublée d'une table et de deux chaises, et s'assirent l'un en face de l'autre.

« Bien, déclara le chef de la Sécurité de Pincent Pharma avec un léger rictus. À présent, veux-tu m'expliquer qui tu es et la raison de ta présence ici ? »

Jude le dévisagea d'un air de profond ennui. « Comme je vous l'ai dit, je suis là pour améliorer votre système de sécurité. »

Mr Samuels se leva.

« Pour améliorer notre système de sécurité, répéta-t-il froidement, les bras croisés. J'ai vérifié tes références, figure-toi. Je sais qui tu es, qui était ton père, je connais le nom de tous tes employeurs ces quatre dernières années. Ce que je voudrais comprendre, en revanche, c'est ce que tu viens faire chez nous. Et comment tu es parvenu à pirater nos systèmes. Qui t'a formé ? Et qu'attendent-ils de toi ? »

Sous son ton sirupeux, la menace perçait nettement.

« Personne ne m'a formé, répondit Jude. Le piratage, c'est ma spécialité. J'ai réussi à m'introduire dans votre système parce qu'il est fragile. Et trop vieux. Comme les gens qui l'ont conçu, probablement. Bon, dites, je peux voir Mr Pincent ?

– Vieux ? » Mr Samuels s'avança vers lui. « C'est intéressant. » Il continua à se rapprocher, si bien que son visage n'était plus qu'à quelques centimètres du sien. « Sais-tu, lui demanda-t-il presque dans un souffle, ce qu'il y a de vraiment bien, avec la Longévité ? »

Jude fit non de la tête. Ses mains devenaient moites, et il s'efforça de ne surtout pas croiser le regard de son interlocuteur.

« C'est que la planète n'est plus parasitée par ces jeunes qui croient tout savoir. » Mr Samuels arborait une expression indéchiffrable, mais la colère durcissait sa voix et Jude se surprit à esquisser un sourire. Sous ses apparences de gros dur, cet homme était mal à l'aise. Terrorisé par la jeunesse.

« *Croient* ? dit-il calmement, sa confiance revenant peu à peu. En ce qui me concerne, je ne *crois* pas tout savoir : je sais tout. Sur les systèmes de sécurité, en tout cas. Ce que vous n'ignorez pas, car autrement vous ne m'auriez pas laissé entrer. Alors, vous voulez que je me mette au travail, ou bien je m'en vais ? »

Les yeux de Mr Samuels se réduisirent à deux fentes. « Comment va ta mère ? » lui demanda-t-il d'un ton sournois.

Jude le dévisagea sans un mot.

« Ah, c'est vrai... elle est partie, n'est-ce pas ? En Amérique du Sud, si je ne m'abuse ? Avec son nouveau mari ? Elle t'a laissé seul, ai-je cru comprendre. Elle devait être impatiente de se débarrasser de toi. »

Jude sentit son cœur s'emballer sous l'effet de la surprise et de la fureur ; il lui fallut quelques secondes pour retrouver une contenance. « Laissez ma mère en dehors de ça.

– Et ce fameux frère Surplus, ajouta Mr Samuels. Comment le vis-tu ? »

Jude le regarda froidement. « Je ne le vis ni bien ni mal. Ça m'est égal.

– Égal ? » Mr Samuels éclata de rire, et son visage s'illumina d'une lueur mauvaise. « Quelques semaines de plus, et tu aurais pu être Surplus à sa place. »

Jude fulminait. Bien que rouge de colère, il se força à garder les yeux fixés droit devant lui, à rester imperturbable, comme si cette pensée ne le torturait pas depuis des mois – depuis que Peter avait fait la une des journaux. Depuis son évasion. Depuis que le père de Jude avait été assassiné par son ex-femme, la mère de Peter.

« Écoutez, vous cherchez quoi, au juste ? demanda-t-il le plus nonchalamment possible. Si vous ne voulez pas que je m'occupe de votre système, je ferais mieux de rentrer chez moi.

– Tu n'iras nulle part, fit Derek Samuels en le retenant d'un geste. Tu n'iras nulle part. La raison pour laquelle je t'ai fait venir aujourd'hui, c'est que nous organisons une importante conférence de presse. Nous avons une visite des Autorités. Et mon boulot consiste à faire en sorte que rien ne dérape. Que rien ne vienne gâcher la fête. C'est pourquoi je vais te boucler ici jusqu'à ce que tout soit terminé, quand j'aurai la certitude que tu ne pourras nuire à personne.

– Me boucler ici ? balbutia Jude. Vous n'avez pas le droit !

– Oh, si. Ce que tu n'as pas encore compris, mon cher, c'est que j'ai le pouvoir de faire exactement ce que je veux. »

Le garde jeta des regards autour de lui, hésitant, avant de frapper timidement à la porte bleue. Il n'avait pas l'habitude de se rendre dans la section Réinstruction et il ne se sentait pas à sa place.

Prudemment, il tendit l'oreille pour guetter une réponse, en vain. Il frappa à nouveau, plus fort cette fois.

« Serait-ce la porte ? demanda une voix. Oui, il y a quelqu'un ? Entrez, je vous prie. »

Rassuré, l'homme tourna la poignée et entra. Comme il s'y attendait, seules deux personnes occupaient l'immense laboratoire aux murs blancs : le Dr Edwards — celui qui travaillait à toute heure et semblait ne jamais rentrer chez lui — et le gamin. Le petit-fils Pincent.

« J'ai, heu... j'ai un pli à livrer. Pour le garçon, dit-il, s'empêtrant dans le texte qu'il avait pourtant appris par cœur.

– Le garçon ? demanda le Dr Edwards. Peter, vous voulez dire ?

– C'est ça. Pour Peter. Peter Pincent.

– Vous livrez le courrier, d'habitude ? voulut savoir le scientifique. Je croyais que vous faisiez partie de la Sécurité ?

– Oui », confirma le garde, le rouge aux joues, en tâchant de se remémorer les instructions qu'on lui avait données. « Mais c'est un courrier important. Déposé personnellement à l'accueil. Par une jeune dame. Elle tenait à ce qu'il le reçoive en main propre... Peter Pincent, je veux dire. Moi, je passais là par hasard.

– Alors ne devriez-vous pas le lui remettre directement ? » rétorqua le Dr Edwards, les plis de sa bouche relevés en un vague sourire.

Le garde hocha froidement la tête. « Voilà », dit-il en tendant l'enveloppe à Peter, qui la contempla, intrigué.

« C'est pour moi ?

– Oui.

– De la part de qui ?

– Une jeune dame. La Surp... heu, la fille qui s'est évadée de Grange Hall avec vous, rectifia-t-il nerveusement. Enfin, à ce qu'on aurait dit. Elle avait le même âge que vous, à peu près. »

Peter fronça les sourcils et coinça le courrier sous son bras. « Quand est-elle passée ? Ai-je une chance de la rattraper ?

– Désolé, mais j'avais d'autres affaires importantes à régler. » Le garde ne lâchait pas l'enveloppe des yeux.

« Elle était là il y a quarante minutes à peu près. Elle voulait pas rester, qu'elle a dit.

– A-t-elle ajouté autre chose ? »

Le garde eut un hochement de tête affirmatif.

« Alors, quoi ? Je vous écoute, s'agaça Peter.

– Elle a dit de vous dire, répondit le garde en pesant ses mots, que vous aviez raison. Qu'elle s'excuse, et à plus tard.

– Elle a dit que j'avais raison ? Vraiment ?

– Oui. Et aussi qu'elle s'excuse, répéta le garde. Bon, si ça vous ennuie pas, je ferais mieux de retourner à mon poste.

– Bien sûr, dit Peter en retournant l'enveloppe entre ses mains. Merci.

– De rien, répondit le garde en palpant discrètement le gros pourboire enfoui dans la poche de son pantalon. C'est mon boulot. »

Jude se retrouva enfermé dans un espace exigu ressemblant à s'y méprendre à un cagibi. Les murs étaient épais, la porte avait l'air solide et il n'y avait pas la moindre fenêtre ; seule la grille d'aération au plafond permettait d'alimenter le réduit en oxygène.

« Tu vas rester ici, déclara Derek Samuels. Tu n'as

pas vraiment le choix. Tu n'iras nulle part jusqu'à nouvel ordre.

– Vous êtes content de vous, hein ? marmonna Jude entre ses dents.

– Disons qu'on ne me la fait pas », répondit Samuels avec un air suffisant. Il sortit un talkie-walkie de sa poche. « J'ai besoin d'un garde. Salle 25, au rez-de-chaussée. » Il se tourna de nouveau vers son prisonnier. « Si j'étais toi, je n'essaierais pas de le contrarier. » Après lui avoir décoché une dernière œillade triomphale, il ouvrit la porte avec son badge et la verrouilla électroniquement derrière lui.

Furieux, Jude s'adossa au mur et se laissa glisser jusqu'à terre. Quelque part dans ce bâtiment dormait la fille aux cheveux roux — inaccessible, telle une princesse de conte de fées morbide. Et, ailleurs, Peter Pincent vaquait à son travail. Tandis que lui se trouvait au fond d'un placard, enfermé et impuissant. Il lâcha un soupir rageur, puis se redressa et donna un coup de pied dans le mur. Il s'était cru plus malin qu'eux ; il croyait tout savoir.

Il plissa le front. Il en savait peut-être plus qu'il ne le pensait — pas tout, mais suffisamment. Derek Samuels ne l'avait même pas fouillé. Il avait encore son mini-terminal sur lui. Concentré à l'extrême, il se visualisa devant son écran, dans son appartement, chez lui, face aux images de vidéosurveillance de Pincent Pharma. Il avait devant lui le plan entier du bâtiment. Avec quelques efforts de réflexion, il pourrait retracer le trajet parcouru depuis le hall de réception, et ainsi localiser l'endroit exact où il se trouvait à présent. Levant la tête, il examina la grille d'aération au-dessus de lui. Elle paraissait étroite. Trop étroite.

Jude regarda alentour. Puis ses yeux s'illuminèrent. Dans un coin, derrière une étagère, étaient entreposés un vieux bidon de peinture blanche ainsi qu'un plateau contenant un grattoir, tous deux maculés de croûtes de peinture séchée. L'oreille aux aguets pour anticiper l'éventuel retour du garde, Jude s'empara du grattoir et, un pied sur l'étagère, se hissa pour atteindre le plafond.

Chapitre 20

Jude mit d'abord une bonne minute à comprendre où il se trouvait, puis deux ou trois autres avant de s'habituer à l'obscurité. L'unique source de lumière passait à travers la grille d'aération, derrière lui, et laissait à peine filtrer de quoi percer la pénombre. Il régnait une chaleur étouffante dans l'étroit réduit au-dessus du plafond, rempli de poussière et de câbles, de conduites de chauffage et de souffleries d'air conditionné. Sa progression était pénible, laborieuse, mais Jude faisait de son mieux, s'arrêtant à intervalles réguliers pour guetter le *bip* du scanner de badge à la porte de sa cellule. Il avait mentalement reconstitué son trajet depuis le hall de réception : sauf erreur de sa part, il ne devait plus se trouver qu'à une poignée de mètres de la Centrale énergétique de Pincent Pharma, située au rez-de-chaussée, juste à côté du poste de Sécurité.

Il se mit à ramper fébrilement ; il ne disposait plus que de quelques minutes, et les secondes défilaient. Il n'aurait pas le temps de localiser la fille, ni de faire quoi que ce soit, excepté... gagner du temps supplémentaire.

Enfin, il arriva à destination. Comme il s'y attendait, au-dessus de la Centrale énergétique le plafond abritait une infrastructure complexe, faite de câbles, de routeurs et de re-routeurs. Jude inspecta minutieusement les alentours et repéra l'ordinateur central, celui qui régulait l'alimentation en courant de tout le bâtiment. Les moniteurs, eux, se trouvaient en bas, dans la pièce elle-même, où travaillaient des gardes et des employés ; Jude les entendait parler. Ils étaient loin de se douter que, juste au-dessus de leurs têtes, se trouvaient les circuits de l'ordinateur central et que, grâce à son terminal portatif, Jude avait ainsi accès au cœur même du système. Il commençait à avoir le front moite. Levant les mains, il inspira à fond et se mit au travail.

L'idéal serait de provoquer des dégâts minimes, impossibles à déceler, mais néanmoins d'un impact dévastateur, songeait-il à mesure qu'il court-circuitait les codes de sécurité pour accéder à la page de configuration du système. Un bruit de pas pesants résonna dans le couloir, devant la porte de la Centrale énergétique, et Jude dut essuyer son front ruisselant de sueur. Quelque chose qui ressemblerait à une coupure générale d'électricité... Quelque chose qui provoquerait un black-out pendant une bonne vingtaine de minutes, au moins.

Le temps lui était compté. Jude savait que son absence risquait d'être découverte à tout moment. Mais il finit par trouver exactement ce qu'il cherchait : un code de connexion. L'un des milliers de liens intégrés au système. Avec doigté, il modifia l'une des lettres, programma un délai de dix minutes, puis rampa à toute vitesse en marche arrière pour regagner sa cellule. Deux fois de suite, il se crut enfin arrivé à bon port, avant de s'apercevoir qu'il se trompait de bouche d'aération. Il repéra enfin la bonne, celle qu'il avait laissée légèrement ouverte, se glissa à travers l'ouverture et referma la grille derrière lui le plus soigneusement possible ; à la seconde où il posa le pied par terre, la grille lui tomba sur la tête. Aussitôt, il remonta sur l'étagère pour la remettre maladroitement en place mais se figea net en entendant des pas venir dans sa direction. Vite, il redescendit, s'épousseta et leva les yeux d'un air coupable vers le plafond. Au même instant, la porte s'ouvrit brutalement, laissant apparaître un garde à la carrure solide, le crâne rasé.

L'homme entra et l'examina avec suspicion.

« Qu'est-ce qui se passe ici ?

– Rien du tout ! » Jude s'efforça de ne pas montrer qu'il était hors d'haleine et mobilisa tout son talent de comédien pour feindre l'indignation et la frustration du prisonnier. « À votre avis ? Je suis enfermé dans un placard. Si vous ne me laissez pas sortir, je hurle à pleins poumons.

– Hurler ? » Le garde sourit et tira une chaise pour s'asseoir. « Vas-y donc. Personne ne t'entendra. Ces pièces ont été insonorisées exprès. Tu peux hurler tant que tu voudras.

– J'exige que vous me laissiez partir ! ordonna Jude en se retenant pour ne surtout pas lever la tête vers la grille de guingois au-dessus de lui. Vous n'avez pas le droit de me détenir ici contre ma volonté. Je n'ai rien fait de mal !

– Tu crois que les lois s'appliquent chez Pincent Pharma ? C'est nous qui faisons la loi.

– Je le dirai aux Autorités », marmonna l'adolescent en s'asseyant lourdement pour marteler le sol de ses pieds. Il voulait à tout prix retenir l'attention du gardien, l'empêcher de regarder ailleurs.

« Et ils nous taperont dans le dos pour nous féliciter de t'avoir bouclé et empêché de nuire. » Le garde bâilla, se cala au fond de sa chaise et posa sur lui ses yeux vides. « Maintenant, tu la mets en sourdine ou je te fais taire moi-même. Pigé ? »

Jude acquiesça sans un mot ; il percevait nettement la menace qui affleurait dans la voix du garde, et savait qu'un rien suffirait à lui ôter tout semblant de politesse.

Il retint son souffle. D'une seconde à l'autre, la grille de la trappe d'aération risquait de retomber par terre. La poitrine serrée, il compta les minutes dans le silence. Une. Deux. Trois… Alors, tout à coup, les lumières s'éteignirent et ils se retrouvèrent tous deux plongés dans le noir.

« Qu'est-ce que…, lâcha le garde en dégainant son talkie-walkie. Allô ? Ici le 245. Demande d'informations sur panne de courant de la salle 25… Quoi ? Partout ?… Non, il est avec moi. C'est sûrement autre chose. Comment… O.K., je vérifie. » Jude l'entendit se lever, se diriger vers la porte et tester la poignée. « C'est ouvert, pesta-t-il. Quelle poisse… Il va falloir que je la verrouille en mode manuel. » Il soupira et rouvrit la porte. « Je reviens dans cinq minutes.

– Tout va bien ? lui demanda Jude en tâchant de gommer toute note de triomphe dans sa voix.

– Tout va bien, aboya le garde. Simple panne d'électricité. Heureusement pour toi, cette porte peut aussi se refermer comme au bon vieux temps, ajouta-t-il avec ironie. Alors pendant qu'on a besoin de moi ailleurs, tu vas rester ici bien sagement. Compris ?

– Vous me laissez là, tout seul ? Mais il fait noir ! » fit semblant de protester Jude.

L'homme éclata de rire et sortit sur le seuil. « Je reviens, dit-il. Ne fais pas de cauchemars. » Il referma la porte derrière lui, et Jude l'entendit actionner plusieurs fois la poignée pour s'assurer qu'elle était bien verrouillée.

Il attendit que le claquement de ses talons disparaisse au loin dans le couloir, puis remonta sur les étagères pour atteindre la trappe d'aération. Il sentit la grille bouger, trop tard ; la seconde d'après, elle heurtait le sol avec fracas. Pétrifié, Jude resta sous le choc une bonne minute, osant à peine respirer... mais le bruit semblait n'avoir alerté personne. Une fois les battements de son cœur revenus à la normale, il se hissa à travers l'ouverture et repartit en rampant le long du faux plafond.

Intrigué, Peter ouvrit l'enveloppe que le garde lui avait remise. Quand il en découvrit le contenu, il fut submergé par un brusque mélange d'allégresse et de consternation qui le dépassait un peu.

« La Déclaration d'Anna... elle a signé ! »

Le Dr Edwards, qui travaillait sans bruit dans son coin de laboratoire depuis l'échange matinal houleux entre Peter et son grand-père, releva la tête.

« Vraiment ? »

Peter, ahuri, le dévisagea en brandissant le document. « Elle a signé, répéta-t-il. Je ne comprends pas. Elle disait que... Je n'aurais jamais cru qu'elle...

– Tu as obtenu ce que tu voulais. Ça se fête, non ?

– Oui, hésita Peter. Sans doute.

– Tu n'as pas l'air de t'en réjouir.

– Si, si… J'ai juste du mal à comprendre pourquoi elle l'a fait.

– Peut-être a-t-elle bien considéré les possibilités qui lui étaient offertes. N'a-t-elle pas dit au garde que tu avais raison ? »

Peter acquiesçait mollement. « Il faut que j'aille lui parler, dit-il tout à coup. Il faut que je la voie. Maintenant.

– Bien sûr, approuva le Dr Edwards. Tu comptes prévenir ton grand-père ? »

L'adolescent remit soigneusement la Déclaration d'Anna dans l'enveloppe, qu'il glissa dans sa poche avant de troquer sa blouse contre son manteau. « Vous n'avez qu'à le faire vous-même », répondit-il. Devant la mine déconfite du scientifique, il se reprit aussitôt. « Ne le prenez pas… Enfin, je voulais juste dire… si vous tombez sur lui…

– Rassure-toi. Je ne lui ai rien dit. Ce matin, j'entends. À propos de ta décision de signer. Ce n'était pas moi. »

Peter hocha la tête. « Je sais. Enfin, je m'en doutais. Mais ça n'a aucune importance. Plus maintenant. »

« La prochaine livraison est déjà en route ? Parfait, merci, Hilda. C'est un plaisir de traiter avec vous. »

Richard se renfonça dans son fauteuil et tourna le dos à son bureau pour admirer la vue de la baie vitrée. Le soleil déclinant illuminait le ciel de couleurs vives. En contemplant ce spectacle, Richard se sentit nimbé d'un délicieux halo de triomphe. La nouvelle Directrice de Grange Hall se révélait d'une docilité idéale. Elle ne posait pas de questions, se contentait de livrer la marchandise et, cerise sur le gâteau, était plutôt jolie à regarder. Richard n'aurait pu rêver meilleure associée en affaires. En outre, il était à présent certain que Peter ferait ce qu'il attendait de lui à la conférence ; après, si le gamin lui posait problème, il s'occuperait personnellement de son cas. Du sien, mais aussi de celui de cette gamine Surplus et de son répugnant petit frère.

Il ferma les paupières, savourant le confort moelleux du cuir qui apaisait ses muscles endoloris, comme dans un doux cocon ; un ultime moment de paix avant l'arrivée de Hillary, et avant ce qui s'annonçait comme le discours le plus déterminant de ce demi-siècle en termes de retombées économiques pour son entreprise.

Mais, lorsqu'il rouvrit les yeux, un spectacle incongru l'attendait. L'obscurité. Seul l'éclairage de secours diffusait sa faible lueur au ras du sol.

Il se leva d'un bond. « Qu'est-ce que ça veut dire ?

vociféra-t-il en se ruant dans le couloir tel un taureau déboulant dans une arène. Où sont les lumières ? Pourquoi ces portes sont-elles ouvertes ? Que se passe-t-il ? »

Un garde vint à sa rencontre, pâle et tremblant.

« Une défaillance de la Centrale énergétique, monsieur, expliqua-t-il nerveusement.

– Une défaillance ? J'attends la visite d'un membre des Autorités d'une minute à l'autre », aboya Richard en sortant son téléphone portable. Il sentit son visage s'enflammer, son cœur cogner dans sa poitrine. « Allô, Samuels ? Je peux savoir ce qui se passe ?

– C'est le système d'énergie, lui répondit le chef de la Sécurité d'une voix tendue. Il faut tout rebooter.

– Rebooter ? mugit Richard. Ce n'est pas le moment. Arrêtez ça. Stoppez tout !

– Je crains que nous n'ayons pas le choix. Il semble y avoir un problème. Une mauvaise connexion. Rebooter le système devrait nous permettre de régler le problème.

– Quel problème ? Nous sommes chez Pincent Pharma. Notre système est infaillible. Nous n'avons jamais de panne ! De quel problème parlez-vous ?

– Je suis au regret de... Les détails précis ne m'ont pas encore été... J'ignore au juste pourquoi, mais...

– Dois-je comprendre que vous ne savez pas ce qui se passe ? fulmina Richard.

– Non, Mr Pincent. Mais mes hommes font le

maximum. Vous pouvez être sûr que le courant va revenir d'une minute à l'autre.

– Dans le cas contraire, vous allez le regretter, gronda Richard. Vous, et tous ceux que je trouverai sur mon chemin. Vous le regretterez si amèrement que vous n'en avez même pas idée… »

Soudain, il s'interrompit, regardant devant lui les yeux écarquillés. Il éteignit brusquement son portable et le rangea dans sa poche.

« Hillary. Vous êtes en avance. Vous êtes… là.

– En effet, répondit la Secrétaire générale adjointe d'un ton patelin en renvoyant d'un geste le garde qui l'avait accompagnée. J'ai même pu traverser le couloir et prendre l'ascenseur jusqu'à votre étage sans que quiconque cherche à me retenir. Auriez-vous l'amabilité de m'expliquer ce qui se passe ici ? »

Chapitre 21

Peter n'avait pas pu rentrer chez lui pour voir Anna ; le black-out ayant déclenché la mise en place de mesures de sécurité exceptionnelles, personne n'était autorisé à quitter le bâtiment. Il n'avait pas non plus réussi à la joindre par téléphone. À chacune de ses tentatives, les sonneries s'égrenaient dans le vide. Le Dr Edwards et lui restèrent donc confinés dans le laboratoire à se tourner les pouces en attendant le rétablissement du courant. Toutes les activités considérées comme secondaires étaient en suspens, les scanners de badges ne fonctionnaient plus et seul l'éclairage d'urgence permettait d'y voir quelque chose, ses lueurs tamisées conférant aux couloirs et aux salles une atmosphère étrange, inquiétante.

« Tu veux voir comment les pilules sont fabriquées ? lui proposa le Dr Edwards. Le vrai centre de production ? »

Peter, préoccupé par la pensée d'Anna, leva distraitement la tête. « Je croyais que l'accès en était interdit », dit-il. Il se souvenait encore de sa toute première visite chez Pincent Pharma, au cours de laquelle on l'avait autorisé à voir la « zone de finition », mais pas au-delà. « Je croyais qu'il fallait des mois pour obtenir un laissez-passer. »

Le scientifique haussa les épaules, les yeux pétillants. « Normalement, oui. Mais le système de sécurité est H.S., non ? Je trouve que c'est l'occasion idéale, compte tenu de ce qui se passe en ce moment dans ta vie. Et comme plus rien ne marche, il faut bien s'occuper.

– O.K., dit Peter. Je suis partant. Je voudrais juste tenter d'appeler Anna une dernière fois. » Il composa le numéro de la maison, mais n'obtint aucune réponse. Quelques minutes plus tard, le cœur gros, il sortait sur les talons du Dr Edwards.

Ils gagnèrent l'aile de production en franchissant toute une série de portes qui s'ouvrirent docilement sur leur passage au lieu de rester hermétiquement closes, comme cela se produisait d'habitude. Des gardes patrouillaient dans les couloirs, les traits tirés, sans trop savoir qui était censé circuler là ou non. Peter et son tuteur furent stoppés à plusieurs reprises, mais chaque fois autorisés à repartir.

Ils finirent par accéder à la galerie panoramique du quatrième étage, avec son immense fenêtre à travers laquelle Peter pouvait voir les petites pilules blanches jaillir des machines. Le Dr Edwards ouvrit une porte sur sa droite. « Par ici », indiqua-t-il en désignant une autre baie vitrée au bout du couloir. Une fois devant, Peter ne put retenir un hoquet de stupéfaction. Des centaines de cuves étaient alignées côte à côte sous un véritable essaim de machines robotisées ; certaines y déversaient de la poudre, d'autres y faisaient tournoyer leurs bras articulés ou scellaient les cuves à l'aide de gros couvercles métalliques entre les jets croisés de rayons laser. Sous les yeux de Peter et du Dr Edwards, d'immenses plaques de poudre lisse, semblables à un manteau de neige vierge, attendaient sagement sur leur tapis roulant d'être avalées par la presse avant de partir pour la zone de finition. Le processus était bien plus impressionnant que ne l'aurait imaginé Peter — très industriel. Toutes ces machines, cette poudre blanche... ici naissait l'essence même de la vie éternelle. C'était un spectacle incroyable.

Le Dr Edwards semblait fasciné, lui aussi. « Eh oui, Peter, murmura-t-il. Pense un peu à ce que contiennent ces plaques de poudre. La perfection du genre humain. »

Peter les observait en se demandant combien de petites pilules sphériques sortiraient de chacune d'elles. Leur blancheur cristalline leur donnait un éclat si innocent, leur promesse de vie éternelle les rendait tellement irrésistibles…

« Alors, c'est donc ça ? dit-il tout bas, hypnotisé par l'apparition des pilules à l'autre bout des grosses machines. On mélange, et on comprime ? Je m'attendais à un peu plus.

– Mais il y a plus, souffla le Dr Edwards. Tellement plus… » Ses yeux s'embuèrent, son regard se fit lointain. « Ô, Douce Longévité, donne-moi ton baiser d'immortalité… »

Peter fronça les sourcils. « Pardon ?

– Oh, rien. » Le scientifique rosit légèrement. « Juste un détail du passé qui me revient en mémoire… Ailleurs, autrefois… Tu sais, c'est Albert Fern qui m'a transmis sa passion de la science. C'était un immense professeur. Un grand amoureux de l'aventure humaine.

– Albert Fern ?

– Le créateur de la Longévité, oui. Ton arrière-grand-père. Son rêve était de guérir les maladies, de mettre fin aux souffrances. C'est lui qui m'a fait comprendre que ce projet était possible, à condition de ne jamais renoncer. De rester ouvert à toutes les options…

– Mais il est mort, non ? Vous ne trouvez pas ça… paradoxal ?

– Certes. Mais nous autres sommes toujours en vie,

Peter. Et lui aussi. Il existe à travers chaque pilule, à travers chaque humain préservé grâce à lui. »

Ils se turent et continuèrent à admirer les pilules pendant un moment. Puis le scientifique déboutonna sa blouse blanche. « Écoute, puisque je suis là, j'aimerais monter voir l'équipe des chercheurs. Nous avons rarement l'occasion de parler de nos travaux, ces temps-ci. Autant en profiter. Tu sauras retrouver ton chemin seul, ou veux-tu que je te raccompagne sur une partie du trajet ? »

Peter déclina la proposition. « Non, ça ira, merci. Allez-y.

– Je ne devrais pas être trop long. Mais à ta place je ne traînerais pas dans les parages. C'est une zone à accès réservé. »

Il s'éloigna dans le couloir ; Peter remarqua à peine son départ, incapable de s'arracher à la contemplation des pilules de Longévité. Il s'imaginait déjà comment remplir toutes ces années qui se profilaient devant lui. Libre de tout faire, d'aller partout... L'étendue des possibles était illimitée. Au point d'en devenir presque paralysante.

Le cœur de Jude battait à cent à l'heure. Son visage était brûlant, noir de crasse. Il était pour ainsi dire revenu au même endroit que tout à l'heure — presque, mais pas tout à fait : il se trouvait juste au-dessus du poste de Sécurité, le centre névralgique de Pincent Pharma, source de toute information, de tout pouvoir. En bas, quelqu'un poussait des jurons, et des talkies-walkies crépitaient à intervalles réguliers, trahissant des échanges de voix frénétiques. Lentement, dans un parfait silence, Jude ouvrit le boîtier de commande générale du réseau de vidéosurveillance et, les mains moites, explora les entrailles du système. Les câbles lui glissaient entre les doigts, mais il finit par trouver celui qu'il cherchait. Toujours avec précaution, il sortit son couteau et trancha deux câbles pour les connecter l'un à l'autre avant d'y relier son miniterminal. L'écran minuscule, d'à peine six centimètres sur dix, s'alluma. Jude retint son souffle, à l'affût du moindre bruit susceptible d'indiquer qu'il avait commis une erreur, que les machines dans la salle juste en dessous de lui venaient de se réveiller elles aussi, mais il n'entendit rien de suspect. Avec un vif soupir de soulagement, il se mit à pianoter sur le clavier à gauche de son écran pour lancer sa recherche.

« Vous êtes sûr que ça n'a pas affecté la production de Longévité ? »

Peter eut un violent sursaut. Une voix haut perchée,

inquiète, venait de résonner dans le couloir. Il se colla contre le mur. La silhouette si reconnaissable de son grand-père venait dans sa direction. Une femme d'allure redoutable, à la coiffure ultrarigide, marchait à ses côtés.

« Bien sûr que non, lui répondit Richard Pincent d'un ton assuré laissant poindre néanmoins une relative tension. Toutes les fonctions secondaires du site sont mises entre parenthèses en cas de panne. Mais la production de Longévité, jamais. La zone de fabrication et l'Unité X disposent chacune de leur propre générateur de secours, Hillary. Vraiment, il n'y a aucune raison de s'inquiéter. »

Peter sursauta à la mention de la fameuse Unité X. Celle sur laquelle Paul lui avait demandé d'enquêter… dans une autre vie, semblait-il.

« Votre système de sécurité demeure neutralisé, Richard. Ce détail est suffisamment alarmant en soi. Je croyais Pincent Pharma équipé de la meilleure technologie au monde.

– En effet. Et à présent nous savons même comment basculer sur le réseau d'alimentation d'urgence. Hillary, des têtes vont tomber à la suite de cet incident, croyez-moi. Mais pour le reste, rassurez-vous. Vous n'avez aucune raison de… » Apercevant soudain son petit-fils, il s'arrêta net et le toisa avec suspicion. « Peter ! Je peux savoir ce que tu fais ici ? »

L'adolescent rougit. « On était… heu… le Dr Edwards et moi, je veux dire… On était partis observer la chaîne de production, bafouilla-t-il. Le Dr Edwards est resté pour s'entretenir avec l'équipe de chercheurs. Je retourne au labo. »

Son grand-père plissa les yeux. « Tu sais que c'est une zone d'accès privé ? »

Peter fit oui de la tête. « Le Dr Edwards m'a dit que…

– Je suis sûr que le Dr Edwards savait parfaitement ce qu'il faisait, l'interrompit Richard d'une voix pincée en coulant un regard en direction de son invitée. Mais il est temps pour toi de regagner ton poste de travail. Le plus vite sera le mieux.

– Voici donc Peter Pincent. Quelle fascinante rencontre ! » La femme le dévisageait avec curiosité.

Peter se tut. Il aurait voulu poser des questions sur l'Unité X, être rassuré sur le fait qu'il s'agissait d'un lieu banal, comme les autres, et qu'il y avait une explication parfaitement logique capable de dissoudre les doutes qui le rongeaient.

« En effet, fit Richard sans cesser de jauger son petit-fils. Hillary, je vous présente Peter. Peter, Hillary Wright est la Secrétaire générale adjointe des Autorités. »

L'adolescent étudia rapidement la nouvelle venue. Elle avait de petits yeux perçants et se tenait raide comme la justice.

« J'ai entendu dire que tu te convertissais à la Longévité ?

– Je… » Peter enfonça ses ongles dans ses paumes. « Je trouve que la Longévité est une chose incroyable, déclara-t-il prudemment.

– Et tu signeras la Déclaration cet après-midi lors de la conférence de presse ? »

Peter tressaillit. « Une conférence de presse ? J'ai un peu de mal avec les journalistes…

– C'est un mal nécessaire, je le crains, l'interrompit sèchement Hillary. Les gens seront forcément curieux. Tu es une sorte de célébrité, tu sais.

– Plutôt une célébrité maudite, marmonna Peter.

– Toutes les formes de célébrité se valent, bonnes ou mauvaises, rétorqua Hillary en se fendant d'un petit sourire. Je crois que ce serait vraiment bénéfique. »

Elle adressa un regard furtif à Richard, qui arborait une expression indéchiffrable. « Je suis certain que Peter va signer, dit-il d'une voix sourde. Signer la Déclaration est un événement, après tout. »

Peter les observa à tour de rôle, mal à l'aise. Qu'il accepte de signer, c'était une chose. Mais il refusait de servir de marionnette aux Autorités et à Pincent Pharma.

« Non, dit-il. Non, je ne crois pas que je… » Il hésita. Cette conférence de presse n'était peut-être pas une mauvaise idée. L'occasion de donner une bonne leçon au Réseau souterrain. Paul aurait une fois pour toutes la preuve que Peter n'était plus un gamin. Qu'il ne laissait plus personne le manipuler ou l'utiliser.

« Au fond, pourquoi pas, se ravisa-t-il.

– Tant mieux, se félicita Hillary. Naturellement, Richard veillera à ce que tu sois bien préparé.

– Cela va de soi, fit ce dernier d'un ton pincé. Dix-huit heures précises, Peter. Maintenant, tu ferais mieux de retourner au laboratoire. »

Peter marcha jusqu'au bout du couloir, puis tourna à gauche. Ils croyaient se servir de lui, mais ils se trompaient ; c'était lui qui se servait d'eux, songea-t-il avec un léger frisson d'excitation. Il n'était le jouet de personne. Plus maintenant. Soudain, il se figea. Il avait comme un nœud à l'estomac. Quelque chose clochait. Peut-être avait-il brûlé les étapes. Il n'avait même pas encore parlé à Anna. Sa Déclaration signée semblait ronger le tissu de sa poche. Il voulait comprendre ce qui l'avait fait changer d'avis.

Dans un brusque élan, il fit demi-tour et revint sur ses pas. Il dirait à son grand-père qu'il avait besoin d'un délai supplémentaire. Que sa décision de signer la Déclaration était son affaire, et celle de personne d'autre. Mais, en tournant au coin, il s'arrêta net. Richard Pincent avait disparu. Peter courut à l'autre bout du couloir, vérifia à gauche puis à droite : aucune trace de son grand-père ou de son invitée !

Contrarié, il tendit l'oreille, à l'affût de leurs bruits de pas, mais dut bien admettre qu'il avait perdu la partie. De toute évidence, ils s'étaient volatilisés.

Chapitre 22

Anna observait le garde sans un mot, les yeux emplis de terreur. On l'avait traînée de force hors de chez Maria et jetée dans une fourgonnette ; là, heureusement, elle avait fini par récupérer son petit frère et par convaincre les hommes de lui ôter ses menottes afin qu'elle puisse le prendre dans ses bras et l'empêcher de se cogner contre les parois du véhicule, qui roulait à tombeau ouvert. À présent, elle se trouvait dans une pièce sombre ; où, elle l'ignorait. Le fourgon s'était arrêté devant une porte ; derrière cette porte se trouvait un couloir menant jusqu'à cette pièce.

« Si tu ne fais pas taire ce truc, je m'en charge moi-même », aboya le garde.

Anna serra Ben contre elle et tenta de le calmer ; il pleurait sans discontinuer depuis leur arrivée.

« Il a faim, dit-elle tout bas. Il a besoin de lait.

– Il a besoin de lait, répéta l'homme d'une voix

moqueuse. Qu'il la ferme, ou il recevra autre chose que du lait. »

Anna sentit son ventre se serrer ; elle força Ben à prendre son pouce dans la bouche. Il se mit à le suçoter fébrilement. La pièce n'était baignée que d'une faible lueur intimidante.

« Où est Maria ? se risqua-t-elle à demander. Elle est ici, elle aussi ? »

Un rictus se dessina sur les lèvres du garde. « Maria ? Ici ? Ça m'étonnerait. C'est une Rabatteuse. »

Anna blêmit. « Non. C'est impossible... Elle disait que...

– Hélas, on ne peut se fier à personne, de nos jours », résonna une voix inconnue. La porte venait de s'ouvrir pour laisser entrer un second homme. Le visage aiguisé, il était vêtu d'un costume strict, et tout dans son allure exprimait la menace.

« Anna Covey ? »

Elle acquiesça.

« Mon nom est Samuels. Je suis le chef de la Sécurité ici, à Pincent Pharma. Et je crains, ma chère, que tu ne te sois attiré de vilains ennuis. Nous avons entièrement filmé la scène, vois-tu. »

Anna pouvait à peine respirer. « Tout ?

– Tout. » Mr Samuels eut un sourire mauvais. « On t'entend fomenter un plan pour la libération des Surplus,

Anna. Sais-tu de quel châtiment est passible ce genre de crime ? »

La jeune fille secoua la tête.

« Je voulais juste aider les enfants, dit-elle, les larmes aux yeux. Je croyais qu'elle aussi. Je croyais...

– Assez ! mugit Derek Samuels. Tu t'imagines que nous allons laisser une petite parvenue de Surplus comploter contre notre société, menacer la science et la civilisation ? Notre rôle est de protéger les citoyens contre les individus comme toi, Anna. Toi et ton affreux petit frère ne méritez pas de vivre à l'Extérieur !

– Non, pas Ben ! supplia Anna. Il n'a rien à voir avec ça. C'est un Légal. Il est innocent !

– Innocent ? Qui s'occupera de lui si tu vas en prison ? Tu n'y as même pas pensé, je parie. Trop occupée à t'attendrir sur ces saletés de Surplus. »

Anna sentit son sang refluer de son visage. La pleine conscience de ses agissements éclatait à l'intérieur de son crâne tel un douloureux coup de tonnerre. Un vrombissement retentit dans la poche de Mr Samuels, qui sortit un talkie-walkie.

« Je ne veux pas être dérangé, c'est compris ? marmonna-t-il avec irritation. Je veux deux unités de vigiles en faction devant l'entrée principale. Je veux que cette panne soit réparée. Et à moins qu'on signale l'arrivée des quatre cavaliers de l'Apocalypse à l'approche du bâtiment, je ne veux plus aucune interruption, c'est compris ? Bien. »

Il remit l'appareil dans sa poche et se tourna vers Anna. « Maintenant, nous allons bien sagement attendre le médecin, n'est-ce pas ? Tu as besoin d'un petit examen de santé. Histoire de voir si tu peux te montrer Utile ou non.

– Utile ? » Anna n'émit qu'un filet de voix. « Qu'allez-vous faire de moi ? Où m'emmenez... »

Mais Derek Samuels ne la laissa pas finir sa phrase ; un garde lui arracha son frère des mains, tandis qu'un autre la poussait de force sur la paillasse avant de lui jeter l'enfant. Cette fois, le pauvre petit hurlait, ses minuscules poings serrés, ses joues cramoisies inondées de larmes, et Anna dut se faire violence pour ne pas se joindre à ses sanglots.

Sa vision se rajustait peu à peu. Plafond blanc. Oreiller blanc. Couverture rouge. Draps gris. Allongée sur son lit, Surplus Sheila promenait prudemment son regard tout autour à mesure qu'elle tentait de se rappeler où elle était. Pas à Grange Hall — ça, c'était une certitude. Mais pas dans une maison non plus. Plutôt un lieu de transit, le temps de son bilan médical, se dit-elle. Sheila savait qu'il valait mieux s'abstenir de poser des questions : toutes ces années passées à Grange Hall lui avaient appris à toujours garder les yeux baissés, à ne jamais rien demander et à obéir aux ordres, malgré son sentiment de révolte initial. Sans doute un examen de santé supplémentaire, afin de s'assurer qu'elle était apte au travail d'employée de maison. Si elle réussissait le test, elle serait bientôt envoyée dans le monde réel, dans une vraie maison. Dès lors, elle pourrait enfin partir à la recherche de ses parents.

Un faible sourire au coin des lèvres, Sheila continua tant bien que mal à examiner les lieux. Elle avait la tête lourde, l'esprit confus, le corps lourd et endolori sur le fin matelas qui lui servait de lit. Elle se rappelait vaguement son arrivée ici, dans cet immense bâtiment tout blanc. Saisie de peur en sortant de la fourgonnette blanche, elle avait demandé où elle était, mais personne ne lui avait fourni de réponse, puis un homme l'avait traînée jusqu'à une porte, elle s'était mise à hurler et une vive douleur lui avait vrillé la jambe. Après ça, c'était le noir total. Et voilà qu'elle se réveillait à présent dans un autre dortoir, comme celui de Grange Hall, mais blanc au lieu de gris, sans sonneries, ni corvées, ni séances de Tutorat. Elle devait se trouver là depuis plusieurs jours, analysa-t-elle. Voire plus longtemps — elle passait l'essentiel de son temps à dormir, donc difficile de savoir exactement.

Il y avait d'autres pensionnaires dans la chambre, comme elle étendues sur des lits, endormies ou feignant de l'être. Sheila surprit le regard d'une de ses voisines, et elles se détournèrent aussitôt l'une de l'autre. Une fille qui s'était fait surprendre en train d'essayer de bavarder, il y avait un jour ou deux, avait reçu une volée de coups en guise de punition. Bien fait pour elle, avait songé Sheila. Ça lui apprendrait à être aussi stupide. Elle, au moins, faisait tout pour montrer qu'elle était sage comme une image et qu'elle méritait de terminer ses examens plus rapidement que les autres.

Les tests n'étaient pas très agréables. Sheila en avait vite conclu qu'elle n'aimait pas du tout les examens médicaux. Chaque jour, une piqûre ; chaque jour, une prise de sang ; chaque jour, on lui surélevait les pieds dans des étriers pour lui enfoncer des instruments métalliques à l'intérieur du corps, et elle serrait les dents pour ne pas crier de douleur. Mais, à part cela, personne ne s'occupait d'elle. Il y avait une salle de bains minuscule que les filles étaient autorisées à utiliser, seulement une à la fois. Trois fois par jour, un plateau-repas était posé devant elles. Toutes portaient la même liquette — longue devant, ouverte derrière, ce qui les obligeait à maintenir fermement les deux pans de tissu chaque fois qu'elles se rendaient aux toilettes. Et régulièrement, l'une ou l'autre disparaissait pour être remplacée par une nouvelle ;

celles-là avaient réussi les tests, songeait Sheila avec envie. On les avait laissées sortir, et elles étaient devenues employées de maison. Elle espérait être la prochaine sur la liste. Elle avait tellement hâte.

Jude zappait de caméra en caméra, à la recherche de l'inconnue aux cheveux roux et de Peter. Mais son écran ne lui renvoyait que des plans panoramiques sans intérêt : laboratoires, chaînes de production, cafétéria, couloirs sans fin, hall de réception... Jude s'arrêta un instant sur cette dernière image : une file de vigiles était désormais positionnée devant la sortie, armée et prête à intervenir. Trois autres gardaient l'entrée extérieure. Jude reconnut l'un d'entre d'eux : c'était celui qui s'était occupé de lui, tout à l'heure.

Dehors, un homme était en train de subir une fouille de contrôle ; quelques instants plus tard, il franchissait la double porte en verre et s'avançait vers le guichet, où il présenta un badge ; Jude fit un zoom avant et parvint à lire la mention : *Manchester Evening News*, puis un nom, « WILLIAM ANDERSON ». Le vigile de faction à l'accueil lui prit son badge des mains et l'examina avec soin, puis parut exiger autre chose ; le journaliste sourit, haussa complaisamment les épaules et lui tendit un second document. Le vigile semblait satisfait. Il se leva et lui fit signe de le suivre vers une porte donnant directement sur le hall de réception. Ce fut uniquement au moment où ils passèrent devant la caméra que Jude distingua nettement les traits de cet homme, notamment ses yeux. Aussitôt, il sentit un filet de sueur au creux de sa nuque. Cet homme n'était pas journaliste. Pas plus qu'il ne venait de Manchester ni ne s'appelait William Anderson. Un peu tremblant, Jude vit l'homme entrer dans la pièce et disparaître de l'écran.

Chapitre 23

Le couloir s'étendait devant lui, aussi vaste, blanc et lumineux que les autres. Peter inspecta les alentours avec curiosité. Il se trouvait dans une annexe séparée du bâtiment principal ; derrière les fenêtres, à sa droite, se profilait le reste du complexe Pincent Pharma avec sa structure imbriquée, comme des poupées russes, bordée de cours tout autour desquelles serpentaient de longs couloirs semblables à des tunnels.

Celui dans lequel il se trouvait à présent était agrémenté d'ornements divers : série de panneaux illustrant l'évolution de l'homme d'un côté ; de l'autre, une petite exposition reproduisant certains aspects du processus de fabrication de la Longévité. Deux scanners permettaient aux employés de vérifier leur pression sanguine, leur niveau nutritionnel et la présence éventuelle d'anticorps dans leur organisme. Face à Peter, contre le mur, se trouvaient deux grandes vitrines contenant chacune un mannequin humain à taille réelle ; on voyait en détail la position et la forme de chaque organe, os ou ligament. Le premier mannequin était « sain » ou, pour dire les choses autrement, post-Longévité ; l'autre affichait un état vieillissant, organes défraîchis, muscles étiolés et squelette voûté.

Mais Peter ne s'y intéressa guère. Il s'adossa au mur, à côté des vitrines, pour réfléchir. La voix de la raison lui intimait de regagner le laboratoire, de chercher son grand-père plus tard. Pourtant, quelque chose en lui le retenait ici. Comme une intuition qu'il se passait quelque chose d'anormal. Avec un soupir, il se redressa. L'Unité X. D'après Paul, elle était au sixième étage ; il se trouvait à présent au quatrième. Levant les yeux vers le plafond comme pour trouver un début de réponse à ses questions, il se rembrunit tout à coup. Des éclats de voix venaient de retentir derrière lui. Le son lui parvenait de très loin, étouffé, mais pour Peter cela ne faisait aucun doute : il s'agissait bien d'un échange de voix. De voix humaines.

Perplexe, il regarda autour de lui : pas une âme à l'horizon. Avait-il mal entendu ? Perdait-il la tête ? Il perçut à nouveau une voix, et pas n'importe laquelle. Celle de son grand-père. Estompée, lointaine, mais reconnaissable entre mille.

Lentement, Peter pivota sur ses talons pour étudier le mannequin exposé dans son écrin de verre. C'est alors qu'il remarqua quelque chose en transparence derrière la vitrine : une porte secrète.

Intrigué, il se glissa non sans mal derrière le meuble et palpa le mur pour tâcher de découvrir une prise, un levier, un mécanisme quelconque permettant l'ouverture du panneau. Il était à deux doigts d'en trouver l'accès, il le savait ; pourtant il avait beau tâtonner, tirer... rien à faire. Il recula d'un pas pour s'assurer qu'il n'avait omis aucun détail puis, découragé, appuya son épaule contre le panneau. Aussitôt, celui-ci émit un déclic et, sous les yeux ébahis de Peter, pivota, révélant un escalier raide et étroit. Après un ultime coup d'œil pour vérifier que le couloir était toujours désert, il retint son souffle, referma soigneusement la porte derrière lui, et commença à monter les marches.

Richard décrocha son téléphone. « Oui ? mugit-il.

– Ici Derek Samuels. Le médecin vient de partir. »

Richard coula une œillade furtive en direction de Hillary. « Ah, Samuels. Je... j'ai de la visite en ce moment. Ça ne peut pas attendre ?

– Non, pas vraiment. Vous n'allez pas me croire.

– Quoi, encore ? rétorqua-t-il sans chercher à masquer son agacement. J'espère que ce n'est pas une mauvaise nouvelle, au moins ?

– Non. Tenez-vous bien. Elle est enceinte. D'après le médecin, elle en est déjà à trois mois. »

La mâchoire de Richard s'affaissa.

« Allô ? Vous m'avez entendu ? »

Richard acquiesça ; du coin de l'œil, il voyait Hillary tendre l'oreille pour suivre la conversation. « Oui, oui. C'est juste que... j'ai de la compagnie, voilà tout... Que disiez-vous, elle... c'est intéressant. » Il se fendit d'un sourire à son invitée. « Veuillez m'excuser juste une minute », lui dit-il avant de tourner au coin du couloir, hors de portée des oreilles de la Secrétaire générale adjointe.

« Qui d'autre est au courant ? murmura-t-il dans le combiné.

– Personne.

– Tant mieux. Faites en sorte que ça continue. »

Il y eut une pause. « Alors, reprit Samuels, quels sont vos projets ? Pour le fœtus ?

– Donnez-le au Dr Ferguson. Qu'il en dispose à sa guise.

– Vraiment ? Et le père ?

– Je ne crois pas savoir qu'il y ait un père, répondit Richard avec détachement.

– Pas de père ?

– Non.

– Bien sûr, s'empressa d'approuver Samuels. Pas de père. » Mais sa légère hésitation irrita aussitôt Richard.

« Un fœtus vivant est une véritable mine d'or, non ? Ferguson ne passe-t-il pas son temps à pleurnicher qu'il manque de cellules pour ses expériences ?

– Oui, monsieur. Vous avez raison.

– Alors, faites comme j'ai dit, siffla Richard. Je me trouve en ce moment même avec un éminent représentant des Autorités. J'ai une conférence de presse tout à l'heure, et une panne d'électricité à gérer. Je ne veux plus être dérangé sous quelque prétexte que ce soit, c'est compris ?

– Absolument, fit Derek Samuels. C'est comme si c'était fait. »

Chapitre 24

Frissonnant sous sa couverture trop fine, Sheila roula sur le flanc. Son ventre gonflé la faisait souffrir, et elle se tortilla maladroitement pour trouver une position confortable avant de fermer les paupières et d'essayer de s'endormir.

Elle fut réveillée à peine quelques minutes plus tard — du moins, ce fut son impression — par des bruits de voix à proximité. D'expérience, elle savait qu'entendre venir des gens n'était jamais bon signe, ici.

« D'accord. Vous pensez que celle-ci est prête, donc ?

– Les niveaux sont O.K.

– Parfait. Combien ?

– Une douzaine, peut-être davantage. »

L'autre émit un sifflement. « Pas mal. Très bien, amenons-la. »

Sheila sentit qu'on déplaçait son lit sur ses roulettes et ouvrit craintivement les yeux. Derrière elle se tenait un homme costaud, en train de pousser sa couchette ; devant elle, une infirmière dont elle reconnut le visage.

« Où... où est-ce que je vais ? »

La femme la toisa d'un œil irrité. « Quelle importance ?

– Est-ce qu'on me renvoie à Grange Hall ? »

L'infirmière grimaça. « Non, jeune Surplus. Tu es sur le point de payer ta dette envers la société.

– Ça veut dire que je vais devenir employée de ménage ? demanda Sheila, pleine d'espoir. Que je vais aller dans une vraie maison ? »

La femme éclata de rire. « Une maison ? Tu plaisantes. Maintenant, tais-toi, ou je vais devoir te faire une piqûre. Le docteur tient à ce que tu restes consciente. Compris ?

– Consciente ? répéta Sheila. Pourquoi ? Qu'est-ce que le docteur va me faire ?

– "Qu'est-ce que le docteur va me faire ?" » singea l'infirmière d'un ton moqueur. Elle s'adressa à son collègue, derrière Sheila. « Bon, arrêtez-vous une minute, voulez-vous ? »

Le lit s'immobilisa sur ses roues, et la femme sortit une seringue. « Juste une petite injection de rien du tout, dit-elle. Elle se réveillera à temps pour l'opération. »

Sheila sentit une main de fer se plaquer sur son bras et une aiguille s'insérer douloureusement dans sa chair.

« Voilà qui est mieux, maugréa l'infirmière en jetant la seringue. Avec toutes ces expériences sur les Surplus, on aurait au moins pu trouver le moyen de leur faire muter le gène de la parole. C'est bien joli, la repousse des organes, mais et le personnel médical, dans tout ça ? C'est nous qui devons les supporter jour après jour. »

La tête de Sheila s'alourdit. Quelques secondes plus tard, elle sombrait dans un profond sommeil.

La pièce dans laquelle se trouvait Peter lui rappelait les vieux dépôts et les hangars désaffectés dans lesquels il avait passé une bonne partie de sa jeunesse fugitive — caché, récupéré, abandonné là parfois plusieurs jours d'affilée en attendant que le Réseau lui trouve une autre planque ou un foyer d'accueil. Les garçons posaient problème, lui marmonnait sans cesse Paul ; les filles, elles, étaient plus faciles à cacher et à distraire. Les garçons avaient besoin d'espace pour courir, se défouler, or cela n'était guère compatible avec une existence d'enfant clandestin, pas avec tous ces regards hostiles à l'affût, pas avec des Rabatteurs susceptibles de défoncer la porte à chaque instant. Qui plus est, le problème se corsait avec l'âge : il y avait toujours des familles d'accueil pour les petits, mais nettement moins pour les plus grands.

Tout garçon âgé de plus de cinq ans était difficile à placer.

Peter se renfrogna et chassa ces souvenirs de son esprit. D'un rapide coup d'œil, il évalua le désordre ambiant (cartons entassés, sol en béton crasseux) et examina la configuration de la pièce. Tout au fond, dans un coin, à peine visible derrière ce qui ressemblait à un amoncellement de débris, apparaissait une porte. Après s'être assuré qu'il était bien seul, il se faufila jusqu'à elle et l'entrebâilla de quelques centimètres. Le premier son qui lui parvint fut celui de la voix de son grand-père ; l'adolescent eut un brusque mouvement de recul.

« Voyez-vous, disait Richard Pincent, la Longévité est un médicament formidable, mais elle a aussi ses limites. Ici, nous développons déjà la phase suivante : la Longévité 5.4. Ou Longévité +, pour les besoins du marketing. » Ils s'éloignaient tous deux vers un escalier ; Peter devait tendre l'oreille pour les entendre.

« Si vous le dites, répondit Hillary. Bien, pouvons-nous en finir, à présent ? Les Autorités ont d'autres affaires urgentes à traiter, Richard. Des dossiers dont l'importance dépasse largement la Longévité.

– Vraiment ? rétorqua Richard avec une pointe de sarcasme. Hillary, rien ne saurait dépasser l'importance de la Longévité. Ni aujourd'hui, ni jamais. Si la production venait à cesser, la race humaine s'éteindrait en l'espace de quelques années. La civilisation telle que nous la connaissons aujourd'hui tomberait en miettes. La survie de l'humanité tout entière dépend de la Longévité. »

Il y eut un court silence.

« Je vois, Richard. C'est très clair, en effet.

– Parfait. Et maintenant, si vous voulez bien me suivre dans l'Unité X, je vais vous montrer un petit aperçu de l'avenir. »

Peter attendit qu'ils aient atteint le sommet des marches, puis franchit sans bruit la porte derrière laquelle il s'était tapi et se lança discrètement sur leurs traces.

Sheila plissa les yeux pour se protéger de la lumière trop vive qui l'aveuglait. Elle avait mal au bras, là où l'infirmière lui avait fait la piqûre, et la tête lui tournait un peu, comme si elle nageait encore en plein rêve, ce qui l'encouragea à parler.

« Où suis-je ? » demanda-t-elle en s'efforçant de distinguer quelque chose autour d'elle. Sans succès. Elle comprit seulement qu'elle se trouvait dans une pièce assez vaste ; des voix feutrées se faisaient entendre, mais impossible de voir qui parlait. « Que se passe-t-il ? »

La silhouette floue d'une femme se matérialisa dans son champ de vision. Lorsqu'elle s'approcha, Sheila put distinguer les traits de son visage. Il semblait doux, bienveillant… si différent de tous ceux qui défilaient devant elle depuis une semaine.

« Surplus Sheila ? » Elle acquiesça. « Bienvenue dans l'Unité X. Ta procédure va bientôt commencer. C'est très peu douloureux, mais tu devras rester le plus immobile possible. Tu peux faire ça pour moi ? »

Sheila hocha la tête. « Cette procédure, ça sert à quoi ? »

La femme lui sourit. « À entrer dans l'Histoire. Grâce à toi, nous allons parvenir à une découverte scientifique majeure, Sheila. Tu vas devenir un Bon Élément.

– C'est vrai ? » Sheila sentit un frisson de fierté la parcourir. Elle allait entrer dans l'Histoire. Elle était importante. Puis elle tressaillit. « J'ai mal, gémit-elle. Très mal. Et j'ai envie de vomir.

– Ne t'inquiète pas, la rassura l'infirmière. Je reviens tout de suite. Ne bouge surtout pas, d'accord ? Ça va aller. »

Elle disparut, et Sheila posa ses mains sur son ventre. Elle avait tellement mal… Elle voulait que cette douleur s'arrête, mais elle savait qu'il était inutile de se plaindre. La lumière des lampes lui chauffait le visage. Elle chercha à rouler sur le côté, en vain : ses jambes étaient sanglées dans une position bizarre. Ses bras aussi étaient attachés.

Effrayée, elle appela la femme, mais personne ne lui répondit.

Peter monta les marches deux à deux ; au sommet de l'escalier, il vit un étroit couloir menant à une porte. L'Unité X, songea-t-il, le cœur battant. La voilà — il y était. Posant son oreille contre la porte, il écouta la suite :

« Le problème de la Longévité ne réside pas tant dans ce qu'elle permet d'accomplir que dans ses limitations, vous me suivez ? disait la voix de son grand-père. Notre âge ne devrait pas être visible, pas plus qu'il ne devrait avoir d'impact sur notre corps. Mais c'est pourtant le cas. Nos rides, nos petits bourrelets, notre manque d'énergie... tout cela conspire contre nous. La Nature n'a pas fini de se payer notre tête, de nous jouer des tours. Nous avons hérité de la Terre, seulement nous n'avons aucun contrôle sur notre santé et notre apparence physique.

– Reste toujours la chirurgie. »

Ils se tenaient tout près de la porte — trop près pour que Peter se risque à l'ouvrir.

« Certes, mais ce n'est qu'un cache-misère. Une vulgaire opération ne saurait suffire, Hillary ; notre présence dans ce monde est définitive. Grâce à la Longévité, nos organes internes bénéficient du Renouveau permanent. Mais notre peau et nos muscles, eux, ont encore du retard à rattraper.

– Et vous pouvez y remédier ? Comment ?

– Grâce aux cellules souches. »

Hillary lâcha un soupir. « Les cellules souches ? Richard, en quoi est-ce une nouveauté ? » Un hurlement strident fit tout à coup sursauter Peter. « Et d'où vient ce bruit ? Vous avez une animalerie, par ici ?

– Une animalerie ? Non. C'est juste... inhérent au processus. Ce qu'il faut impérativement garder en mémoire, c'est que nous n'utilisons pas de cellules souches prélevées sur des animaux ou sur des adultes, Hillary. Les cellules souches adultes n'existent qu'en nombre très limité. Une fois développées au-delà d'un certain stade, elles ne peuvent guère que réparer, remplacer ou être intégrées à certains organes bien précis.

– Quel autre choix reste-t-il, dans ce cas ?

– Il se trouve dans cette pièce, Hillary. Juste derrière cette porte.

– Alors montrez-moi, Richard. Je tiens à savoir ce qui se passe. »

Peter serra la mâchoire, bouillant de frustration. Il fallait absolument qu'il entre là-dedans lui aussi, qu'il voie la chose de ses propres yeux.

« Vous allez le savoir, Hillary. Nous détenons ici le Saint-Graal de la lutte contre le vieillissement. Si vous voulez bien vous laver les mains et enfiler cette blouse...

– Mais... je ne comprends pas. Je...

– Vous allez comprendre ! Nous en sommes déjà à la phase test. Officieusement, cela va sans dire. Et, pour l'instant, nous n'enregistrons qu'une réponse positive croissante de la part de nos... des participants à nos essais. » Il sourit. « Croyez-moi, Hillary, nous sommes à l'aube d'une révolution. Pour nous, pour la nation... Préparez-vous à être émerveillée. »

Sheila gémit tout bas et s'efforça vainement de dégager ses bras. Elle ne se sentait plus importante du tout ; plutôt désespérée, terrifiée, et dans une position très inconfortable. Des cris lui parvenaient de temps à autre, et cela l'effrayait terriblement.

Un homme en blouse blanche s'approchait à pas vifs. À ses côtés, la gentille femme de tout à l'heure préparait des objets sur un chariot. La vision de Sheila se fit peu à peu plus nette ; elle aperçut d'autres lits, ainsi que des gens tout de blanc vêtus échangeant des propos à voix basse.

« O.K... quel numéro ?

– Voyons voir... VA 367. » La femme ne souriait plus, cette fois. Elle s'avança près de Sheila et pressa un levier qui lui fit remonter les jambes en l'air tandis que son corps glissait vers le bas du lit, si bien que ses menottes lui tordaient les poignets.

« Et à combien s'élève le retrait ?

– Douze.

– Douze ? » L'homme parut impressionné. « Pas mal. C'est le record pour l'instant, non ? »

La femme confirma d'un hochement de tête. « Nous avons échoué avec onze la semaine dernière.

– Eh bien, faisons en sorte d'être plus chanceux aujourd'hui, d'accord ? »

Il ajusta la lampe de manière à éclairer l'entrejambe de Sheila, et lui remonta sa tunique. La jeune fille avait très chaud et sa position la gênait affreusement, mais elle ne pouvait faire le moindre geste.

« Ça me fait mal », parvint-elle à dire à la femme, qui tenait plusieurs petits tubes en verre entre les mains. Celle-ci lui sourit.

« Mais non, répondit-elle d'un ton enjoué. Ça n'a rien de sorcier. Reste bien allongée sans bouger, et laisse le technicien effectuer sa manipulation. Tout sera fini en un clin d'œil. »

Sheila acquiesça, docile. Elle sentit alors quelque chose de froid et dur s'insinuer à l'intérieur de son corps. Un hurlement à glacer le sang emplit la pièce, et elle mit plusieurs secondes avant de comprendre que ce son provenait de sa gorge. La douleur était effroyable, comme si une lame de couteau lui déchirait les entrailles. Mais c'était bien pire que cela. Tout au fond d'elle-même, quelque chose semblait implorer, supplier… Quoi, elle l'ignorait. Elle avait juste la sensation que ces sanglots lui parvenaient des tréfonds de son âme.

Elle voulut protester, mais la douleur fulgurante qui lui vrillait le ventre l'empêchait de parler. Ses yeux se gonflèrent de larmes, et elle pria pour que ce qu'on était en train de lui faire se termine bientôt, car elle savait qu'elle ne tiendrait plus très longtemps. Elle n'avait plus aucune envie d'être un Bon Élément. Elle voulait seulement rester elle-même.

Chapitre 25

Peter entendit son grand-père pénétrer dans une autre salle. Il attendit un moment puis, prudemment, entrouvrit la porte. Un flash de lumière attira son attention ; au même instant, l'autre porte se refermait sur Hillary et son grand-père. Il se trouvait dans une antichambre. Face à lui, il avisa un plan de travail équipé d'un grand lavabo, des blouses suspendues à des patères et une étagère remplie de sachets en plastique qui, il s'en aperçut après inspection, contenaient des gants en latex. D'un pas vif, Peter se dirigea vers la double porte et poussa l'un des battants de quelques millimètres afin de voir ce qui se passait derrière ; aussitôt, ses yeux s'élargirent, sous le choc. Il s'agissait d'une pièce spacieuse. Contre le mur du fond étaient alignés cinq lits à roulettes, hébergeant chacun une jeune fille au teint blême, le regard vitreux ou visiblement endormie. Deux d'entre elles avaient les jambes relevées au moyen d'étranges appareils métalliques dont la seule vision suffit à mettre

Peter mal à l'aise. Les filles semblaient toutes du même âge que lui, voire plus jeunes. Un petit groupe d'hommes et de femmes en blouse blanche s'affairaient autour de l'une d'elles. Vers le coin le plus proche de l'endroit où se trouvait Peter étaient entreposées une série de machines ainsi que trois couchettes vides entassées les unes sur les autres ; après s'être assuré que personne ne regardait dans sa direction, il courut se cacher derrière les lits.

De son point de vue imprenable, il vit son grand-père se tourner vers Hillary, un large sourire sur les lèvres. « Les Surplus, déclara-t-il. Un poids pour la société, et un véritable fardeau pour la planète. N'est-ce pas ? »

Hillary coula une œillade gênée en direction des filles, avant de se détourner rapidement. « Ce sont toutes des Surplus ? Que font-elles ici ?

– Ma question d'abord, je vous prie. Répondez-moi. »

Elle émit un soupir. « Certains parmi eux ont leur utilité. Mais dans l'ensemble, oui, ils constituent un fardeau. Richard, pourquoi suis-je ici ? Je veux voir les pilules, pas ces filles.

– Vous êtes ici parce que les Autorités doivent valider nos méthodes aussi bien que le produit fini, répondit Richard. Approuver, et mettre nos chaînes de production à l'abri des curieux, des questions indiscrètes, des ignorants qui ne comprennent rien à la science et ne se rendent pas compte que toute avancée dans ce domaine nécessite une... liberté inédite dans les autres disciplines.

– Qu'entendez-vous par là ?

– Si je vous disais que les Surplus sont la clé de la santé et du bien-être de l'humanité ? dit Richard. Si je vous disais que les Surplus constituent non pas un fardeau, mais notre salut ? Qu'ils ne sont, au fond, pas des Surplus, mais de Bons Éléments ? »

Peter scruta les alentours en quête d'une autre cachette pour se rapprocher et mieux suivre la conversation.

« Notre salut ? Richard, mais de quoi parlez-vous ?

– Nous avions tort, Hillary. Nous n'avions qu'une vision négative des Surplus — un fardeau, un désagrément nuisible, à détruire, à contrôler. Mais les Surplus n'ont rien d'un fardeau. Ils sont notre avenir. Leurs ovaires, leur sperme, leur utérus, leurs organes... Autant de matières premières bien plus précieuses que toute autre ressource naturelle », affirma Richard d'une voix douce en se retournant pour contempler les jeunes filles alitées. Au même moment, Peter fonça vers le banc situé au milieu de la pièce et s'accroupit en dessous, ses réflexes affûtés au quart de seconde.

« Leur... utérus ? répéta Hillary. Richard, vous vous égarez complètement. La fertilité est une faiblesse. Créer la vie est un péché. »

Richard Pincent s'humecta les lèvres du bout de la langue et désigna la rangée de lits.

« Voyez-les plutôt comme des incubateurs. Des incubateurs capables de nous fournir des cellules souches embryogéniques d'une qualité exceptionnelle, dit-il avec révérence.

– Embryogéniques ? Vous voulez dire...

– Des embryons, voilà ce que je veux dire. Une dizaine à la fois. Aujourd'hui, nous allons même tenter d'en récolter douze. Notre objectif est de sans cesse repousser les limites.

– Et vous les... fabriquez vous-mêmes ? lâcha Hillary dans un souffle.

– Ça n'a rien de si exceptionnel. Souvenez-vous de la fécondation *in vitro*... à moins que vous ne soyez trop jeune ? On prélève un ovaire, on le féconde et on le transfère dans l'utérus. À la différence près que nous procédons par quatre, cinq, dix ou même vingt unités à la fois. Nous les laissons s'installer, se développer, puis nous les récoltons. Et leurs cellules... ont des pouvoirs inimaginables. Prenez une seule de ces cellules souches pour la soumettre au test de la Longévité, et vous obtiendrez des résultats... magnifiques. Époustouflants. Révolutionnaires. Et tout cela en deux semaines, Hillary. Deux semaines après fécondation. »

La Secrétaire générale adjointe le dévisageait, stupéfaite.

« Mais… et le stock ? dit-elle d'un ton dubitatif. Le nombre de cobayes est insuffisant. Il ne suffira jamais à satisfaire les besoins du pays, sans parler du monde entier. Il n'y a pas assez de Surplus. Ce n'est pas viable. »

Richard lâcha un petit rire. « Bien sûr que le stock est suffisant. Il suffit de bien veiller à son approvisionnement.

– Mais comment ? Il n'existe aucune garantie de…

– Aucune garantie ? » Richard secoua la tête en souriant. Puis sa voix baissa d'un ton. « Les Autorités et vous-même savez pertinemment que les Surplus nous alimentent en matières premières depuis des années : dons de sang, de moelle, de cellules souches… Nous avons toujours eu besoin d'un nombre minimal de Surplus destinés à la recherche médicale, et certains services au sein des Autorités ont su se montrer très… compréhensifs sur ce point. Cependant, jusqu'à présent, cela se passait à une échelle relativement modeste. Quelques implants contraceptifs défectueux ici ou là nous permettaient d'assurer le stock de base. Mais aujourd'hui, nous devons passer à la vitesse supérieure. Il nous faut davantage de chair fraîche, davantage de Bons Éléments. Cette fois, officiellement. »

Peter se remémora tout à coup les allées et venues de ces curieux médecins à Grange Hall, toujours de nuit, toujours au quartier d'Isolement (ces cellules souterraines utilisées pour punir les contrevenants), et crut qu'il allait suffoquer. Rien de ce qui entourait la Longévité n'était pur et noble.

« Les Autorités... Voudriez-vous insinuer que nous avons approuvé la production volontaire de Surplus ? » Hillary semblait sous le choc.

« Vous n'étiez pas au courant ? Je croyais que vous aviez lu les notes d'Adrian. Il nous a accordé une dispense spéciale. Mais à présent, nous devons accroître la production. Instaurer l'élevage des Surplus. Ils sont notre force vitale, Hillary. Leur potentiel est illimité. »

Hillary ne pouvait détacher son regard des jeunes filles. « Il y a des procédures officielles à respecter, Richard. Vous contournez le protocole et le règlement...

– Protocole et règlement qui seront balayés d'un revers de la main quand les gens auront compris le pouvoir de nos nouvelles pilules. Protocole et règlement qui sont d'ores et déjà dépassés et relèvent d'une autre époque. Ceci est le progrès. Ceci est l'avenir ! »

Hillary garda le silence un moment, puis se tourna de nouveau vers la rangée de lits.

« Celle-ci, par exemple, dit-elle en désignant la fille sanglée sur son matelas. Que lui arrive-t-il ?

– Ah, celle-ci en est au stade le plus palpitant de la procédure. Notre première récolte de douze, me semble-t-il. Douze embryons d'environ deux semaines sont en train de lui être prélevés. Douze embryons contenant assez de cellules souches pour fournir trois mois de Longévité + à Londres et toute sa province.

– Elle est enceinte, vous voulez dire ?

– Et plutôt douze fois qu'une, confirma Richard. Hélas, nous n'avons pas encore réussi à contourner les effets secondaires de la grossesse. » Il adressa un rictus à Hillary. « Un service entier rempli de filles nauséeuses, fatiguées, gémissantes et pleurnichant en permanence, rien de tel pour inciter les infirmières à exiger des augmentations de salaire ! Mais nous y travaillons. Si cela n'affectait pas la qualité des embryons, nous les garderions inconscientes du début à la fin.

– Et que va-t-il lui arriver… après ?

– Après ? » Richard la dévisagea sans comprendre.

« Si elle devient trop bavarde ? Nous ne pouvons courir le risque que les filles se mettent à parler. »

Peter sentit un frisson d'horreur le parcourir. Même de là où il se tenait, il distinguait l'implacable froideur qui animait le regard de la Secrétaire générale adjointe. Il n'y avait désormais plus aucun espoir qu'elle s'indigne du spectacle qui s'offrait à elle.

« Oh, je vois, fit Richard, visiblement soulagé. Non, elle ne parlera pas. Pour commencer, chaque fille dispose d'au moins quinze bonnes années de production devant elle. Après cela, nous verrons bien.

– Nous verrons bien ? Oh, Richard, épargnez-moi la langue de bois, je vous prie. Qu'arrivera-t-il à ces filles quand elles ne seront plus Utiles ? Nous ne pouvons continuer à engendrer des Surplus si elles deviennent plus tard des charges.

– Des charges ? Ne vous inquiétez pas pour ça, répondit Richard, un sourire au coin des lèvres. Elles nous seront Utiles d'une autre manière. Nous avons besoin de sujets vivants pour nos expériences et nos tests médicamenteux. C'est donc une première possibilité. Il nous faut aussi des cobayes pour affiner nos techniques de culture d'organes. Le sang constitue également une matière première vitale. Il y a tant de choses formidables à tirer du corps humain, Hillary ! Une infinité de possibles.

– Stupéfiant, lâcha-t-elle dans un souffle. Qui aurait cru que les Surplus puissent se révéler si Utiles ? »

Lentement, Peter laissa son regard dériver vers la fille dont ils venaient de parler. Il se sentait assommé, paralysé, comme asphyxié par sa propre peau. Dire que la Longévité lui avait paru belle ! Mais il n'y avait rien de beau ni de bon chez Pincent Pharma ! Seul y régnait le mal. Un cauchemar pire qu'il n'aurait osé l'imaginer. La pensée qu'il avait failli signer la Déclaration lui donna la nausée.

Il devait sortir d'ici, songea-t-il. Il devait prévenir Paul, trouver de l'aide. Prudemment, il commença à se redresser en se malaxant les jambes, tout engourdi d'être resté recroquevillé trop longtemps, et guetta le bon moment pour se ruer vers la porte en espérant que les autres seraient trop occupés à examiner la fille du bout de la rangée, celle qui était en train de se faire opérer… Sous les yeux horrifiés de Peter, un homme en blouse blanche lui inséra un instrument métallique à l'intérieur du corps. La malheureuse poussa un hurlement d'effroi, et le médecin interrompit son geste.

« Je crois que nous allons devoir l'endormir, dit-il. Injectez-lui une dose. Vite. »

La jeune fille releva la tête pour continuer à crier. Ce son semblait jaillir du fond d'abîmes de désespoir, tel un appel à l'aide viscéral. Peter s'aperçut alors qu'elle regardait dans sa direction, et il eut un mouvement de surprise. Il la reconnaissait. C'était Surplus Sheila, une pensionnaire de Grange Hall. Elle aussi l'avait vu.

« Surplus Peter ! s'écria-t-elle juste avant que l'infirmière ne lui enfonce une seringue dans le bras. Peter, aide-moi. Je t'en supplie… »

L'adolescent replongea dans sa cachette, mais trop tard. Son grand-père fit volte-face et scruta la salle de ses yeux perçants.

Hillary sursauta, inquiète. « Surplus Peter ? Pas *votre* Peter… Pas votre petit…

– Peter, articula son grand-père d'une voix lente, si tu es ici, crois-moi, tu vas le regretter. » Il sortit son téléphone et composa un numéro. « C'est moi ! aboya-t-il. J'ai besoin de gardes armés à l'Unité X. Immédiatement ! »

Chapitre 26

Jude avait perdu la trace de Paul. Il l'avait vu passer devant le poste de Sécurité, puis franchir une porte au bout du couloir, mais impossible de retrouver ensuite la bonne caméra. Cela dit, il commençait à respirer ; au début, il avait craint que Paul ne soit venu pour lui, et il avait repensé avec angoisse à son conseil de ne pas trop s'approcher du soleil. Puis il s'était ressaisi : Paul n'avait aucune raison de lui courir après. Il avait bien d'autres chats à fouetter. Alors, pourquoi était-il venu jusqu'ici ? Était-ce pour voir Peter ?

Jude retourna à ses recherches, fébrile, passant d'une caméra à l'autre. Il lui fallut un moment, mais il finit par la retrouver. Sa princesse. Sa belle inconnue aux cheveux roux.

Une *Surplus* aux cheveux rouges, comprit-il subitement en apercevant l'Heure-Incorporée à son frêle poignet. On lui avait toujours appris à honnir les Surplus, à les considérer comme de la vermine, comme une menace pour la civilisation et la population Légale, dont il faisait partie... Jusqu'au jour où il avait découvert qu'il avait lui-même failli être un Surplus, et que c'était à cause de lui que Peter l'était devenu. Son professeur lui avait parlé de l'ancienne religion appelée « christianisme » et du concept de péché originel — « une idée barbare », avait pouffé l'Instructeur avec mépris. Mais Jude comprenait tout à fait le concept de péché originel. Plus tard, il en était même venu à se dire que ce terme résumait parfaitement son existence.

Tout en contemplant la jeune fille, il se demanda quelle était son histoire. Il s'imagina en train de lui parler, d'échanger avec elle ses rêves et ses secrets. Que faisait-elle ici ? Souffrait-elle d'un mal particulier ? Il pourrait peut-être prendre soin d'elle. Et elle aussi, en retour, veillerait sur lui.

Sans la quitter du regard, il appuya sur une touche pour agrandir son image. Mais, quand son visage en gros plan emplit l'écran, Jude eut un choc en constatant qu'elle était réveillée. Ses yeux semblaient fixés droit sur lui — ses yeux si beaux, si expressifs, mais terrifiés, comme assombris d'horreur. Jude sentit son corps se contracter et effectua un zoom arrière pour tâcher de comprendre ce qui l'effrayait, pourquoi elle pleurait. Il y avait des médecins et des infirmières autour d'elle, en train de lui faire des choses... des choses qui le firent tressaillir d'effroi. Avec un pincement glacé à la base de la nuque, il aperçut trois autres personnes. L'homme, il le reconnut sans peine : il s'agissait de Richard Pincent, dont le visage apparaissait sur toutes les publicités pour la Longévité, aux infos télévisées et dans les journaux. À côté de lui se tenait une femme qu'il n'avait jamais vue. En revanche, il n'eut aucun mal à identifier Peter, avec son regard vif et ses poings serrés. La jeune fille s'était mise à hurler, la bouche grande ouverte, le visage enflammé de colère ; ses chevilles, comme il pouvait le voir à présent, étaient sanglées au moyen d'un étrange système de menottes.

« Là-haut. Il se cache dans le plafond. » Jude sursauta ; la voix provenait d'en dessous, du poste de Sécurité. Il entendit quelqu'un traîner une échelle sur le sol. D'un instant à l'autre, la trappe d'aération à trois mètres de lui allait s'ouvrir, et quelqu'un viendrait l'arrêter.

Désespéré, refusant de s'arracher à son minuscule écran, Jude se força pourtant à déconnecter son appareil de l'ordinateur central. L'image de la jeune fille disparut. Il rangea son miniterminal dans sa poche, inspira à fond et rampa en toute hâte vers le monte-charge.

Peter était sorti de sa cachette sans trop se faire prier. Toute résistance aurait été vaine. « Qu'est-ce que vous faites à Sheila ? » demanda-t-il avec dégoût à son grand-père. Il n'avait pas peur ; il était consumé de rage et de haine. Mais malgré tout, il s'exprimait d'une voix lourde, posée. Pas question de laisser sa colère prendre le dessus. « Qu'est-ce qu'il lui arrive ? »

Tremblant de fureur, Richard Pincent toisait son petit-fils d'un œil noir.

« Comment ? Comment es-tu entré ici ? Personne n'est au courant. Personne...

– Je vous ai suivis. C'était simple comme bonjour.

– Tu nous as suivis ? » Il s'avança jusqu'à lui et l'empoigna par l'épaule. « Tu nous as suivis ? Sale petite fouine ! Comment as-tu osé ? »

Peter se dégagea ; Richard le rattrapa, cette fois avec plus de force.

« Que comptez-vous faire de lui ? s'alarma Hillary. Et s'il racontait à quelqu'un ce qu'il a vu ici ?

– Il ne dira rien à personne, promit Richard d'un ton lugubre. Les gardes seront bientôt là ; ils sauront s'occuper de lui.

– Quoi, vous allez m'enchaîner, moi aussi ? demanda Peter, la mâchoire serrée. Me transformer en Ressource Utile ? Vous me débectez. Vous êtes malade. Malade et cinglé !

– Assez ! » Son grand-père le gifla violemment en pleine tête, le projetant à terre sous la force de son geste.

Peter se redressa, une lueur de défi dans le regard, et se tourna vers Hillary. « Et vous approuvez ça ? Les Autorités sont satisfaites, j'imagine ? »

Hillary semblait dans ses petits souliers. « Toutes les méthodes employées par Pincent Pharma continueront d'être inspectées et validées par le service approprié, dit-elle en reculant d'un pas, comme effarouchée. Naturellement, nous avons certains critères et nous devons faire en sorte que nos objectifs soient atteints...

– Les objectifs, l'interrompit Peter. Bien sûr. C'est tout ce qui compte, n'est-ce pas ? »

Au même moment, la porte s'ouvrit et deux gardes firent irruption dans la salle.

« Pas trop tôt », commenta Richard avec agacement. Il leur désigna l'adolescent, et ils se précipitèrent pour lui passer les menottes.

L'un d'eux se retourna pour s'adresser à Richard. « Toutes nos excuses, monsieur. C'est à cause du black-out. Apparemment, c'était un acte de sabotage, pas une défaillance du système. La sécurité a été renforcée.

– Sabotage ? s'étrangla Hillary. Est-ce le Réseau souterrain ? » Richard se tourna vers son petit-fils. « As-tu quelque chose à voir là-dedans ? » lui demanda-t-il froidement.

Peter secoua la tête. « Non, et je le regrette, marmonna-t-il.

– Emmenez-le, ordonna Richard. Enfermez-le au sous-sol dans l'une des réserves derrière la réception. »

Les vigiles traînèrent Peter jusqu'à la porte. Comme il se débattait pour se libérer, l'un d'eux lui assena un coup au-dessus de l'oreille.

« Attendez ! s'écria Hillary. La conférence de presse... Nous avons besoin de lui.

– Pas de panique, fit sèchement Richard. Il signera, comme prévu. »

Peter le contempla avec écœurement. « Vous croyez vraiment que je vais signer, après ça ? Jamais de la vie. Je me félicite que le Réseau souterrain ait saboté votre alimentation en courant. J'espère qu'ils feront tout sauter.

– Bien sûr que tu signeras, lui rétorqua Richard. Et avec un beau sourire pour les journalistes, en prime. Après tout, si tu refuses, ta petite copine Anna en paiera les conséquences.

– Anna ? » Le regard de Peter se durcit. « Laissez-la en dehors de ça.

– J'aimerais tant, répondit hypocritement son grand-père. Mais il semble qu'Anna ait fait de grosses bêtises. Elle a pris part à des activités séditieuses dans ton dos.

– Quoi ? Vous mentez !

– Allons, ce n'est pas mon genre. Nous avons la preuve sur vidéo. Elle a fourni les plans de Grange Hall

pour faciliter une tentative d'effraction. Stupide, non ? »
Richard Pincent secoua la tête. Peter se sentit blêmir.

« Elle voulait pénétrer dans un Foyer de Surplus par effraction ? intervint Hillary. Avec qui ? Richard, c'est une affaire très sérieuse.

– Avec personne, rassurez-vous. C'était un piège. Son contact était une Rabatteuse.

– Une Rabatteuse ? s'indigna Peter. Vous l'avez piégée ? Espèce de salopard. Vous…

– Simple mesure de précaution, mon bonhomme, l'interrompit Richard en souriant. Tu ne t'imagines tout de même pas que je te faisais une confiance aveugle, non ?

– Où est-elle ? Que lui avez-vous fait ?

– Elle est parfaitement en sécurité. Mais si tu refuses de signer la Déclaration à dix-huit heures devant la presse, je ne garantis ni son confort ni son bien-être. »

Entravé dans ses mouvements par les gardes, Peter dut se contorsionner pour jeter un dernier coup d'œil aux jeunes filles et à Sheila.

« Le programme de stérilisation des Surplus, lâcha-t-il tout à coup d'une voix étranglée. Sheila faisait partie de la liste. Comment peut-elle être enceinte si elle a été stérilisée ?

– Comment ? s'étonna Hillary. Mais ce programme n'a jamais été ratifié. Il n'y a eu qu'une étude préliminaire de… » Elle se tut en voyant l'expression de Peter.

« Vous... » La confusion fit place à la colère sur son visage à mesure que la vérité s'imposait à lui. Il se tourna vers son grand-père. « C'est vous qui avez placé ce dossier, exprès... vous qui m'avez envoyé un faux ordre de mission du Réseau souterrain ! murmura-t-il.

– Je t'ai facilité la tâche, voilà tout, répliqua Richard avec un rictus mauvais. Tu voulais signer la Déclaration, et j'ai fait tomber les dernières barrières. C'était pour t'aider.

– M'aider ? » Peter promena son regard autour de la pièce. L'adrénaline coulait dans ses veines, il se sentait sur le point d'exploser. « Me faire croire que j'étais stérile, m'obliger à dire à Anna qu'elle... qu'elle... » Sa voix se brisa et il se plia en deux avec un cri de douleur, comme sous l'effet d'un spasme, tandis que les gardes le tiraient par les bras.

« Emmenez-le immédiatement, ordonna Richard en congédiant ses hommes d'un geste. Et... Peter ! » Il plissa les yeux en direction de son petit-fils. « Souviens-toi. Si tu ne suis pas exactement mes instructions lors de la conférence de presse, si tu n'y mets pas toute ta conviction, Anna restera enfermée pour le restant de ses jours. Tu ne la reverras plus, ni elle, ni son frère. Et tu seras toi-même emprisonné pour soupçon d'association de malfaiteurs. Ne me contrarie pas, Peter. Crois-moi sur parole. Tu le regretterais. »

L'adolescent serra les poings. « La Déclaration d'Anna, mugit-il comme on le traînait hors de la pièce, sa signature, c'était vous aussi ? »

Mais sa question demeura sans réponse.

« Je croyais que la fille était dangereuse, souffla Hillary à Richard quand la porte se fut refermée. Vous comptez vraiment la relâcher ? »

Richard esquissa un sourire cruel. « Bien sûr que non. C'est même tout le contraire. »

Jude s'était retrouvé dans un cul-de-sac. Il savait que le monte-charge n'était plus qu'à quelques mètres devant lui, mais une cloison métallique bloquait le passage. Il frappa quelques coups dessus : la plaque était fine, facilement démontable, mais cela risquait de faire trop de bruit et il serait aussitôt repéré. Déçu, il se tortilla en marche arrière. Il n'avait plus qu'à trouver un autre passage. À l'approche du tronçon surplombant le hall d'accueil, il se plaqua contre la paroi de gauche du tunnel. De la poussière lui était entrée dans les yeux. Il voulait désespérément l'ôter, mais ne faisait qu'aggraver les choses à chaque geste, si bien qu'il en était réduit à avancer à tâtons, paupières mi-closes.

Il croyait avoir bien progressé quand il heurta de nouveau un obstacle — une seconde plaque de métal.

Elles devaient servir à isoler le monte-charge. Où qu'il aille, il buterait contre le même barrage. Découragé, exténué, il se laissa retomber à plat ventre, le temps de rassembler ses esprits. Il resta étendu là quelques minutes, l'esprit en ébullition, s'efforçant de trouver une solution pour s'en sortir. Il entendit alors du bruit — en bas, quelqu'un ouvrait une porte. Comme mû par un ressort, Jude se redressa à quatre pattes. Les gardes l'avaient retrouvé, songea-t-il. Il avait commis l'erreur idiote de s'arrêter pour souffler ne serait-ce qu'une minute. Mais, après voir jeté un œil à travers la grille d'aération la plus proche pour compter le nombre de gardes, il fronça les sourcils. Un homme seul venait d'entrer, et il ne semblait guère se préoccuper du plafond. Au contraire, il inspectait la pièce d'un air suspicieux, la main posée sur son étui de ceinture, prêt à dégainer son arme. Tout à coup, il s'effondra. Jude mit plusieurs secondes avant de comprendre que quelqu'un venait de l'assommer ; sa stupéfaction s'accrut lorsqu'il constata que ce quelqu'un n'était autre que Paul, jailli de derrière la porte. Sous ses yeux ébahis, le leader du Réseau souterrain déshabilla prestement le garde, troqua sa tenue contre la sienne et le hissa, inconscient, sur le banc.

Chapitre 27

Paul ouvrit la porte avec précaution et se glissa dans le couloir. Ses nombreuses années d'expérience lui avaient appris à se rendre invisible, à ne pas attirer l'attention, à se fondre dans le décor... Des années d'expérience qu'il ne regrettait pour rien au monde, même s'il les devait aux pires accomplissements de l'humanité. L'ironie de la situation ne lui avait pas échappé. Dans les moments de calme comme celui-ci, il aimait en profiter pour réfléchir, se poser des questions sur lui-même et ce qui l'entourait.

Il sortit son portable. « Oui. C'est moi. J'y suis. Il y a une coupure d'électricité. Des infos là-dessus ?

– Une coupure d'électricité ? Non, aucune info. Quelle est votre position ? »

Paul fronça les sourcils. Ce black-out ne pouvait pas n'être qu'une heureuse coïncidence — ces choses-là n'existaient pas. Était-ce l'œuvre de Peter ? D'un groupuscule plus malintentionné ? Il s'avança jusqu'à un petit panneau. « Couloir A, nord.

– Bien reçu. Le contact sera là dans une minute.

– Parfait. La coupure de courant a entraîné des brèches dans la sécurité. Passez par le sous-sol. Mais soyez prudents. C'est peut-être un piège.

– Bien reçu. »

Troublé, Paul éteignit son portable et se mit en marche. Il détestait ces appareils. Certes, il en avait besoin, il savait qu'ils étaient pratiques, indispensables... mais, même avec les meilleures techniques antitraçabilité, ils n'en restaient pas moins dangereux. S'il venait à se faire prendre, jamais il ne trahirait ses camarades, pas plus qu'il n'avertirait les Autorités de la présence d'une fourgonnette pleine d'hommes prêts à intervenir dès son signal. Mais son téléphone ? Il n'y aurait rien de plus simple que de remonter à l'origine de son dernier appel et mettre la main sur ses compagnons d'armes du Réseau souterrain.

Quelques secondes plus tard, un homme en combinaison de travail arriva vers lui. Il s'éclaircit la gorge en le croisant, mais ne ralentit pas son allure.

« C'est bien beau, la Longévité, mais vivement l'invention d'une pilule contre la fatigue », lui lança Paul tout bas.

L'homme s'arrêta. « Et d'une autre contre le froid,

rétorqua-t-il. Avec ce temps, je suis frigorifié en permanence. »

Ils échangèrent un coup d'œil furtif, et Paul se rapprocha de lui. « Localisation ? demanda-t-il. Savons-nous où se trouve la fille ? » La nouvelle de l'enlèvement d'Anna (car, pour le Réseau souterrain, il s'agissait bien d'un enlèvement) lui était parvenue il y avait quelques heures à peine, grâce aux espions qu'il avait envoyés pour veiller sur elle. Aussitôt, un plan d'action avait été lancé, et on avait contacté les agents du Réseau infiltrés au sein de Pincent Pharma.

L'homme lui glissa un plan du bâtiment, tracé sommairement à main levée. « Ils l'ont enfermée à l'autre bout, salle 48. Mais l'entrée est gardée. »

Paul acquiesça, pensif. « Et ce black-out ? »

L'homme le considéra d'un air intrigué. « Je croyais que c'était vous. Ils disent que c'est un coup du Réseau souterrain. »

Paul se rembrunit. « Merci, dit-il d'un ton sincère. On reste en contact. »

L'homme hocha la tête et s'éloigna d'un pas vif pour regagner son poste. Il venait de risquer sa vie, Paul en était conscient : les caméras avaient sûrement filmé leur échange. D'ici quelques heures, le malheureux risquait d'être interrogé, voire torturé. Mais ce laps de temps permettrait à Paul d'agir. Il fallait considérer cela dans une perspective plus large, penser à l'avenir, maintenir le cap. Tous les membres du Réseau partageaient ce point de vue.

Paul se fondit dans son rôle de garde et s'éloigna le long du couloir. Il lui fallut plusieurs minutes de marche pour rejoindre l'aile de service située de l'autre côté du bâtiment, qui abritait les réserves et locaux d'entretien. Il vérifiait le numéro de chaque porte. Tout à coup, il perçut comme des pleurs de bébé et s'arrêta net. À quelques mètres de lui se profilait la salle 48 ; comme l'avait prévenu son contact, un vigile en gardait l'entrée.

« Je me disais que t'aurais envie d'un break », lui lança Paul.

L'homme regardait fixement devant lui. « Je n'ai pas le droit de bouger d'ici. Ordres de Richard Pincent. Tu es qui, d'abord ? Je ne crois pas t'avoir déjà vu. »

Paul prit son air le plus chaleureux et plongea ses yeux hypnotiques dans ceux du garde afin d'endormir sa méfiance. « On m'a envoyé ici pour renforcer la sécurité. À cause du black-out. J'ai pensé que tu aurais envie de te dégourdir les jambes. »

L'homme parut réfléchir un instant. Une lueur de tentation passa sur ses traits, mais il finit par secouer la tête. « Je préfère éviter, dit-il en levant les sourcils. Mais merci quand même.

– Pas de problème. Au plaisir. »

Paul lui adressa un sourire pincé tout en notant chaque détail de son visage, mais aussi de la porte, puis tourna les talons et repartit. D'avance, il savait que la tâche serait ardue, songea-t-il, un peu abattu. Mais cela valait toujours la peine d'essayer.

Les gardes devaient littéralement traîner Peter à même le sol. Ils traversèrent des entrepôts, descendirent un escalier, empruntèrent un long couloir... À chaque étape du trajet, le prisonnier se débattait de plus belle, les couvrait d'injures, protestait et tapait des pieds.

« Vous savez ce qui se passe, là-haut ? leur demandait-il, la mâchoire serrée. Vous savez ce que Pincent Pharma fabrique derrière ces portes closes ? » Mais les gardes ne semblaient guère s'intéresser à ses récriminations ; ils gardaient un visage impassible, se contentant de lui assener un coup de poing ou de pied quand il gigotait un peu trop ou que leur irritation prenait le dessus. Peter finit par se résigner ; de rage, il baissa les yeux vers le sol, le seul endroit qu'il pouvait encore supporter de voir, où il était sûr au moins de ne pas subir la vue d'affiches de propagande vantant les mérites de la Longévité, ou cette blancheur obsédante qui habitait tout le bâtiment — symbole de pureté qui lui apparaissait désormais comme un trompe-l'œil maléfique.

« Les ascenseurs sont hors service, soupira l'un des gardes. Il va falloir descendre à pied. » Ils traînèrent leur prisonnier jusqu'à la cage d'escalier, le poussèrent dans les marches et ricanèrent de le voir trébucher. Quand Peter, furieux, se retourna vers eux, ils avaient déjà recouvré leur masque imperturbable.

Comme ils atteignaient le deuxième étage, l'adolescent entendit un bruit de pas venant de plus bas. Un coup d'œil par-dessus la rampe lui révéla l'arrivée imminente d'un troisième garde, qui montait l'escalier à leur rencontre. Et s'il tentait de lui faire un croche-patte ? songea-t-il. Saurait-il créer une diversion suffisante pour s'échapper ? Puis il se ravisa. Anna — il fallait d'abord protéger Anna. Il devait obéir à son grand-père. Avec un soupir, il continua à descendre les marches. Une poignée de secondes plus tard, le troisième garde arriva face à eux et s'arrêta ; Peter fit de même, et en profita pour détailler au passage ses souliers vernis, son triste uniforme gris à boutons dorés... son regard.

Son cœur cessa de battre une fraction de seconde. Les yeux de l'homme, ces yeux d'un bleu si familier, exprimèrent une vive surprise. Un éclair de compréhension passa entre eux, chargé d'interrogations mutuelles, de réconfort, d'avertissement, tout cela à la fois, et chacun reçut le message de l'autre cinq sur cinq.

« C'est le gamin ? demanda Paul.

– Le gamin ? » Les gardes le dévisagèrent sans comprendre.

« Peter Pincent, fit Paul avec mépris. Je suis censé l'emmener au sous-sol. Apparemment, il y a eu du grabuge là-haut.

– Comment ça ? Mr Pincent nous a demandé de le boucler dans l'une des réserves derrière la réception. »

Paul leva un sourcil. « Tout ce que je sais, c'est que ça pète dans tous les coins. Et que Mr Pincent est plutôt furax. »

Les gardes échangèrent un regard inquiet, avant de lui remettre le prisonnier et de tourner les talons pour regagner les étages supérieurs.

Paul empoigna l'adolescent sans ménagement et le poussa dans l'escalier. « Remue-toi, aboya-t-il. J'ai assez à faire sans devoir en plus jouer les baby-sitters, pigé ? Maintenant, on se dépêche. »

Peter commença à descendre, mais Paul l'arrêta d'un geste, posa un doigt sur ses lèvres et, sans bruit, se retourna pour s'élancer à la poursuite des gardes. Un instant plus tard, deux bruits mats se faisaient entendre et les deux hommes s'écroulaient dans l'escalier. Paul tenait une arme ressemblant à s'y méprendre à un revolver, qu'il replaça dans son étui de ceinture. Il se pencha au-dessus des gardes inconscients, les fouilla pour retrouver la clé des menottes et libéra Peter.

« Vite, aide-moi à les déplacer », chuchota-t-il. Ensemble, ils descendirent les deux corps jusqu'au palier du deuxième niveau, et Peter fit le guet pendant que Paul cherchait une salle inoccupée pour les cacher.

« Bien. Et maintenant, aux salles de réserve », dit-il une fois cette tâche accomplie.

Il lui tint la porte, et Peter s'avança d'un pas incertain sur le palier.

« Vous savez où ils sont ? parvint-il à articuler.

– J'ai ma petite idée », répondit Paul en sortant son plan. Il le précéda jusqu'au niveau inférieur, où il lui désigna une porte ouvrant sur un long couloir désert ; l'adolescent lui emboîta le pas sans un mot. Quelques instants plus tard, Paul pénétra dans une salle déserte.

« Vite, dit-il. Nous n'avons pas beaucoup de temps. Au fait, qu'est-ce qui se passe, ici ? Ce black-out, c'est toi ? Pourquoi ces gardes t'avaient-ils menotté ? »

Mais Peter, le cœur battant, ignora sa question. « Anna... Mon grand-père... Il dit qu'elle s'est fait arrêter. Qu'elle a participé à des activités séditieuses.

– Ils l'ont piégée, répondit Paul calmement. Nous sommes justement venus pour la libérer.

– Elle est ici ? Je la croyais en prison quelque part... Attendez... "Nous" ? Vous êtes venus à plusieurs ? »

Paul confirma d'un hochement de tête.

« Alors, dites-leur qu'il faut prendre d'assaut tout le bâtiment, poursuivit Peter d'une voix tendue. Pour faire sortir Anna, mais aussi... » Il s'interrompit, les yeux écarquillés. « Il faut qu'ils se rendent à l'Unité X. J'y étais. C'est pour ça que mon grand-père m'a fait arrêter. C'est parce que j'ai vu ce qu'il faisait là-bas. Il y avait Sheila et d'autres Surplus filles. Elles... Ils leur prélèvent des fœtus, Paul. Pour la Longévité +. J'ai dû l'abandonner là-bas. Il faut que je signe la Déclaration, sans quoi Anna... » Sa voix se brisa. Il sentit ses jambes vaciller et se laissa lentement glisser à terre. « Je ne vous ai pas écouté, murmura-t-il. Je n'ai pas écouté...

– Ainsi, tu as découvert la vérité, dit Paul sans se laisser démonter par ce déluge de paroles. Il valait mieux que tu l'apprennes par toi-même plutôt qu'en faisant aveuglément confiance aux autres — quels qu'ils soient. » Il posa une main sur son épaule. « Maintenant que tu es au courant, nous devons impérativement vous faire sortir d'ici tous les deux.

– Je n'ai pas protégé Anna, gémit Peter. C'était ma promesse, et je ne l'ai pas tenue. Je lui ai dit de signer. Je... » Il déglutit, luttant pour contenir les larmes qui brillaient dans ses yeux. « Et c'était un mensonge. Le programme de stérilisation. Il a tout inventé.

– Un mensonge ? » Le visage de Paul s'éclaira. « Oui, j'avais l'espoir que...

– Je me déteste, lâcha Peter dans un souffle.

– C'est ton grand-père que tu devrais haïr, pas toi. Richard Pincent cherche à faire ployer le monde ; toi, tu es du côté du bien. Mais même les esprits purs ont des faiblesses, parfois. Nous commettons tous des erreurs. Sans elles, nous n'apprendrions jamais rien.

– Vous ne vous trompez jamais, vous », répondit Peter d'un air abattu.

Paul détourna la tête. « Au contraire, j'ai commis la pire des erreurs. Mais chacun de nous peut s'efforcer de se racheter. Voilà pourquoi je me bats, Peter. Voilà pourquoi je continue à prendre de la Longévité, cette chose que je méprise, voilà pourquoi je me maintiens en vie : tant que le combat se poursuivra, je ne rendrai pas les armes. »

Peter l'examina. Son propre mentor, cet homme qu'il considérait autrefois comme invincible, omniscient, tout-puissant, lui apparaissait soudain comme un être fragile et humain.

« Alors, qu'est-ce qu'on attend ? dit-il. On fonce, et on attaque ! »

Paul secoua la tête. « Non, Peter. Nous ne pouvons courir ce risque.

– Mais pourquoi ? Il faut faire sortir les filles. Vous n'avez pas vu ce que j'ai vu. C'était horrible...

– Je sais. Seulement nous pourrions nous retrouver

avec toute leur Sécurité à nos trousses. Non, il va falloir procéder avec subtilité.

– Avec subtilité », répéta Peter en soupirant. Puis il plissa le front. « Mais alors... qui a provoqué le black-out ? Vous voulez dire que... ce n'est pas vous ?

– Je n'en ai aucune idée, avoua Paul. En d'autres temps, j'en aurais conclu que Dieu était de notre côté.

– Dieu ? » Peter haussa les sourcils. « Je croyais qu'il avait été remplacé par mon grand-père. »

Au même moment, un bruit retentit au-dessus de leurs têtes. Bientôt suivi d'un autre — une sorte de grattement en provenance du plafond. Paul fit signe à Peter de ne surtout pas bouger et, sans bruit, plaça une chaise sous la trappe d'aération. Il monta dessus, tendit les bras et, délicatement, souleva la grille.

Peter le regardait faire, non sans une certaine appréhension. L'instant d'après, il le vit tirer quelqu'un de force à travers l'ouverture et, effaré, se recula vivement dans un coin de la pièce. L'intrus atterrit lourdement sur le sol. Il n'avait guère l'allure d'un employé de chez Pincent Pharma : jean, cheveux trop longs, visage... Peter n'en croyait pas ses yeux. Il avait l'air jeune. Presque aussi jeune que lui.

Jetant un regard circulaire en quête d'une quelconque arme de fortune, Peter s'empara d'un bâton qui, après inspection, se révéla être un manche à balai, et le brandit au-dessus de l'inconnu tandis que Paul s'agenouillait sur son torse pour l'immobiliser. Cependant, loin de se laisser impressionner, le jeune homme se tourna vers Peter. Son expression ne trahissait ni la peur, ni la fascination, ni aucune des émotions manifestées habituellement par les gens qui le voyaient pour la première fois ; c'était assez indéchiffrable — de la tristesse, peut-être, ou du regret.

« Vous savez, ce n'est pas Dieu qui est de votre côté, dit-il d'une voix étranglée, la poitrine comprimée par la présence de Paul. À ma connaissance, aucun dieu ne sait mettre en place un démon de connexion intraçable même par les plus grands pros de la technologie... à commencer par les soi-disant génies de l'informatique incapables et feignants qui travaillent ici. Un démon de connexion capable de couper le courant dans tout le bâtiment. »

Paul le dévisageait avec stupéfaction. « Toi ! s'exclama-t-il.

– Eh oui, moi. » Malgré son visage barbouillé de crasse, l'adolescent avait conservé un regard alerte.

« Qui es-tu ? lui demanda Peter. Que fais-tu ici ? »

L'inconnu se tourna vers lui. « Je suis venu libérer la fille. Celle aux cheveux roux.

– Mais... qui es-tu ? » insista Peter.

L'inconnu s'éclaircit la gorge. « Je m'appelle Jude. Je suis ton demi-frère. »

Chapitre 28

Peter mit un certain temps à assimiler les paroles de Jude. Après quoi, sous le choc, il se contenta de dévisager cet adolescent sale et échevelé assis par terre.

« Demi-frère ? finit-il par balbutier. Alors tu es...

– Le fils de Stephen Fitz-Patrick. Jude2124, à ton service. » Il voulut se redresser un peu, mais il avait encore la gorge et la poitrine endolories. Dire qu'il avait préparé son discours, anticipé l'instant de ces retrouvailles tant de fois dans sa tête... et maintenant, il n'arrivait plus à articuler le moindre mot. Il avait trop mal partout.

« Que fais-tu ici ? lui demanda Paul. Je croyais t'avoir ordonné d'être prudent ! »

Jude se tourna vers lui, incrédule. « Quoi ? J'ai fait ça pour vous aider, au cas où vous n'auriez pas remarqué. Alors que vous auriez déjà dû accepter mes services la première fois ! »

Mais Paul secoua la tête d'un air grave. « C'était pour

ton bien. Et le nôtre. Tu sais que tu es sous la surveillance des Autorités, n'est-ce pas ?

– Jude2124 ? » Peter semblait avoir du mal à comprendre.

« C'est mon pseudo, expliqua Jude en se relevant lentement pour s'épousseter. Et, merci bien, mais je sais gérer la surveillance des Autorités. Les gardes d'ici ont cru pouvoir m'enfermer. Voyez comment ça s'est terminé ! » Il lança une œillade triomphale au leader de la résistance.

« Et tu connaissais Paul ?

– Oui, confirma Jude au milieu d'une brusque quinte de toux. On s'est déjà rencontrés.

– Vous ne m'en avez jamais parlé, fit Peter à son mentor.

– Je ne voulais pas que ça te perturbe. La situation était suffisamment délicate, l'enjeu trop important. »

Peter dévisagea à nouveau l'adolescent. « Tu es vraiment mon frère ? Celui qui... » Il fit un pas vers lui et tendit un bras hésitant, comme pour le toucher, avant de se raviser.

« Oui, reprit Jude, celui qui... » Il haussa les épaules, gêné. « Tu sais... celui qui a gâché ta vie, ajouta-t-il en lorgnant Paul du coin de l'œil, comme sur la défensive.

– Et donc, c'est toi qui as déclenché le black-out ? lui demanda ce dernier. Comment as-tu fait pour entrer ?

– Je vous l'ai dit. La fille aux cheveux roux. Celle de l'Unité X. Je suis venu la sauver.

– Tu connais l'existence de l'Unité X ? » Paul semblait réfléchir à toute allure, comme s'il tentait de résoudre mentalement une équation compliquée.

« Parfaitement. J'ai vu ces types s'emparer de Peter. Je vous ai vu sur les images de vidéosurveillance...

– Mais comment ? s'étonna Peter. Les caméras sont éteintes. Tout est hors service. »

Jude esquissa un petit sourire. « Certes. Mais quand vous savez provoquer une panne, vous connaissez aussi quelques astuces pour faire fonctionner les outils dont vous avez besoin.

– Je ne comprends pas... »

Jude roula des yeux. « L'ordinateur central est niché dans le plafond. Quand on le fait basculer en mode de secours, on peut encore avoir accès aux caméras, mais seulement une par une. C'est une mesure de sécurité en cas de défaillance du système.

– Peux-tu tout remettre en marche ? » lui demanda Paul.

Jude acquiesça avec nonchalance. « Mais ça ne servirait à rien. Tout va rentrer dans l'ordre automatiquement. » Il se tourna vers Peter. « Pardonne-moi, dit-il d'un ton sincère. Je suis désolé. Pour tout ce qui s'est passé... C'est à cause de moi que tu es devenu Surplus.

– Ne sois pas idiot. Tu n'y es pour rien. Pourquoi ne m'as-tu pas contacté plus tôt ?

– Je ne pouvais pas. Je ne savais pas quoi te dire. J'avais peur que tu... Je crois que j'avais peur de toi.

– Ah ouais ? répondit Peter. J'ai toujours rêvé d'avoir un frère, pourtant. »

Un immense sourire illumina les traits de Jude. « Moi aussi. Trop cool. »

Ils se turent. Puis Peter se tourna vers Paul. Mille pensées, mille questions assaillaient son esprit en même temps, mais il savait qu'il devait se concentrer sur l'essentiel. « Anna... Nous devons sauver Anna. Maintenant !

– Et l'autre fille, insista Jude. Nous devons l'aider aussi.

– Nous ? répéta Paul. Il n'y a pas de nous. C'est une mission pour le Réseau souterrain, pas pour un amateur. » Il se tourna vers Peter. « Nous retrouverons Anna. Mais après ça, vous devrez fuir. Tous les deux. Mes hommes et moi nous chargerons des autres prisonnières.

– Je n'irai nulle part, assena Jude en croisant les bras. Pas tant que cette fille ne sera pas à l'abri.

– Moi non plus, renchérit Peter. Je vais d'abord

libérer Anna. Ensuite, j'irai parler à cette conférence de presse.

– Tu ne peux pas rester pour la conférence de presse, objecta Paul. Tu dois sortir d'ici. Nous devons assurer ta sécurité. Ici, c'est trop dangereux. »

Peter secoua la tête. « Non. Le danger serait de ne pas rester. Je dois lui tenir tête. Je dois l'arrêter...

– Mais...

– Non, Paul. Je vais m'en tenir à mon plan, que ça vous plaise ou non.

– Et moi aussi, déclara Jude.

– Vous voyez, Paul, il y a un *nous*. » Peter tendit le bras vers son demi-frère, et ils échangèrent une poignée de main.

Paul renonça à les faire changer d'avis. « Très bien. Mais vous ferez exactement ce que je vous dis. Personne ne joue les héros, compris ?

– Compris, répondit Peter. Et je vous présente mes excuses. Pour l'autre soir. Pardonnez-moi. Je n'en faisais qu'à ma tête, je ne vous ai même pas cru...

– Tes excuses ? » Paul sourit. « Allons, c'est inutile. Je ne suis qu'une relique du passé, bientôt un poids, un être soupçonneux qui se méfie de tout, au point de rejeter parfois... — il glissa un regard entendu à Jude — ceux qui lui tendent la main. Même si je réserve mon jugement sur ce point.

– Vous n'êtes pas une relique », objecta Peter. Il se fendit malgré tout d'un sourire malicieux. « Enfin, pas encore. »

Chapitre 29

Le Dr Edwards leva un œil brillant d'espoir vers la porte.

« Peter, c'est toi ? Entre, tu n'as pas besoin de frapper ! »

L'adolescent apparut sur le seuil du laboratoire ; à ses côtés se tenait un garde, qui l'observait fixement.

La mine du scientifique s'assombrit. « Peter, est-ce que tout va bien ? » Il regarda le vigile. « Tu ne retrouvais plus ton chemin ? »

Peter entra dans la pièce. « Dr Edwards, j'ai besoin de votre aide. Enfin... nous.

– Mon aide ? Mais bien sûr. Que puis-je faire pour toi ? »

Il s'éclaircit la gorge. « Je... Anna est en danger. Elle se trouve ici. Et...

– Ici ?

– Oui, enfermée. » Peter était blême. Il avait les

poings serrés, la nuque crispée. Le Dr Edwards se tourna vers le garde.

« Vous voulez bien nous laisser ? »

L'homme fit non de la tête.

« Je vois. » Le scientifique se leva, prit une profonde inspiration et s'avança vers Peter. « Je crains de ne pas comprendre. Pourquoi Anna serait-elle enfermée ici ?

– C'est mon grand-père. Il l'a piégée en lui envoyant des Rabatteurs...

– Des Rabatteurs ? Mais Anna est Légale, voyons. Assieds-toi. Je suis sûr qu'il y a une explication parfaitement logique à...

– Y avait-il une explication parfaitement logique la dernière fois que vous avez tenu tête à Richard Pincent ? » intervint brusquement le garde.

Le scientifique pivota vers lui. « Plaît-il ? Est-ce à moi que vous parlez ? »

L'homme acquiesça. « Vous savez aussi bien que moi que Richard Pincent est un homme dangereux. Et aussi qu'il se passe des choses entre ces murs... des choses que votre patron veut dérober aux regards des curieux. Même s'il lui faut pour cela emprisonner Anna. Faire du chantage à Peter.

– Que dites-vous ? » Le Dr Edwards écarquilla les yeux. « Qui êtes-vous ? Peter, qui est cet homme ?

– C'est… un ami, expliqua-t-il d'un ton hésitant. Il est venu m'aider.

– Un ami ? » Le Dr Edwards tressaillit. « Il… il n'est pas vraiment garde, n'est-ce pas ? » ajouta-t-il dans un murmure.

Peter lui répondit d'un hochement de tête.

L'homme posa son regard sur le Dr Edwards. Il avait des yeux d'un bleu incroyable. Le scientifique les avait déjà vus quelque part, mais cela semblait impossible. Ces yeux… appartenaient à un autre temps.

« Vous avez questionné ses pratiques et vous avez été rétrogradé parce que vous n'adhériez pas à son projet. Aujourd'hui, Peter pense que vous pouvez nous aider. Pour être honnête, je ne suis pas sûr d'en être aussi convaincu que lui, mais nous n'avons pas vraiment le choix. Alors, je vous écoute ?

– C'est toi, lâcha tout à coup le scientifique. Tu es…

– Paul. Je réponds au nom de Paul, désormais. Vois-tu, Peter, Edwards et moi allions ensemble à l'université, autrefois, expliqua Paul d'un ton placide. Il y a de ça des années… Il arrivait toujours premier partout. Le meilleur scientifique de sa génération. Et, comme il n'y a plus de générations de nos jours, cela fait de lui l'un des hommes les plus intelligents au monde. » Dans sa bouche, ça n'avait rien d'un compliment.

« Vous étiez étudiant en sciences ? s'étonna Peter en levant des yeux étonnés vers Paul.

– Autrefois, oui. Et toi, ajouta-t-il en se tournant vers son ancien camarade de fac, tu travailles aujourd'hui pour Pincent Pharma. Sauf que ce n'est pas vraiment un travail, n'est-ce pas ? La Réinstruction… ce n'est pas ce que j'appellerais un poste prestigieux. Qu'en penses-tu ? »

Le Dr Edwards pâlit un peu. « L'instruction est une chose essentielle. Diffuser la connaissance…

– À qui ? Il n'y a plus d'élèves, l'interrompit Paul. C'est terminé. Tu as été exclu de la recherche et confiné dans une semi-retraite. N'est-ce pas plus proche de la vérité ?

– J'ai choisi de partir. Personne ne m'a exclu de quoi que ce soit. » Comme pris d'un léger malaise, le Dr Edwards dut s'appuyer contre son bureau.

« Es-tu associé à la fabrication de la Longévité + ? Sais-tu ce qu'ils font, au juste ? » Paul le fouillait du regard, et le scientifique sentit la sueur perler à son front.

« Non… je veux dire… c'est top secret. » Mal à l'aise, le Dr Edwards repensa à sa toute dernière visite aux techniciens du labo : ses anciens collègues s'étaient montrés évasifs, fuyants, voire taciturnes. Quelques années auparavant, il n'aurait pas hésité à mettre les pieds dans le plat, à les questionner pour avoir le mot de la fin ; aujourd'hui, il n'y prêtait même plus attention. Il avait perdu tout intérêt pour ce genre de détails.

« Top secret au point qu'un éminent chercheur comme toi soit tenu à l'écart du processus ? Top secret au point que tu n'aies même pas été invité à la conférence de presse de tout à l'heure ?

– La presse ? Non, ça ne relève pas de ma compétence. Ce n'est pas... » Il se racla la gorge, se redressa péniblement. « Je ne suis pas censé être tenu au courant des conférences de presse. Je forme des gens, les scientifiques de demain. Cela me plaît ainsi.

– Les scientifiques de demain, ou les comptables d'hier qui s'ennuient dans leur boulot et cherchent un nouveau passe-temps pour les prochaines années ? » rétorqua Paul. Il s'exprimait à présent d'une voix plus douce, presque envoûtante.

Les épaules du Dr Edwards s'affaissèrent. « La Réinstruction est une bonne initiative, protesta-t-il faiblement. Elle permet aux gens de se réinventer, de donner un nouvel élan à leur carrière.

– C'est un excellent prof, intervint Peter. Paul, laissez-le tranquille. Ce n'est pas sa faute pour Anna et les autres Surplus. Il ne savait pas.

– D'autres Surplus ? s'alarma le Dr Edwards.

– Mais oui. Souviens-toi. N'était-ce pas justement

votre pomme de discorde, avec Richard Pincent ? L'exploitation des Surplus ?

– Il m'a promis que… qu'il ne…

– Je suis sûr qu'il a promis un tas de choses », rétorqua Paul.

Le Dr Edwards se rembrunit. Il se tourna vers Peter. « Anna est en danger, dis-tu ?

– Il a dit qu'elle irait en prison. Sauf si je signe la Déclaration. Il l'a enfermée quelque part. Je vous en prie, il faut que vous nous aidiez.

– Mais comment ?

– En te battant pour tes convictions, lui répondit Paul d'une voix solennelle. En aidant Peter à sauver Anna. Et en assistant à la conférence de presse pour révéler tout ce que tu sais aux journalistes. J'ai une équipe au sous-sol, prête à te porter assistance et à assurer ta sécurité. »

Le Dr Edwards sentait ses jambes vaciller. Il n'avait plus fait entendre sa voix depuis longtemps… trop longtemps, comprit-il. Il hocha la tête. Le moment était venu de faire amende honorable. « Très bien, dit-il d'une voix lente en prenant sa blouse blanche. Si je peux faire quoi que ce soit pour empêcher cela… Alors oui, j'accepte. »

Chapitre 30

« Comment procéder ? interrogea Peter. Même si on réussit à libérer Anna et toutes les Surplus de l'Unité X, comment va-t-on les évacuer du bâtiment ?

– Il y a une sortie à l'arrière, répondit Paul. Celle qu'empruntent les camions. Elle sera fermée, mais mes hommes en bas attendent mon signal. Quant aux gardes, ils seront tous rassemblés à l'avant du bâtiment. La conférence de presse démarre dans une heure, n'oubliez pas. Edwards et Peter, occupez-vous d'aller jusqu'à la sortie ; je veillerai à ce qu'on vienne vous chercher avec le moyen de transport adéquat.

— Ici ? Mais... comment ? objecta le Dr Edwards. Rien ne pourra franchir les barrages de sécurité. Tous les accès seront bloqués. »

Paul eut un sourire en coin. « Ah oui ? J'en doute. Et je parie qu'Anna sera ravie de faire un petit tour en bateau. Pas vous ? »

À la seule pensée que le Réseau souterrain existait, et

qu'il en faisait partie, Peter sentit monter en lui une bouffée de soulagement mêlé d'une gratitude familière. Ce sentiment lui avait manqué ; il s'en voulait terriblement d'avoir douté de Paul.

« Et les Surplus ? demanda-t-il.

– Laisse-moi m'en occuper, répondit Paul avec fermeté. Jude et moi nous chargerons d'elles.

– Bonne chance », fit le Dr Edwards. Ses yeux croisèrent ceux de Paul et ils échangèrent un regard de confiance, comme un pacte. Après quoi ils se tournèrent tous deux vers Peter.

« Prêt ? lui souffla Paul.

– Prêt. »

Le Dr Edwards ouvrit la porte.

Il n'avait jamais emprunté ces couloirs de service situés tout au fond du bâtiment. La plupart desservaient des locaux de rangement et des ateliers, c'est-à-dire des endroits fréquentés par des ouvriers en bleu de travail aux grosses mains maculées de graisse et de cambouis. Il adressa un bref coup d'œil entendu à Peter, qui acquiesça et se tapit dans un coin. Le scientifique poursuivit sa marche, osant à peine regarder autour de lui. Soudain, il s'arrêta. Malgré la faiblesse de l'éclairage, il venait d'apercevoir le garde dont Paul lui avait parlé, assis devant la salle 48, un air de profond ennui sur le visage.

Le Dr Edwards sentit un léger malaise le gagner. Il avait toujours eu horreur des discussions, des argumentations — sauf dans le cadre de thèses universitaires ou de séminaires. Et si Paul et Peter s'étaient trompés ? espérait-il malgré tout. Finalement, il y avait peut-être une explication parfaitement raisonnable à tout ceci.

Inspirant à fond, il s'avança vers le garde et lui sourit. « Vous permettez ? » demanda-t-il en tendant la main vers la poignée.

L'homme secoua la tête. « Seuls Mr Pincent et le docteur sont autorisés à entrer », répliqua-t-il avec fermeté.

Le scientifique recula d'un pas. Son sentiment de malaise s'accrut. « Mais je suis Docteur, insista-t-il. Le Dr Edwards.

– Seulement le Dr Ferguson, lâcha le garde. Et il est déjà là.

– Ferguson ? » Edwards s'efforça de conserver son sourire à la mention du nom de cet homme, qu'il haïssait. Il le croyait parti pour toujours de Pincent Pharma, et ce depuis des années. « Ainsi, Ferguson est de retour ?

– Il a toujours été là, pour autant que je sache.

– Je vois. » Le Dr Edwards sortit son badge. « Eh

bien, vous devriez savoir que je suis le Directeur du service de Réinstruction et que je dois m'entretenir avec cette fille pour une affaire de la plus haute importance. »

Le garde examina son badge. « Personne ne m'a parlé de Réinstruction. Désolé, c'est non. »

Ils échangèrent un bref regard, et le Dr Edwards acquiesça sèchement. « Dans ce cas, je vais devoir téléphoner à Mr Pincent, malgré ses instructions formelles de n'être surtout pas dérangé. Votre numéro d'identification, je vous prie ?

– 431. Allez-y. Je connais mes ordres.

– 431 », répéta Edwards. Son cœur battait à tout rompre, et il avait la chair de poule des pieds à la tête. Il sortit son téléphone et fit semblant d'appeler Richard.

« Oui ? fit Paul à l'autre bout du fil.

– Mr Pincent ? Je souhaite voir la prisonnière. Voudriez-vous transmettre les instructions nécessaires au garde, je vous prie ?

– Tu perds du temps, marmonna Paul dans le combiné. Tu as une arme. Utilise-la.

– Merci, j'attends sur place. »

Le garde leva la tête. « Je vais recevoir l'ordre, c'est ça ?

– D'une minute à l'autre », répondit le Dr Edwards. Les mains tremblantes, il sortit son arme. Le garde fixait impatiemment son talkie-walkie. Il n'eut même pas le temps de redresser la tête ; le sédatif fit son effet sur-le-champ.

« Peter ! » siffla le Dr Edwards entre ses dents. Mais l'adolescent était déjà derrière lui ; il avait suivi toute la scène.

« Prenez-lui ses clés », lui ordonna-t-il.

Le scientifique, qui s'était approché timidement du garde pour le rouler sur le côté, dut réprimer un haut-le-cœur. L'homme avait du sang sur sa veste.

« C'est un pistolet anesthésiant, souffla-t-il. Paul me l'a affirmé. Pourquoi saigne-t-il ? Pourquoi... » Il cherchait fébrilement le pouls du garde inconscient — en vain.

Il tomba subitement à genoux. « J'ai tué un homme ! J'ai tué un homme... » Il se prit la tête entre les mains, anéanti par la stupeur et l'incompréhension.

« Vous avez tué un garde, nuança Peter. Et nous n'avons pas le temps de nous émouvoir. Vite, allons chercher Anna. »

Il récupéra le trousseau de clés fixé à la ceinture du mort, ouvrit la porte et poussa le corps du garde à l'intérieur. Le Dr Edwards, toujours en état de choc, l'aida malgré tout. La pièce était plongée dans le noir, à l'exception de l'éclairage de secours, qui diffusait une faible lumière au ras du sol. Une jeune fille se tenait recroquevillée sur une chaise, visiblement traumatisée ;

le seul bruit audible était le souffle râpeux du bébé qu'elle tenait contre elle. Apercevant la blouse blanche avec son badge Pincent Pharma épinglé sur la poitrine, elle eut un vif mouvement de recul.

« Anna ! s'écria Peter en accourant vers elle. Que s'est-il passé ?

– Peter ? » Anna se leva d'un bond. L'expression de son visage passa de la peur à la joie incrédule, et elle se jeta dans ses bras. « Oh, Peter, je suis désolée. Je ne voulais pas te décevoir…

– Comment pourrais-tu me décevoir ? Jamais de la vie. » Il la serra contre lui et, la sentant tressaillir, se rembrunit. « Tu es blessée ? Qu'est-ce qu'ils t'ont fait ?

– Rien. C'est seulement… les gardes. Ce n'est pas grave, je t'assure. Un médecin est passé. Il m'a dit que j'allais devoir subir des… examens, expliqua-t-elle en observant le Dr Edwards. Mais c'est Ben qui aurait besoin d'être soigné. Je crois qu'il va très mal. »

Edwards vint palper le front du bébé : en effet, il était brûlant de fièvre.

« Pourquoi êtes-vous là ? demanda-t-il à la jeune fille, soulagé de pouvoir focaliser son attention sur autre chose. Qui vous a amenée jusqu'ici ? »

Les yeux d'Anna s'élargirent. « La police. Les Rabatteurs. On m'a dit que Maria était une Rabatteuse. Je croyais qu'elle voulait sauver les enfants, et je voulais l'aider... Je voulais... » De grosses larmes se mirent à rouler sur ses joues. « Pardon, balbutia-t-elle. Pardon...

– Tu n'as pas à t'excuser, dit gentiment Peter. Ni maintenant ni jamais. Tout est ma faute... »

Entre-temps, le Dr Edwards s'était mis à inspecter l'intérieur de la cellule. Dans un coin, sur une petite table, était posé un dossier ; il s'en empara d'un geste et s'accroupit pour le lire à la lueur du sol. Puis se retourna vers le jeune couple.

« Anna, ces examens médicaux..., dit-il d'une voix rauque. Sais-tu de quoi il s'agit ? »

La jeune fille secoua la tête, et le scientifique sentit soudain ses épaules se contracter sous l'effet de la détermination et de la colère. Colère contre Richard et ses agissements, mais aussi contre lui-même pour avoir laissé faire de telles choses.

« Anna, murmura Peter, nous allons te faire sortir. T'emmener loin d'ici. Paul est là. Et le Réseau souterrain aussi. Ils n'attendent que toi. Ils sont prêts à intervenir.

– Paul ? Il est venu ? »

Peter acquiesça. « Il y a plein de Surplus enfermées ici, ajouta-t-il. J'ai suivi mon grand-père. Jusqu'à l'Unité X.

– L'Unité X ?

– Il y détient des Surplus filles. Toutes enceintes, exploitées pour fabriquer de la Longévité +. C'est à cause des cellules souches embryonnaires. Ils… » Peter détourna le regard et frissonna malgré lui en repensant à Sheila.

« Et il n'y a pas qu'elles, intervint le Dr Edwards d'une voix étranglée.

– Comment cela ? »

Le Dr Edwards plongea ses yeux dans ceux de Peter, puis dans ceux d'Anna. « Il n'y a pas qu'elles qui soient enceintes.

– Vous voulez dire qu'il y en a d'autres, ailleurs ? murmura Peter.

– Je ne parlais pas des Surplus. Anna. Ton dossier… Tu es enceinte. Et d'après ces documents, ils veulent… Ils… » Le Dr Edwards ne put se résoudre à répéter ce qu'il venait de lire — ces abréviations qu'il avait délibérément occultées depuis des années, mais qu'il ne connaissait que trop bien.

Peter le dévisagea, incrédule. « Anna… enceinte ?

– Mais… et le programme de stérilisation des Surplus ? fit la jeune fille d'une voix aiguë. Je ne peux pas…

– C'était un leurre, lui expliqua Peter en prenant sa main. Ça n'a jamais existé. Mon grand-père… a laissé ce dossier exprès sur son bureau. Il m'a envoyé un message en imitant les ordres de mission du Réseau souterrain pour être sûr que je tomberais dessus. Mais ce programme n'a jamais été appliqué. Il voulait me faire signer, voilà tout.

– Alors, je suis enceinte ? demanda Anna. Pour de vrai ?

– Oui. Nous allons avoir un bébé. »

Un sourire radieux illumina son visage, ravivant l'éclat de ses yeux éteints. Peter se recula pour la contempler, l'horreur le disputant à la joie.

« Dire que j'ai failli… que je t'ai obligée à… » Il fouilla dans sa poche arrière et en sortit une feuille de papier qu'il déchira rageusement en morceaux. « Ta Déclaration, dit-il en enfouissant son visage au creux du cou d'Anna. Tu l'as signée à cause de moi. Je ne me le pardonnerai jamais. Mais c'est fini, à présent. » Il l'embrassa. « J'ai été stupide. Si stupide…

– Tu te trompes, objecta le Dr Edwards en fixant la dépouille du garde. Nous accordons parfois notre confiance à des gens ou des causes qui ne le méritent pas. Ton grand-père est un homme très dangereux, Peter. Il faut l'arrêter. Quel qu'en soit le prix.

– J'irai même plus loin, répliqua Peter d'un ton implacable. J'ai l'intention de le détruire. »

Chapitre 31

Conformément aux instructions de Peter, Paul avançait à pas feutrés le long du couloir de service desservant les immenses salles de réserve, aussi vastes que des entrepôts. Son uniforme de garde lui avait permis de traverser le bâtiment incognito et de monter l'escalier jusqu'au sixième étage ; il savait que Jude, de son point d'observation au-dessus du poste de Sécurité, suivait en silence sa progression sur les écrans de contrôle.

Il y eut soudain des éclats de voix, et Paul se tapit dans l'ombre. Deux hommes venaient dans sa direction en parlant tout bas.

« Bah, quelle importance ? Demain, ce sera officiel.

– Tu crois cette nana des Autorités, toi ?

– Ce n'est pas une question de confiance. Elle ne peut pas nous refuser la validation, point final. Les bénéfices en jeu sont trop importants. Travail, énergie, confort de vie... c'est l'évidence même ! Cesse de te tracasser.

– Je ne me tracasse pas. »

Ils ne le virent même pas ; ils passèrent juste devant lui, franchirent la porte et descendirent l'escalier. Prudent mais sûr de lui, Paul se dirigea vers la salle d'où venaient de sortir les deux hommes, en espérant que Jude, là-haut, se tenait prêt à intervenir. Doucement, il entrouvrit la porte de quelques centimètres et cligna aussitôt des yeux sous la violence de l'éclairage. Deux infirmières discutaient dans un coin, assises à une table. Hormis leur bavardage, il régnait un silence total. Juste à côté de la porte se trouvaient un interphone et deux interrupteurs pour régler la lumière. Sans bruit, Paul leva les yeux vers la caméra de surveillance et hocha ostensiblement la tête. Sa confiance en Jude fut récompensée quelques secondes plus tard : le noir se fit d'un coup dans la pièce, et Paul se glissa furtivement à l'intérieur.

Des bruits de pas précipités se firent entendre.

« Le black-out s'étend jusqu'à nous ! s'alarma l'une des infirmières.

– Allô ? Allô ? Oh non... L'interphone ne fonctionne plus !

– Bon, et maintenant, qu'est-ce qu'on fait des filles ?

– On ferait mieux de les descendre. »

Se mouvant rapidement dans la pénombre, Paul arrêta d'un geste vif l'infirmière qui se trouvait le plus près de la porte. Elle poussa un cri. « Contre le mur, lui ordonna-t-il.

– Quoi ? Qui est là ? Qui vient de parler ?

– J'ai une arme. Mettez-vous contre le mur, toutes les deux. »

S'ensuivit une petite bousculade ponctuée de glapissements, tandis que tous les occupants de la salle se déplaçaient. Paul alluma une lampe torche et balaya l'intérieur de la salle afin de s'assurer que personne d'autre ne se cachait ailleurs. « Tournez-vous, dit-il. Les mains en l'air.

– Mais les gardes vont arriver d'un instant à l'autre. Vous êtes fou ? On ne peut pas entrer ici comme ça et...

– Je fais ce que je veux », rétorqua-t-il sèchement.

Il s'empara d'une serviette et ordonna à l'une des infirmières de bâillonner le médecin qui venait de parler, puis de ligoter les autres ; pour finir, il la ligota lui-même avant de se ruer vers les lits. « Sheila ? » appela-t-il en observant chacune des jeunes filles, le cœur brisé par le spectacle qu'il découvrait au fur et à mesure.

L'une d'elles ouvrit un œil dans un demi-sommeil. « Est-ce que j'ai été Utile ? demanda-t-elle d'une voix pâteuse. Je peux retourner à Grange Hall, maintenant ?

– Non, pas à Grange Hall, lui répondit Paul en accourant à son chevet. On va plutôt essayer de t'emmener dans un lieu sûr, O.K. ? Voyons si j'arrive à te faire sortir d'ici. »

Il prit son téléphone et passa un coup de fil à son chef d'équipe au sous-sol. « Envoyez-moi quatre hommes en renfort. Tout de suite. »

« Samuels ? »

Derek Samuels porta instantanément le combiné à son oreille. « Oui, Mr Pincent ?

– La conférence de presse débutera à dix-huit heures précises. Allez chercher Peter.

– Mais bien sûr. J'y vais de ce pas.

– Parfait. »

Derek Samuels essuya le filet de sueur qui lui barrait le front. Il considérait le corps du garde 431, avachi derrière la porte de la cellule dont la prisonnière s'était envolée. Un autre garde avait été retrouvé mort dans une salle d'attente près de la réception. Deux autres dans un local situé au deuxième étage. Samuels dégaina son arme, la brandit d'une main ferme à hauteur de sa poitrine et appela du renfort pour déplacer le corps.

« Où étais-tu ? chuchota le Dr Edwards avec angoisse. Les gardes vont nous tomber dessus d'un instant à l'autre ! »

Ils s'étaient retrouvés au sous-sol, comme convenu ; Paul, qui venait de passer la tête derrière l'angle d'un couloir, grimaça. « Vous avez Anna ?

– Oui. Elle est ici, avec moi. »

Paul aperçut la fine silhouette de la jeune fille derrière celle de son vieux camarade et acquiesça avant de disparaître. Quelques secondes plus tard, il revint avec une adolescente entre les bras. Quatre hommes marchaient derrière lui, qui portaient eux aussi des filles inconscientes. C'étaient des agents du Réseau souterrain, comprit Edwards. Les combattants de la résistance. « Tant mieux, dit Paul. Parce que nous devons emmener celles-ci également. »

Le scientifique écarquilla les yeux. « Bien sûr. Elles proviennent de l'Unité X ? »

Paul fit oui de la tête. « Où est Peter ?

– Reparti dans sa cellule.

– O.K. Le bateau nous attend. Tiens, je te laisse prendre soin de Sheila. »

Il lui confia la jeune fille endormie, que le Dr Edwards recueillit entre ses bras avec mille précautions.

« Sheila... c'est vraiment toi ? » Anna n'avait pas pu se retenir. Son ancienne amie ne lui répondait guère, mais elle serra quand même sa main dans la sienne et demeura résolument à ses côtés, comme pour veiller sur elle. Elle était si fragile, songea le Dr Edwards en examinant son corps frêle, son visage auréolé de cheveux roux ; mais sa légèreté ne faisait qu'alourdir le poids qui pesait sur sa conscience depuis l'arrivée de Paul et de Peter dans son laboratoire — depuis qu'il connaissait la vérité sur ce qui se passait entre ces murs. Il se rendait compte qu'il était complice de ces horreurs. Il avait laissé Richard Pincent l'humilier, le tyranniser, le bâillonner. Et ces pauvres filles en avaient payé le prix. Lentement, il pivota sur ses talons et repartit en direction de l'escalier. Anna lui emboîta le pas, mais Paul les précéda en éclaireur afin de s'assurer que la voie était libre, suivi à quelques mètres de distance par ses quatre compagnons. D'un pas furtif, les cinq hommes gagnèrent la sortie et les quais de chargement où attendait le reste du commando, tapi dans l'obscurité hivernale. Sans un bruit, le scientifique et Anna empruntèrent le même trajet, tournant à droite juste après la sortie et longeant le mur externe du bâtiment jusqu'à la zone marécageuse annonçant la proximité de la rive du fleuve. Leurs pieds s'enfonçaient dans l'herbe boueuse. Ils pressèrent le pas pour rejoindre enfin le bateau, une sorte de vedette blindée de taille moyenne amarrée en contrebas du quai.

« La marée est basse, dit Paul à Anna. Il va falloir sauter. Nous te passerons Ben ensuite. »

Anna acquiesça, inspira à fond et s'élança. Une fois qu'elle eut atterri saine et sauve à bord, elle tendit les bras pour récupérer son frère.

Vint ensuite le tour des filles. Dans leur état, toutes plus ou moins groggy, elles se réceptionnèrent difficilement sur le pont de l'embarcation, mais Anna les recueillit une par une pour les aider à s'asseoir, réajustant au passage les pans de leurs tuniques pour préserver leur dignité déjà par trop mise à mal. Les hommes du Réseau souterrain furent les derniers à descendre.

« Tu devrais aller avec eux », lança Paul au Dr Edwards.

Ce dernier secoua la tête. « Non. Tu voulais que j'assiste à la conférence de presse.

– C'était avant que tu ne tues un garde et que tu n'aides les prisonnières à s'échapper. Ils t'auront avant même le début de la conférence. Fuis, sans perdre un instant. Nous te cacherons. »

Edwards observa Anna et les autres jeunes filles. « Tu sais, cet endroit représente tout pour moi, dit-il tout bas. Du plus loin que je me souvienne, la science a toujours été au cœur de ma vie. Je me croyais en quête de la vérité. J'étais convaincu que la science était une chose magnifique.

– Elle peut l'être, répondit Paul. Il existe deux sortes de science, la bonne et la mauvaise.

– Mais les deux peuvent si facilement se confondre... Pour moi, la Longévité avait sauvé l'humanité. Comment une découverte aussi noble peut-elle se révéler si destructrice ?

– Toute beauté comporte sa part d'ombre. Sans l'enfer, il n'y aurait pas de paradis. »

Le Dr Edwards grimaça. « Mais de là à découvrir que vous êtes du côté des monstres... », murmura-t-il. Tournant la tête, il contempla le bâtiment de Pincent Pharma avec dégoût.

« Ce n'est pas ta faute. » Paul eut un petit sourire. « De toute façon, les Autorités ont un programme de Réinstruction. Quel est leur slogan, déjà ? "Nouvelle vie, nouveaux défis" ? »

Le scientifique croisa son regard. « La Réinstruction... Oui, bien sûr. En vérité...

– Personne ne bouge ! » La voix avait jailli dans leur dos. Edwards fit volte-face et, derrière le faisceau aveuglant d'une lampe torche, vit une silhouette en uniforme marcher dans sa direction. L'éclat métallique d'une arme à feu luisait dans sa main.

« Garde, je peux tout vous expliquer ! lança-t-il.

– Inutile. Si je vous vois bouger d'un centimètre, vous

êtes morts. Tous les deux. » L'homme sortit un talkie-walkie. « Besoin de renforts, sortie arrière, côté fleuve.

– Bien sûr », déclara le Dr Edwards tandis que son esprit tournait à toute allure. D'un instant à l'autre, d'autres gardes allaient faire irruption pour arrêter tout le monde — lui, Paul et les filles.

« Écoutez, ça ne sera pas nécessaire, dit-il d'un ton qu'il espérait calme et confiant. J'ai juste entendu du bruit. Je suis venu voir moi-même ce qui se passait. » Il se tourna vers Paul. « Va-t'en », marmonna-t-il entre ses dents. Le talkie-walkie du gardien crachotait de plus en plus près. « Fiche le camp d'ici.

– Je refuse de t'abandonner, répondit Paul. Ça ne sert à rien. Nous pouvons neutraliser cet homme.

– Il y en aura d'autres dans cinq minutes. Le jeu n'en vaut pas la chandelle.

– Mais tu sais qu'il va te tuer ! » insista Paul.

Le garde, qui s'était arrêté à quelques mètres d'eux, les tenait en joue l'un après l'autre, impassible. Derrière lui, le Dr Edwards entendait déjà se rapprocher le martèlement précipité des bottes sur le béton.

« Tu sais, au fond, la mort n'est pas une chose si terrible, dit-il tout bas, mais assez fort pour que Paul l'entende. Peter avait peut-être raison en affirmant que c'était la méthode de Renouveau inventée par la Nature. » Il lui décocha un sourire fugace. « Dis-lui qu'il avait raison. Dis-lui que l'éternité n'a aucune valeur, que seul le présent compte et qu'il faut toujours agir en son âme et conscience. Enfin... »

Après un ultime regard à son ancien camarade de fac, il se mit en marche vers le garde, les mains en l'air. « Je vous assure, il n'y a aucune raison de nous fâcher. Laissez-moi juste vous expliquer...

– Expliquer ? Vous n'avez rien à expliquer. Restez où vous êtes, ou je tire. » Il le fixait de ses petits yeux plissés ; le Dr Edwards s'était placé pile dans le faisceau de sa lampe.

« Mais nous sommes du même côté », insista le scientifique. Du coin de l'œil, il vit Paul l'observer une dernière fois avant de sauter dans le bateau.

« Arrêtez-vous immédiatement, ou je tire ! aboya le garde. Un pas de plus...

– Un pas ? Vous me tueriez pour un pas de trop ? » rétorqua le Dr Edwards, sans cesser d'avancer. Mais ses paroles furent balayées par la détonation d'une arme à feu ; en s'effondrant dans la boue, il sentit la douleur se répandre délicieusement à travers son corps, tel un flot purificateur le libérant du poids de ses erreurs et de ses angoisses. Le garde lâcha une exclamation de colère en constatant que Paul avait eu le temps de fuir et ordonna à ses collègues, qui arrivaient déjà sur les lieux, de fouiller la rive du fleuve. Mais, alors même que sa vie, peu à peu, le quittait, le Dr Edwards entendit le vrombissement caractéristique d'un moteur de bateau et il ferma les yeux, apaisé par la certitude que les gardes arrivaient trop tard.

Chapitre 32

Derek Samuels fixait l'écran de l'ordinateur par-dessus l'épaule du programmeur, tout en luttant contre la tentation de tirer une balle dans la tête de cet incapable qui n'avait toujours pas réussi à rétablir le courant. Bien qu'il n'eût guère pour habitude de se laisser déborder par ses sentiments, il se sentait désormais tout proche de la crise de nerfs. « La conférence de presse est censée démarrer dans un quart d'heure, dit-il d'une voix sourde et menaçante. Si l'électricité ne revient pas et que Mr Pincent se voie contraint d'annuler, vous et votre famille le regretterez jusqu'à la fin de vos jours. »

L'informaticien, qui transpirait à grosses gouttes, opina du chef. Il avait demandé à son équipe de passer tout le système au peigne fin — chaque programme, chaque connexion... en vain. « Nous faisons notre possible, balbutia-t-il. Mais nous n'arrivons pas à déceler la faille. Tout semble en parfait état de marche.

– De toute évidence, ce n'est pas le cas, rétorqua

sèchement Samuels. Autrement, nous aurions du courant. Écoutez, j'ai assez perdu de temps. Réparez-moi ça immédiatement. »

Le programmeur tremblait comme une feuille. « Oui, monsieur, dit-il en s'épongeant le front de sa manche. Oui, monsieur, je vais... » Il fut interrompu par un flash de lumière, suivi du vrombissement des machines se remettant lentement en marche. Il n'avait pas la moindre idée de ce qui se passait — il n'avait absolument rien fait —, mais c'était le plus beau bruit qu'il ait jamais entendu de sa vie. Il contempla son écran un moment, osant à peine croire que l'électricité était revenue pour de bon. Peu à peu, le soulagement se lut sur ses traits. « Eh bien... voilà, déclara-t-il d'une voix mal assurée. Je crois que nous sommes tirés d'affaire. »

Derek Samuels ouvrit la porte de la salle et constata que l'éclairage était bel et bien revenu dans le couloir. Même les verrous électroniques fonctionnaient à nouveau. « Comment avez-vous fait ? lui demanda-t-il. Où était le problème ? Était-ce un acte de sabotage, une interférence ou une défaillance du système ? »

L'homme esquissa un sourire embarrassé. « C'était... heu... une défaillance du système », dit-il après une courte hésitation, le temps de comprendre que la thèse de l'acte terroriste l'obligerait à s'empêtrer dans un mensonge impossible pour expliquer comment les saboteurs s'y étaient pris.

« Je vois. Et il vous a fallu tout ce temps pour en venir à bout ?

– Je ne suis là que depuis une heure, répondit l'informaticien, un peu ragaillardi par sa bonne fortune. L'essentiel, c'est que tout soit réparé, non ?

– Pour ce que j'en sais, vous avez très bien pu provoquer la panne vous-même, rétorqua Samuels. Qui me dit que vous ne travaillez pas pour le Réseau souterrain ?

– Moi ? » L'homme écarquilla les yeux. « Pourquoi soutiendrais-je ces gens ? Je ne fais que mon boulot. Je suis juste...

– Peu importe, l'interrompit sèchement Samuels. Vous allez rester ici jusqu'à ce que nous connaissions le fin mot de l'histoire. » Il se tourna vers le garde. « Amenez-moi le gamin Fitz-Patrick. »

Quelques instants plus tard, Jude fit son entrée, poussé de force dans la pièce. Il avait les vêtements tachés, déchirés, et le visage maculé de traînées de poussière.

Le chef de la Sécurité l'examina des pieds à la tête. « Tu as trouvé à t'occuper, on dirait.

– J'ai essayé de m'évader, figurez-vous, marmonna Jude. Vous m'avez enfermé dans un placard à balais et je suis claustrophobe. Les lumières se sont éteintes. J'ai paniqué.

– T'évader de Pincent Pharma ? Intéressant. J'ai entendu dire que quelqu'un s'était baladé dans nos faux plafonds. Ce ne serait pas toi, par hasard ? »

Jude leva un sourcil. « Pas que je sache, dit-il en haussant les épaules. De toute façon, mon plan a raté, pas vrai ? Je peux m'en aller, maintenant ?

– T'en aller ? répéta Mr Samuels en souriant. Je crains que tu n'ailles nulle part, Jude. Vois-tu, nous prenons les problèmes de sécurité très au sérieux. Les Autorités également. Nous ne traitons pas la vie de nos gardes à la légère. Ni les attentats contre notre système d'alimentation en énergie. J'aimerais donc que tu t'assoies ici et que tu en profites pour réfléchir. Car si tu sais quoi que ce soit à propos des incidents d'aujourd'hui, tu vas me le dire, compris ? Garde, emmenez le programmeur et... occupez-vous de lui. »

Le vigile acquiesça sans se faire prier et arracha l'informaticien de sa chaise. L'homme jeta un regard affolé en direction de Jude avant d'être emmené hors de la salle en trébuchant.

***

Richard Pincent raccrocha violemment son téléphone et se tourna vers Hillary, assise, l'air pincé, sur le canapé près de son bureau.

« Vous voyez ? dit-il non sans un vif soulagement, le visage rayonnant. Le courant a été rétabli.

– Et le coupable ?

– L'enquête suit son cours. Les détails seront transmis aux Autorités en temps voulu.

– Tant mieux. Parce que nous exigerons un compte rendu précis. Toute brèche dans la sécurité de Pincent Pharma est une catastrophe pour l'image de marque des Autorités, Richard. Nos compétences sont sur la sellette. Et puis... il y a le problème de votre petit-fils. Comment pouvez-vous être sûr qu'il respectera les instructions ? Sa coopération est cruciale. Il en va de votre capital confiance, Richard, et de celui de Pincent Pharma. Vous en êtes conscient, n'est-ce pas ?

– Naturellement. Croyez-moi, Peter sait ce qu'il a à faire. » Richard sentait sa pression sanguine s'accroître et son pouls s'accélérer tel un train fou lancé à pleine vitesse sur les rails ; il lui faudrait un cœur neuf d'ici quelques jours. Il veillerait à ce que le nouveau modèle soit mis en culture immédiatement.

« Je l'espère pour vous », assena Hillary d'un ton sombre.

Richard fit pivoter son fauteuil pour contempler le

fleuve. En face, il distinguait les pâles lueurs des diverses annexes des Autorités. Pendant tout l'après-midi, le standard de Pincent Pharma avait été saturé d'appels de la part des employés travaillant dans ces bâtiments, perturbés par l'absence anormale de lumière de l'autre côté de la rive et voulant savoir avec une jubilation à peine dissimulée s'il y avait « le moindre problème ». Richard savait pertinemment que le Secrétaire général des Autorités attendait le premier prétexte pour prendre Pincent Pharma sous son contrôle. Aucun autre incident ne devait venir gâcher cette journée. Peter avait intérêt à respecter les consignes.

« Si nous y allions ? proposa-t-il à Hillary en se fendant d'un sourire forcé.

– Oui. » Elle se leva et aplanit le tissu de sa jupe. « Allons-y. »

Derek Samuels désigna la chaise vide du programmeur ; en s'asseyant, Jude la trouva encore chaude et humide de sueur.

« Maintenant, tu vas me dire tout ce que tu sais. Sinon, tu découvriras une nouvelle forme de douleur qui dépasse tout ce que tu peux imaginer. Me suis-je bien fait comprendre ?

– Absolument », répondit Jude d'un ton placide. Il s'attendait à éprouver une peur panique mais, curieusement, ce n'était pas le cas. Il se sentait vivant. Pour la première fois de son existence, il avait l'impression de servir à quelque chose. De contribuer à une juste cause.

Feignant un air perplexe, il observa l'écran de l'ordinateur. « Vous voulez que je trouve la cause de votre faille ? Mon tarif est de cinq mille billets la journée.

– Quatre de mes hommes sont morts, rétorqua Samuels d'une voix grave. Est-ce une coïncidence ? Le jour même de ta venue ici, des gardes tombent comme des mouches et notre système électrique tombe en panne. Je ne crois pas au hasard, mon petit.

– Morts ? » répéta Jude, notant avec amusement que le chef de la Sécurité ne faisait aucune allusion à l'évasion des Surplus. « Ne me dites pas que vous m'accusez d'y être pour quelque chose. Je suis resté enfermé pendant tout ce temps. »

Derek Samuels lui lança un long regard froid, avant de se lever. « Je t'accorde cinq minutes. Cinq minutes pour me dire ce qui s'est passé. »

Jude glissa un coup d'œil furtif à sa montre. Le début de la conférence de presse était imminent. Or Derek Samuels avait sûrement l'intention d'y assister.

« Écoutez, dit-il, histoire de gagner du temps, j'aimerais pouvoir vous aider. Mais je vous assure que je n'ai rien à voir là-dedans. »

À la seconde où il achevait sa phrase, la porte de la salle s'ouvrit d'un coup sec et un homme apparut sur le seuil.

« Derek, nous commençons immédiatement. »

Jude sentit son cœur s'emballer en le reconnaissant : Richard Pincent, souvent décrit comme l'homme le plus puissant au monde. Il portait un costume impeccable et parlait d'une voix détendue. Il n'était pas encore au courant, comprit Jude. Comment aurait-il pu ?

« Les cordons de sécurité sont en place, répondit aussitôt Mr Samuels. Je vous suis dans une minute. »

Richard s'avança vers lui, une lueur mauvaise dans le regard. « Me suivre ? Non, Derek. Vous allez vous y rendre tout de suite, et vous prendrez Peter au passage. Vous l'escorterez personnellement jusqu'à l'accueil, où vous veillerez à ce que tout soit bien en place. Puis vous expliquerez très clairement à mon petit-fils que, s'il désobéit aux instructions, sa petite amie sera bouclée pendant le restant de sa courte vie. Je ne tolérerai aucun autre incident aujourd'hui. Tout doit se dérouler comme prévu. Me suis-je bien fait comprendre ?

– Oui, monsieur. Parfaitement », répondit Samuels en hochant la tête. La sueur coulait sur ses tempes. « Mr Pincent. À propos de la fille...

– Oui ? » Jude vit que son visage bouillait de rage. « Son cas a été réglé, n'est-ce pas ? »

Derek Samuels hésita. « Oui, monsieur. Tout à fait.

– Bien. J'attends, Derek.

– Naturellement. » Il ordonna à deux gardes de s'occuper de Jude. « Surveillez-le jusqu'à la fin de la conférence. Emmenez-le quelque part où vous ne le perdrez pas de vue une seule seconde. Où *je* ne pourrai pas le perdre de vue. » Sa colère semblait n'avoir d'égale que sa peur. Il s'approcha à quelques centimètres du visage de Jude. « Quand tout le monde sera parti, ajouta-t-il dans un murmure, toi et moi passerons un peu de temps ensemble. À la fin, tu me supplieras de te laisser parler. Et même si je décide de te relâcher, tu ne seras plus jamais libre. Parce que tu auras conscience de ma présence systématique derrière toi, à t'observer, à t'épier, et à guetter la prochaine occasion de te faire souffrir. Tu auras beau fuir le plus loin possible, te fabriquer autant de nouvelles identités que tu voudras, tu ne m'échapperas pas. Personne ne m'échappe. »

Chapitre 33

Le hall d'accueil de Pincent Pharma semblait étrangement silencieux sans le ronron permanent des escalators. On y avait installé des rangées de chaises, toutes occupées par des journalistes qui attendaient sans un mot. Richard les contempla quelques secondes avant de se diriger vers le micro. Il avait exigé qu'un projecteur fût braqué sur lui à l'instant où il monterait sur le podium pour prendre la parole ; l'effet produit correspondit exactement à ses attentes. Comme il s'avançait vers le pupitre, l'assistance retint son souffle et tous les yeux se rivèrent sur lui, tel le prophète en haut de la montagne, le porteur de lumière. L'air grave, il survola son auditoire du regard. Tous les journaux étaient représentés, de même que les radios et les agences de presse.

Il se plaça devant le micro.

« Bienvenue à tous », déclara-t-il. Sa voix pleine d'assurance résonna à travers l'immensité du hall. « Bienvenue à cet événement d'une importance capitale.

Avant toute chose, permettez-moi de vous présenter mes excuses pour notre coupure d'électricité de cet après-midi : nous procédons actuellement à une amélioration du système, et cette défaillance temporaire était hélas un dommage collatéral incontournable. Toutefois, comme vous pouvez le constater, les choses ont repris leur cours habituel. Bref, pour en revenir à notre conférence de presse, j'ai le plaisir d'avoir aujourd'hui à mes côtés Hillary Wright, Secrétaire générale adjointe des Autorités, et Peter Pincent, mon petit-fils qui, comme le savent déjà certains d'entre vous, travaille avec moi depuis quelques semaines. »

Richard fronça imperceptiblement les sourcils en voyant deux gardes échanger fébrilement des messes basses d'un air soucieux ; sentant le poids de son regard sur eux, ils se turent sur-le-champ. Richard plissa les paupières, puis sourit de nouveau à l'assistance.

« Comme cela vous a été précisé sur vos invitations, nous avons aujourd'hui deux événements de taille à célébrer. Deux événements qui me réjouissent particulièrement et qui, je crois, attestent le souci constant de la famille Pincent et de Pincent Pharma de satisfaire aux critères de Confort, Santé, Prospérité et Éducation imposés par les Autorités. Car, aujourd'hui, nous lançons officiellement le tout premier prototype de Longévité +, la nouvelle génération de la Longévité, dont la production pourrait commencer dans six mois, après validation par les Autorités... mais ce n'est, semble-t-il, qu'une simple formalité. »

Deux médecins apparurent au fond du hall. Richard se rembrunit. Ceux-là travaillaient à l'Unité X. Il ne les avait pas invités à la conférence. Mais au lieu de s'asseoir, ils allèrent s'entretenir avec un membre de la Sécurité. Une minute plus tard, deux gardes repartaient avec eux.

« Imaginez un peu, poursuivit Richard, le sourire aux lèvres, alors que ses doigts tambourinaient nerveusement sur son pupitre, l'effet que cela vous ferait de vous sentir comme quand vous étiez jeunes. Aussi jeunes que mon petit-fils ici présent. »

Toutes les têtes se tournèrent vers Peter. Richard, qui commençait à avoir un peu chaud sous l'éclat des spots, en profita pour sortir un mouchoir et s'essuyer le front d'un geste furtif avant de vérifier ses notes.

« Imaginez cette sensation de vitalité, d'énergie, renouvelée chaque matin au réveil. » Il coula une œillade en direction de Hillary — son visage était de marbre, son expression indéchiffrable. « Imaginez les bénéfices de la Longévité étendus à l'aspect extérieur du corps, et plus seulement à l'intérieur. Parce que, en un mot, tel est le pouvoir de Longévité +. Le Renouveau au sens complet du terme. Pas seulement la vie éternelle, mais la *jeunesse* éternelle. »

Un murmure impressionné s'éleva du parterre de journalistes.

« Bien sûr, ajouta Richard, qui commençait à se détendre un peu, ce nouveau médicament est difficile à fabriquer. Sa production nécessite un budget considérable, des recherches complexes. Mais je sais que les Autorités sont à l'écoute des besoins et des aspirations de notre peuple, et qu'elles veilleront en priorité à ce que le projet Longévité + se voie accorder tous les crédits nécessaires. »

Son regard croisa celui de Hillary ; elle se fendit d'un léger sourire.

« Avant d'inviter la Secrétaire générale adjointe à venir vous parler des crédits de recherche, permettez-moi d'aborder ma seconde annonce importante de la journée. Il s'agit d'un événement qui me touche plus personnellement, mais à la portée néanmoins majeure. Car aujourd'hui, mon petit-fils, Peter Pincent, va signer la Déclaration. » Il le couva d'un air bienveillant ; l'adolescent demeura totalement impassible. « Comme vous le savez, Peter a connu des débuts difficiles dans l'existence. Un passé mouvementé, disons. Mais c'est un Pincent, et il ne l'a que trop bien démontré depuis son arrivée parmi nous. Je tenais à ce que vous puissiez partager cet instant solennel avec lui et assister à son entrée dans l'âge adulte, dans ce monde solide et merveilleux que la Longévité a créé pour nous. Mesdames et messieurs, mon petit-fils ! »

Peter se leva, tremblant un peu sur ses jambes. Il marcha jusqu'au podium, où son grand-père avait soigneusement posé son exemplaire de la Déclaration et faisait déjà signe au photographe officiel de venir immortaliser la scène. D'un geste théâtral, il lui tendit un stylo et recula d'un pas afin de lui laisser la place.

« Là, tout en bas, murmura-t-il. Une seule signature. Dépêche-toi. »

Peter contemplait fixement le document.

« Obéis, ou tu peux dire adieu à Anna pour toujours. Compris ? » marmonna Richard avant de décocher son plus beau sourire aux reporters amassés devant eux. « Le trac, lança-t-il d'un ton jovial. Le pauvre, il n'est guère habitué aux feux des projecteurs. »

Mais Peter releva brusquement la tête vers le public.

« En fait, je souhaiterais prononcer quelques mots. Je peux ? »

Richard sentit sa poitrine se contracter. « Quelques mots ? dit-il, la mâchoire serrée, en s'avançant pour tenter d'écarter son petit-fils du podium. Peter, le moment est peut-être mal choisi de...

– Qu'il parle ! s'écria un journaliste. Écoutons parler Peter Pincent !

– Oui, Peter Pincent ! » renchérit un autre.

À contrecœur, Richard lui lâcha le bras. « Entendu, dit-il à l'assistance d'un ton suave. Quelques mots. » Il se retourna vers Peter. « Pense bien à ta petite copine avant de raconter n'importe quoi, lui glissa-t-il à l'oreille. Sinon, tu l'enverras croupir dans un lieu bien pire que Grange Hall. Et cette fois, pas question de s'évader. Elle mourra là-bas — tu peux me croire. »

Peter acquiesça sagement et s'avança vers le micro.

« Comme vous l'a dit mon grand-père, commença-t-il, je ne suis chez Pincent Pharma que depuis très peu de temps. Néanmoins, j'ai déjà appris énormément de choses sur la science, la Longévité, la beauté de ces petites pilules blanches, le travail qu'elles nécessitent et le potentiel qu'elles contiennent. » Devant lui, les journalistes prenaient des notes en opinant du chef. Peter inspira profondément.

« Chacun de nous, me semble-t-il, est un jour ou l'autre amené à s'interroger sur le sens de l'existence. Eh bien, ma courte expérience chez Pincent Pharma m'a apporté une aide précieuse sur ce point. J'ai compris ce qui était le plus important dans la vie. La famille. La loyauté. Le progrès. »

Il adressa un sourire à son grand-père, qui ne le lâchait pas du regard, un rictus figé au coin des lèvres.

« C'est donc, conclut-il avec flegme, la raison pour

laquelle j'ai décidé de ne pas signer la Déclaration. Ni aujourd'hui, ni jamais. »

Un hoquet de stupeur parcourut l'assistance.

« Allons, bien sûr que si, intervint Richard Pincent d'un ton menaçant. Bien sûr qu'il va signer. Tout de suite. N'est-ce pas, Peter ? »

L'adolescent lui sourit. « Eh bien, non. Voyez-vous, j'aspire à la vie. À la vraie vie, avec ses joies, ses peines, ses contrariétés et ses plaisirs. Une vie avec une fin, et dont chaque seconde aurait de l'importance. Une vie synonyme d'amour, et non de souffrances pour autrui. Car la Longévité ne fait pas autre chose aux gens. Elle les rend esclaves, et elle les détruit.

« Prenons cet objet, par exemple, poursuivit-il en ôtant la chevalière qui l'accompagnait depuis sa naissance. Pour moi, il était symbole de vie. Il avait une immense valeur personnelle. Mais je me trompais. »

Il contempla le bijou, sa fleur finement ciselée sur son chaton, les initiales « A. F. » gravées à l'intérieur de l'anneau. Albert Fern. Son arrière-grand-père... Relevant la tête, Peter jeta alors sa chevalière d'un geste puissant à travers la salle, toisant au passage Richard d'un air victorieux.

« Cet objet fait partie de l'héritage familial des Pincent. Or je hais ces gens. Je préférerais mourir qu'être l'un d'entre eux !

– Et, qui sait, ton vœu va peut-être se réaliser », siffla son grand-père avec fureur alors que deux gardes se matérialisaient derrière Peter pour le traîner hors du podium.

« Je n'ai rien à faire dans ce lieu où l'on torture des Surplus, où l'on cultive des fœtus pour que des gens comme vous n'aient pas de problèmes de rides. Je veux une vie joyeuse, une vie douce ! s'exclama Peter. Une vie avec des enfants autour de moi, du bruit, de l'agitation, pas une existence passée à enfouir sa tête dans le sable pour ignorer le reste du monde...

– Tu vas le regretter, lui souffla son grand-père. Et Anna aussi.

– Vous ne savez même pas où elle est, lui rétorqua Peter. Et vous devriez prendre des nouvelles de vos cobayes Surplus, pendant que vous y êtes. » Il voulut repousser les gardes, mais ils étaient trop forts pour lui. L'un d'eux plaqua une main de fer contre sa bouche, l'empêchant de parler.

La confusion la plus totale se lisait sur les traits de Richard. Peter lui adressa un ultime regard de triomphe.

« Une seconde ! s'écria un journaliste en bondissant sur ses pieds. Peter, qu'est-ce que c'est que cette histoire de fœtus ? »

Un de ses confrères l'imita aussitôt : « Mr Pincent, est-il vrai qu'on torture des Surplus pour fabriquer la

Longévité + ? Avez-vous un commentaire à faire à propos des accusations de votre petit-fils ? »

Richard réfléchissait à toute vitesse. Pendant que Peter se débattait violemment contre ses gardes, les représentants de la presse se levaient l'un après l'autre pour le bombarder de questions.

« Mesdames et messieurs, déclara-t-il, les mains levées en un geste d'apaisement. Mesdames et messieurs... un instant, je vous prie. »

Le brouhaha ambiant diminua d'un cran ; dans le public, certains se rassirent.

« Comme vous le savez, mon petit-fils, Peter, est né avec le statut de Surplus. Il a été conditionné dès son plus jeune âge par la pernicieuse propagande des membres du Réseau souterrain, devenant ainsi un dangereux hors-la-loi. Sa propre mère était une criminelle — détail qui aurait peut-être dû m'alerter. J'espérais vivement que, en l'employant ici, en lui offrant les meilleures chances possibles, je parviendrais à le réhabiliter. » Il secoua la tête. « Hélas. Nous venons, je crois, d'avoir la preuve que la réhabilitation est une utopie. De toute évidence, il apparaît que les Surplus sont incapables de s'adapter à notre société civilisée, ou de saisir les chances qui leur sont offertes. Nous voulons leur bien, mesdames et messieurs, mais cela ne veut pas dire qu'ils sachent ce qui est bon pour eux...

– Êtes-vous en train de dire qu'un Surplus ne devrait jamais devenir Légal ? lui lança un journaliste. Que votre petit-fils ne mérite pas d'être libre ?

– Tout ce que je dis, répondit Richard calmement, c'est que nous devrions peut-être procéder à une modification de la loi Surplus. Les déclarations de Peter ne sont qu'un tissu de mensonges, un ramassis de médisances. Il ne sait rien des activités de Pincent Pharma ni du développement de la Longévité +. Par conséquent, je vous présente mes excuses pour ses divagations. J'aurais dû mesurer mieux l'ampleur du lavage de cerveau que lui a fait subir le Réseau souterrain. J'aurais dû m'attendre à ce qu'il veuille saboter cet événement majeur. »

Un murmure parcourut l'assistance, et quelques personnes acquiescèrent. Mais le bruit enfla à mesure que les têtes se tournaient une à une vers l'autre côté de la salle. Agacé, Richard Pincent remarqua alors de l'agitation au fond du hall. Un cri de stupeur s'éleva, puis un autre, et quelqu'un s'exclama : « Il est armé ! » Ce n'est qu'à cet instant que Richard aperçut l'intrus. À première vue, il le crut maîtrisé comme il se doit par un garde, avant de s'apercevoir que c'était l'adolescent lui-même qui appuyait quelque chose dans le dos du vigile pour le faire avancer de force le long d'une des allées latérales.

« Un autre Surplus, commenta Richard d'une voix tremblante, les yeux élargis par la peur et le choc. Mesdames et messieurs, la situation est grave. Nous devons absolument trouver le moyen de régler le problème de ces jeunes criminels !

– Ça vous plairait, hein ? lui répondit Jude avec colère en continuant à pousser le garde devant lui, brandissant au passage son arme afin que tout le monde la voie. Dommage pour vous, je ne suis pas un Surplus. Et Peter non plus. Vous ne pourrez pas prélever nos cellules pour fabriquer vos pilules. Mais qui sait, vous ne prenez peut-être que les filles ? »

Les journalistes s'agitaient de plus en plus. Alarmé, Richard regarda fixement l'adolescent. « Je n'ai aucune idée de ce à quoi vous faites allusion, lui dit-il froidement. Gardes, agissez. Emparez-vous de lui !

– Le premier qui s'approche aura la mort de cet homme sur la conscience ! mugit Jude. Je travaille pour le Réseau souterrain. J'ai un flingue, et je n'ai pas peur de m'en servir !

– Tu crois que je vais me soucier de la vie d'un garde ? J'en ai autant que je veux et ça ne me coûte rien ! cracha Richard, avant de pâlir légèrement en voyant les autres vigiles présents dans la salle le dévisager avec colère et stupéfaction.

– Et si je vous tuais à sa place ? rétorqua Jude d'un

ton posé. Ou plutôt, si je ne vous tuais pas ? Si je vous disais que je possède des images de vidéosurveillance de l'Unité X ? Que j'ai la preuve que vous y avez séquestré des Surplus et que vous cultiviez des embryons pour vos précieuses pilules ? Pourquoi ne racontez-vous pas tout ça aux journalistes, hein ? Pourquoi ne pas décrire les hurlements de ces pauvres filles ? »

Les traits de Richard s'affaissèrent. « Mensonges, protesta-t-il d'une voix éraillée. Ce ne sont que des mensonges ! » Il recula d'un pas et empoigna Derek Samuels. « Les Surplus féminins, lâcha-t-il dans un souffle, où sont-elles ? Où est Anna ? »

Derek Samuels n'eut même pas besoin de répondre ; son expression, son teint terreux en disaient long. Écœuré, Richard le relâcha.

« Mensonges qui atterriront bientôt sur un terminal informatique si vous refusez de libérer Peter, poursuivit Jude. Et si vous maintenez le lancement de Longévité +.

– Comment osez-vous ? » Richard était franchement blême, à présent. Il s'efforçait d'analyser les propos de ce garçon, de comprendre ce qui se passait. Il tremblait de rage, les yeux exorbités, les poings serrés. « Comment oses-tu me menacer ? Je suis Richard Pincent. C'est intolérable. Je ne... » Une douleur intense lui vrilla le bras gauche, et il jeta un regard affolé autour de lui.

« Personne n'a le droit de remettre en question mes méthodes, ni mon... »

Mais ses mots restèrent en suspens. Il porta brusquement la main à sa poitrine et s'écroula à terre.

« Il est mort ! s'exclama un journaliste comme deux médecins accouraient à son chevet. Les Surplus l'ont tué ! »

Tel un troupeau de moutons, tous les membres du public quittèrent leurs sièges pour se précipiter vers le podium, histoire de ne pas rater une miette du spectacle. Hillary intervint aussitôt.

« Je crois, déclara-t-elle dans le micro, que nous en avons tous vu assez pour aujourd'hui. Veuillez regagner vos places. »

Mais personne ne l'écoutait. « C'est vrai, cette histoire d'Unité X ? lança un premier journaliste.

– Qui est ce garçon ? demanda un deuxième.

– Vous cultivez vraiment des embryons ? s'écria un autre. Ici, chez Pincent Pharma ? »

Les questions pleuvaient, de plus en plus pressantes. Hillary interrogea du regard les médecins occupés à allonger Richard sur le flanc. « Il lui faudrait une régénération du cœur, dit l'un d'eux. Il a justement un modèle en attente. »

Hillary acquiesça avant de se tourner vers le micro, et leva les mains jusqu'à ce qu'un semblant de calme fût rétabli. « Mesdames et messieurs, déclara-t-elle d'une voix claire et autoritaire. En tant que Secrétaire générale adjointe, je tiens à m'excuser pour le déroulement de cette conférence de presse. Comme vous avez pu le constater, Pincent Pharma a traversé quelques... turbulences ces derniers temps. Soyez assurés que les Autorités prennent les questions d'abus et de détournement des Surplus très au sérieux, et qu'une enquête va être lancée sur-le-champ. J'assumerai personnellement la direction des opérations, le temps que Mr Pincent se rétablisse. Dans l'intervalle, et afin de protéger au maximum l'impartialité de notre entreprise, vous comprendrez qu'aucune allusion aux événements d'aujourd'hui ne saurait transparaître dans la presse. Par conséquent, et pour des raisons de sûreté nationale, appareils photo, carnets de notes et dictaphones vous seront confisqués sur le chemin de la sortie.

– Quelle sortie ? protesta un journaliste. Nous ne bougerons pas d'ici. Parlez-nous des Surplus !

– Parlez-nous de Longévité +, renchérit une de ses consœurs. Révélez-nous ses secrets de fabrication ! »

Hillary toisa la foule d'un œil glacial avant d'arrêter son regard sur l'homme qui l'avait interpellée en premier. « Votre nom, je vous prie ? »

L'homme se dandina nerveusement. « Tom Welling.

– Cher Tom, je crois que vous faites erreur. Vous allez quitter les lieux sous mandat des Autorités. Comme vous le savez, tout refus d'obtempérer dans ce genre de cas vaut au contrevenant une arrestation immédiate suivie d'une enquête officielle. »

Elle lui sourit avec bienveillance, puis s'adressa à la seconde intervenante. « Et vous ? Comment vous appelez-vous ?

– Sarah, répondit-elle d'une voix ferme. Sarah Condon.

– Eh bien, chère madame, le jour où les résultats de l'enquête seront publiés — et ils seront publiés, croyez-moi, car les Autorités aspirent à une transparence totale —, vous serez libre d'en informer vos lecteurs. D'ici là, il serait fâcheux que vous ayez à répondre d'actes de sédition. »

Visiblement très secouée par ces menaces, la journaliste se rassit sans broncher.

« Navrée pour ces désagréments, poursuivit Hillary. Mais votre loyauté et votre soutien seront récompensés par la diffusion d'un communiqué exclusif des Autorités en direct du Forum mondial de l'énergie, qui ouvrira ses portes demain. Et, en gage de notre gratitude, chacun d'entre vous recevra dix coupons énergétiques le mois prochain… si d'ici là, bien sûr, aucun détail des événements de la journée n'est remonté jusqu'au public. Merci. À présent, veuillez regagner la sortie du bâtiment. »

Pendant un moment, personne ne bougea. Puis, voyant les gardes s'animer, les membres de l'assistance se levèrent. Un par un, ils se virent confisquer leurs effets personnels et furent chassés dehors, dans la nuit. Une civière apparut ; on y allongea le corps de Richard Pincent, et Derek Samuels ferma la marche derrière le convoi médical.

La salle fut bientôt vide, à l'exception de Jude (toujours l'arme au poing), de son otage, de Peter et des gardes qui le retenaient. Hillary congédia ces derniers d'un geste. Jude les regarda marcher jusqu'à la sortie, puis, à son tour, il renvoya le garde qu'il tenait captif, sans pour autant ranger son arme — au cas où. Hillary se tourna vers lui, une moue pincée aux lèvres. « Ces bandes vidéo, dit-elle d'une voix coupante. Vous allez m'en donner toutes les copies, compris ? »

Jude la toisa avec dégoût. « Pour que vous puissiez les détruire ?

– Au contraire. Pour nous aider dans notre enquête et vérifier vos dires.

– Pour mieux classer le dossier sans suite, oui. »

Hillary se fendit d'un petit sourire. « Les Autorités mèneront la procédure jusqu'au bout. Et je crains que vous n'ayez pas le choix, de toute manière. Soit vous me donnez ces images, soit je vous fais arrêter. »

Jude réfléchit, puis enfonça sa main dans sa poche et en sortit un petit objet. Hillary s'en empara, une étincelle dans le regard. « Et maintenant, l'arme. Autrement, vous ne sortirez pas d'ici vivants. »

Mais Jude éclata de rire. « Vous croyez vraiment qu'il n'existe pas d'autres copies ? Vous me croyez idiot à ce point ? »

Hillary parut hésiter. « D'autres copies ?

– Évidemment, intervint Peter. Les Surplus ont été libérés. Anna est en lieu sûr. Et soyez certaine qu'il existe d'autres copies de cette vidéo. Les images ont déjà été transférées sur le Net. S'il nous arrive quoi que ce soit, elles seront diffusées dans le monde entier. »

Hillary plissa les yeux. Elle se tourna vers Jude, qui fronçait les sourcils.

« Il a raison, s'empressa-t-il de confirmer sans rien perdre de son sang-froid. Si vous ne nous relâchez pas, les choses pourraient très mal tourner pour vous.

– Pour Richard Pincent, vous voulez dire, nuança Hillary. C'est sa responsabilité qui est engagée ici, pas la nôtre.

– Ben voyons, railla Peter. Et vous n'étiez au courant de rien, peut-être ? Quelle est la phrase que vous avez prononcée, déjà... "Qui aurait cru que les Surplus puissent se révéler si Utiles ?" À votre avis, ça fera quel effet dans le dossier ? »

Hillary semblait sous le choc.

« Voyez ? poursuivit Peter. Nous n'avons pas que des

images des Surplus. Laissez-nous partir, ou le grand public saura tout. »

La Secrétaire générale adjointe demeura interdite quelques instants. Puis elle inspira profondément. « Je veux que vous partiez, dit-elle d'une voix rendue blanche par la colère. Je veux que vous partiez, et que vous disparaissiez de la circulation. Dites un mot de ce qui s'est passé aujourd'hui, faites le moindre pas de travers, et vous tâterez de la puissance implacable des Autorités. Me suis-je bien fait comprendre ?

– Ouais. Salut », lâcha Jude en tournant les talons.

Mais Peter n'en avait pas terminé. « Et si vous vous approchez de moi ou de ma famille, répliqua-t-il, vous tâterez de la puissance implacable du Réseau souterrain. *Me* suis-je bien fait comprendre ? » Il s'empressa de rattraper son demi-frère et, à pas lents et circonspects, ils gagnèrent tous deux la sortie, non sans jeter régulièrement des coups d'œil en arrière. Dehors, un homme émergea d'entre les arbres et leur adressa le signal de reconnaissance du Réseau souterrain ; ils le suivirent sans un mot jusqu'à la voie d'accès principale, puis traversèrent un chantier désert pour atteindre une autre route où les attendait une voiture.

« Tu sais, le disque que je lui ai refilé... eh bien, il contient une liste de codes appartenant à l'un de mes clients », dit Jude comme ils arrivaient à la hauteur du véhicule.

Peter prit un air perplexe, puis esquissa un petit sourire. « Tu veux dire que tu n'as pas la moindre image ?

– Aucune, répondit Jude avec malice. Mais elle ne le sait pas. Pas encore, du moins. »

Ils s'empressèrent de monter à bord de la voiture, qui démarra aussitôt, empruntant une série de petites routes secondaires. Bientôt, ils rejoignirent une autoroute à double voie et filèrent droit vers la campagne. De temps à autre, Peter se retournait pour s'assurer que personne ne les suivait.

« Je crois qu'il va falloir s'y habituer. À regarder constamment derrière nous, je veux dire, soupira Jude d'un air pensif.

– Bienvenue dans ma vie de tous les jours », commenta Peter en haussant les épaules.

Il se tourna vers son frère et lui sourit. « C'est vrai, d'ailleurs. Bienvenue dans ma vie. »

Chapitre 34

Avec une pointe d'appréhension, Peter fixait l'écran de son ordinateur, qui venait de s'allumer. Il posa timidement ses mains sur le clavier, calé sur le plan de travail de la cuisine entre deux paquets de céréales et le grille-pain à énergie solaire, et se mit à écrire :

Peter2124. – Jude, tu es là ? Je ne sais pas trop si ça va marcher. Dis-moi si tu me reçois. Peter.

La réponse mit seulement quelques secondes à lui parvenir.

Jude2124. – Cinq sur cinq.

Peter2124. – Alors, quoi de neuf ?

Jude2124. – Ah. Désolé, mais je ne peux rien dire. Paul me tuerait. Avant de te tuer, toi.

Peter réprima un petit rire en imaginant la confrontation entre Jude-l'impatient et Paul-le-chef-directif. Il se demanda s'ils se chamaillaient toujours comme dans les premiers temps de leur cavale, après leur évasion de Pincent Pharma. Pour Peter, ces quelques jours avaient presque constitué un retour aux vieilles habitudes (se cacher dans des caves, échafauder des plans pour quitter Londres) mais en beaucoup mieux, cette fois, car il n'était plus tout seul. Il avait à ses côtés Anna, Ben et Jude — ce demi-frère qui les faisait tant rire à rouler des yeux excédés en permanence et à croire tout mieux savoir que les autres. Sans que Peter ose se l'avouer, ils se ressemblaient beaucoup.

Peter2124. – Il fait toujours sa fixette sur la météo pour les mots de passe ?

Jude2124. – Non, il est passé à la faune et la flore. J'ai essayé de le convaincre d'utiliser autre chose, mais il est têtu comme une mule. Tu as reçu mon colis, au fait ?

Peter regarda une boîte posée par terre à côté de lui. Elle était arrivée au courrier le matin même. À l'intérieur, à sa surprise — à son soulagement —, il avait découvert sa chevalière, celle qu'il avait jetée, celle dont il avait voulu se débarrasser mais sans laquelle il se sentait incomplet.

Peter2124. – Où l'as-tu retrouvée ? Je n'en veux pas. Je l'ai balancée, tu te souviens ?

Jude2124. – Et comment ! Le garde qui me retenait se l'est prise en pleine figure à la fin de ton petit discours chez Pincent Pharma. Grâce à ça, j'ai réussi à sortir le flingue que Paul m'avait donné. À mon avis, c'est un genre de bague porte-bonheur.

Peter fronça les sourcils.

Peter2124. – Ça veut dire que tu l'as gardée pendant des semaines ? Tu pensais en faire quoi, la revendre ?

Jude2124. – J'aurais dû, puisque tu n'en veux plus. On doit pouvoir en tirer un bon paquet.

Peter se mordit la lèvre.

Jude2124. – Elle me plaisait bien, à vrai dire. J'ai même envisagé de la porter. Mais c'est la tienne. Paul pense que tu devrais la garder.

Peter2124. – Les initiales... A. F. C'est pour Albert Fern.

Jude2124. – Paul m'a dit, oui. L'inventeur de la Longévité, c'est ça ? Tu as vraiment des ancêtres... intéressants.

Peter2124. – Ce n'est pas le mot que j'emploierais, mais... bon, O.K., je la garde. Merci d'avoir pris soin d'elle pour moi.

Jude2124. – Pas de quoi. Alors, vous êtes heureux là-bas – où que vous soyez ?

Peter regarda par la fenêtre les champs qui s'étendaient à perte de vue.

Peter2124. – Oui, très heureux.

En tapant ces mots, il se surprit à sourire. Heureux... Il l'était, en effet. Pour de bon, et comme il ne l'avait sans doute jamais été. Cela faisait à présent quelques semaines qu'ils étaient arrivés là ; le lieu était tenu secret, choisi exprès pour son isolement, à l'écart de tout. Les Autorités devaient les chercher partout, à l'heure actuelle, mais ici, au moins, ils étaient à l'abri — et surtout, enfin libres. Anna et lui disposaient de leur propre lopin de terre, qu'ils étaient déterminés à exploiter afin d'être autosuffisants, et pour la toute première fois de son existence Peter se sentait à la fois le cœur léger et maître de son destin. Ben avait fait ses premiers pas, il commençait à dire quelques mots. Quant à leur bébé, il bougeait déjà à l'intérieur du ventre d'Anna, manifestant sa présence par de petits mouvements fluides et obligeant Peter à travailler d'arrache-pied afin de satisfaire les insatiables fringales de la future maman. Cet enfant n'était même pas né qu'il l'avait déjà enchaîné, se disait-il. Exactement comme on le lui avait prédit. Tout comme la terre qu'il cultivait et la nature elle-même l'avaient réduit à leur merci, de par leurs exigences permanentes – pluie, vent, nuits noires et matins lumineux. Ce qu'il n'aurait jamais pu prévoir, en revanche, c'est qu'il se soumettrait de bon gré à cet esclavage et subirait ces caprices tyranniques avec joie, amour et dévotion.

Jude2124. – Et il n'y a vraiment pas un chat ? Vous vivez totalement au milieu de la nature ? Tu parles d'un cauchemar !

Peter sourit. Leur voisin le plus proche habitait à près de huit kilomètres. Malgré la surpopulation qui étouffait la Grande-Bretagne, les recoins sauvages du nord de l'Écosse offraient encore un peu de solitude.

Peter2124. – On s'y habitue. Et vous ? Comment va Sheila ?

Jude2124. – Sheila ? Ça va. Elle n'a pas encore succombé à mes nombreux charmes, mais je sais que ça viendra. Elle parle sans arrêt. D'après elle, je suis très mal élevé. Elle dit même que je n'aurais pas tenu une minute à Grange Hall.

Cette remarque amusa Peter.

Peter2124. – Honnêtement, je crois qu'elle n'a pas tort.

Jude2124. – Bon, il faut que j'y aille. Mieux vaut éviter tout risque qu'ils remontent jusqu'à toi, hein ? Tous tes codes de sécurité sont bien au point, tu es sûr ?

Peter2124. – Je crois, oui.

Jude2124. – J'y jetterai quand même un œil plus tard, histoire de vérifier. Je te dirai si je détecte la moindre faille. Paul m'a chargé de te rappeler qu'il y a un médecin prêt à décoller pour chez vous dès la première alerte. Et il te souhaite bonne chance.

Peter2124. – Merci. Je crois que je vais en avoir besoin.

Il repensa à ses camarades restés à Londres, quelque part, dans un lieu inconnu où le Réseau souterrain avait établi son nouveau quartier général, et occupés à planifier et attendre dans l'ombre. Un jour ou l'autre, il retournerait combattre à leurs côtés. Mais, pour l'instant, il savourait le fait d'être loin de tout cela, au calme, même s'il savait que cette paix ne durerait qu'un temps.

Il s'apprêtait à éteindre son ordinateur quand un nouveau message apparut.

Jude2124. – Tu es au courant pour ton grand-père, j'imagine ?

Peter sentit sa mâchoire se serrer. Il était au courant, en effet. Les résultats de l'enquête avaient confirmé la culpabilité de Richard Pincent, mais seulement pour négligence, si bien qu'il n'avait pas fait l'objet de poursuites judiciaires. Il était tranquillement retourné travailler chez Pincent Pharma. Sa seule punition avait été l'obligation de suivre un programme de Réinstruction consacré à la santé et à la sécurité.

Peter2124. – J'en ai entendu parler, oui. Et l'Unité X ? Est-ce qu'on l'a fermée ?

Jude2124. – Apparemment. Ils disent travailler sur une solution de remplacement synthétique. D'après Paul, c'est du pipeau. Mais pour lui, le principal, c'est que les gens se posent des questions, maintenant. Ça n'a pas empêché les Autorités de m'envoyer ma Déclaration, bien sûr. Ils auraient dû se douter que je m'empresserais de brûler cette saleté.

Peter acquiesça. Entendant soudain du bruit derrière lui, il se retourna et vit Anna entrer dans la pièce, portant un seau d'eau d'une main et aidant Ben à marcher de l'autre. Elle lui donna un baiser au passage et il l'enlaça par surprise, ignorant ses petits cris de protestation lorsqu'elle renversa un peu de son eau par terre et que son jeune frère se précipita pour patauger dedans.

Souriant malgré lui, Peter se retourna vers son ordinateur.

Peter2124. – Passe le bonjour à Paul et à Sheila.

Jude2124. – Promis. À plus tard. Terminé. P.-S. : Tiens, clique là-dessus...

Peter ouvrit le lien, intrigué. C'était un fichier vidéo : on y voyait une poignée d'hommes assiéger un camion de Pincent Pharma et détruire son chargement. L'un d'eux adressait un geste obscène à la caméra de surveillance qui filmait la scène — il avait le visage recouvert d'une cagoule, mais Peter savait pertinemment de qui il s'agissait.

« Est-ce bien l'individu auquel je pense ? lui demanda Anna en apercevant l'image par-dessus son épaule.

– Ça ne fait aucun doute », répondit Peter. Il l'embrassa sur la main et, sourire aux lèvres, sortit dans le jardin.